新时代智库出版的领跑者

本书获中国社会科学院学科建设"登峰战略"资助计划资助，编号DF2023ZD33；获中国社会科学院研究所实验室综合资助项目"世界经济预测与政策模拟实验室"资助，编号2024SYZH003。

中国海外投资国家风险评级报告
(2024)

中国社会科学院国家全球战略智库国家风险评级项目组 著
中国社会科学院世界经济预测与政策模拟实验室

REPORT OF COUNTRY–RISK RATING OF OVERSEAS INVESTMENT FROM CHINA (CROIC–IWEP) (2024)

中国社会科学出版社

图书在版编目(CIP)数据

中国海外投资国家风险评级报告. 2024 / 中国社会科学院国家全球战略智库国家风险评级项目组，中国社会科学院世界经济预测与政策模拟实验室著. -- 北京：中国社会科学出版社，2024.12. -- （国家智库报告）.
ISBN 978-7-5227-4409-4

Ⅰ．F832.6

中国国家版本馆CIP数据核字第2024PG1868号

出 版 人	赵剑英	
责任编辑	田 耘	
责任校对	夏慧萍	
责任印制	李寡寡	

出　　版	中国社会科学出版社	
社　　址	北京鼓楼西大街甲158号	
邮　　编	100720	
网　　址	http://www.csspw.cn	
发 行 部	010-84083685	
门 市 部	010-84029450	
经　　销	新华书店及其他书店	

印刷装订	北京君升印刷有限公司	
版　　次	2024年12月第1版	
印　　次	2024年12月第1次印刷	

开　　本	787×1092 1/16	
印　　张	17.5	
插　　页	2	
字　　数	230千字	
定　　价	98.00元	

凡购买中国社会科学出版社图书，如有质量问题请与本社营销中心联系调换
电话：010-84083683
版权所有　侵权必究

项目组负责人

王碧珺　中国社会科学院世界经济与政治研究所国际投资研究室主任、研究员，中国社会科学院国家全球战略智库研究员。

周学智　中国社会科学院世界经济与政治研究所国际投资研究室、中国社会科学院国家全球战略智库博士。

项目组成员（按照姓氏汉字笔画排序）

王碧珺　周学智　陈逸豪　臧成伟
潘圆圆　李国学　周天蕙　赵家钧

执笔人

周学智　陈逸豪　臧成伟　周天蕙　赵家钧

摘要：2022 年，中国对外直接投资流量为 1631.2 亿美元，较 2021 年下降 8.8%。尽管出现下滑，但相较于全球直接投资金额在 2022 年减少 12% 的幅度而言，表现依然可谓相对"坚挺"。截至 2022 年底，中国对外直接投资存量为 2.8 万亿美元，占全球直接投资存量的 6.9%。对外直接投资流量和存量排名分别为世界第二位和第三位。然而，当前全球政治和经济情况依然不容乐观，对外投资风险值得重视。俄乌冲突仍在持续，中东局势愈加复杂，地缘政治风险威胁国际投资安全，尤其是欧洲、中东的投资环境面临较大不确定性。与此同时，美联储加息后利率持续在高位，非美元货币持续弱势，全球物价增速下降态势受到阻力。本报告从中国企业和主权财富的海外投资视角出发，构建了包括经济基础、政治风险、社会弹性、偿债压力和对华关系五大指标共 43 个子指标的评价体系。报告涵盖了 120 个国家和地区，全面和量化地评估了中国企业海外投资所面临的主要风险。本年报告在评级指标和评级方法方面较上年报告做出改进。"偿债能力"指标更名为"偿债压力"，其项下个别指标的计算方法也进行了更科学的调整。从评级结果看，发达国家整体而言经济基础相对较好，政治风险相对较低，偿债压力相对较小，社会风险相对较低，但是对华关系相对较为疏远。对于新兴经济体而言，虽然对华关系得分普遍较高，但自身存在的政治和经济风险依然值得警惕。不过从长期看，随着新兴经济体尤其是共建"一带一路"共建国家和 RCEP 区域内部投资需求的上升，其仍将是中国海外投资最具潜力的目的地。目前，"一带一路"地区已经成为中国对外直接投资新的增长点。

关键词：海外投资；国家风险评级；指标体系；"一带一路"；RCEP

Abstract: In 2022, China's outward direct investment (ODI) flow was $163.12 billion, a decrease of 8.8% from 2021. Although China's ODI flow has declined, compared to the global direct investment amount, which decreased by 12% in 2022, its performance can still be considered relatively "resilient". By the end of 2022, China's stock of outward FDI stood at USD 2.8 trillion, accounting for 6.9% of the world's total FDI stock. The rankings for ODI flow and stock are second and third, respectively. However, the current global political and economic landscape remains grim, with overseas investment risks meriting close attention. The conflict between Russia and Ukraine persists, and the situation in the Middle East grows increasingly complicated, posing geo-political risks that threaten the security of international investments, especially with the investment environment in Europe and the Middle East facing great uncertainty. At the same time, after the Federal Reserve's interest rate hikes, interest rates have remained high, non-dollar currencies have continued to weaken, hindering the slowdown in global price growth. This report, from the perspective of overseas investments by Chinese enterprises and sovereign wealth, has constructed an evaluation system that includes five major indicators and 43 sub-indicators, covering economic foundation, political risk, social resilience, debt repayment pressure and relations with China. The report covers 120 countries and regions, comprehensively and quantitatively assessing the main risks faced by Chinese enterprises in overseas investments. Compared to the previous year's edition, improvements have been made to rating indicators and methodologies in this year's report. The "debt repayment capability" indicator has been renamed to 'debt repayment pressure', and the calculation methods for some of the sub-indicators under it have also been adjusted to be more scientific. Based on the rating outcomes, developed countries generally have a relatively good economic foundation, lower political risks, smaller debt repayment pressures, and lower social risks, but have relatively distant relations with China. For emerging economies, although the scores for relations with China are generally high, the political and economic risks they have are still worth being vigilant about. However, in the long term, with the rise in investment demand in emerging economies, especially in countries participating in the jointly building 'Belt and Road' initiative and within the RCEP region, they will still be the most potential destinations for China's overseas investments. At present, the 'Belt and Road' region has become a new growth point for China's outward direct investment.

Key Words: Overseas Investment; Country – Risk Rating; Indicator-System; The "Belt and Road"; RCEP

目 录

2024 年中国海外投资国家风险评级主报告 …………… (1)
  一 评级背景 ……………………………………………… (1)
  二 各评级机构评级方法综述 …………………………… (3)
    （一）发布国家信用评级的机构简介 ………………… (3)
    （二）评级对象 ………………………………………… (4)
    （三）评级指标体系 …………………………………… (5)
    （四）评级方法特点 …………………………………… (5)
  三 CROIC-IWEP 国家风险评级方法 …………………… (8)
    （一）指标选取 ………………………………………… (8)
    （二）标准化、加权与分级 …………………………… (14)
    （三）评级样本 ………………………………………… (16)
    （四）本评级方法的特点 ……………………………… (19)
    （五）未来规划 ………………………………………… (21)
  四 CROIC-IWEP 国家风险评级结果总体分析 ………… (22)
    （一）总体结果分析 …………………………………… (22)
    （二）分项指标分析 …………………………………… (27)
  五 CROIC-IWEP 国家风险评级主要排名变动国家
     分析 …………………………………………………… (37)
    （一）塞内加尔（↑19）………………………………… (37)
    （二）墨西哥（↑19）…………………………………… (38)
    （三）柬埔寨（↑19）…………………………………… (40)

（四）哈萨克斯坦（↑18） ………………………………（41）
　（五）以色列（↓24） ……………………………………（42）
　（六）阿根廷（↓23） ……………………………………（44）
　（七）伊朗（↓18） ………………………………………（45）
　（八）缅甸（↓13） ………………………………………（46）

2024 年中国海外投资"一带一路"共建国家风险评级子报告 ………………………………………………（49）
　一　"一带一路"共建国家风险评级背景 …………………（49）
　二　"一带一路"共建国家风险评级样本 …………………（52）
　三　"一带一路"共建国家风险评级结果 …………………（54）
　　（一）总体结果分析 ………………………………………（55）
　　（二）分项指标分析 ………………………………………（60）

2024 年中国海外投资 RCEP 成员国风险评级子报告 ………（65）
　一　中国在 RCEP 国家的投资情况 ………………………（66）
　二　RCEP 成员国评级结果分析 …………………………（67）
　三　总体得分分析 …………………………………………（68）

附录　CROIC-IWEP 国家风险评级原始指标 ……………（75）

2024年中国海外投资国家风险评级主报告[*]

一 评级背景

2022年中国对外直接投资流量为1631.2亿美元，较2021年下降8.8%。根据联合国贸发会议公布的数据，2022年全球直接投资经历低谷，投资金额较2021年减少了12%。综合计算，中国对外直接投资流量占全球份额从2021年的10.5%提高至2022年的10.9%。受美元升值和全球资产价格整体下跌影响，截至2022年末，中国对外直接投资存量总计27548.1亿美元，较2021年有所减少。2022年中国对外直接投资存量占全球的比重为6.9%。流量列全球国家（地区）排名的第二位，存量排名全球国家（地区）第三位。企业数量方面，截至2022年底，中国的2.9万家境内投资者在境外设立直接投资企业4.66万家，分布在全球190个国家（地区）。

从地域角度看，2022年中国对外直接投资的主要目的地依然是亚洲地区，占当年对外直接投资流量的76.2%。其中，中国香港依然是最重要的对外直接投资目的地。在增速方面，2022年中国对北美洲和大洋洲的投资增速较快，增速分别达到了10.5%和44.8%。

---

[*] 本部分主要参与人：周学智、周天蕙等。

从行业角度看,中国企业对"采矿业"和"交通运输/仓储和邮政"的投资增速较快。2022年分别增长79.5%和23.0%。从绝对金额来看,中国企业在海外进行直接投资的行业主要为"租赁和商务服务业""制造业"和"金融业"。三者的金额分别达到434.8亿美元、271.5亿美元和221.2亿美元。

与此同时,随着中国企业海外竞争力不断上升,"一带一路"倡议稳步推进和区域全面经济伙伴关系协定(Regional Comprehensive Economic Partnership,以下简称RCEP)区域内经贸投资往来进一步增强,中国企业将持续释放更多投资活力,与世界其他经贸伙伴实现共赢。

同时需要注意的是,中国企业面临的外部环境依然充满不确定性。一是一些发达国家对来自中国的直接投资带有歧视。二是以俄乌冲突、巴以冲突为代表的地缘政治风险较高。三是全球经济的恢复力度较弱。

截至2022年末,中国对外直接投资存量前二十的国家(地区)中,亚洲国家(地区)占据醒目位置。中国在亚洲的投资存量占对外直接投资存量总量的66.5%。占比较高的国家(地区)为中国香港、新加坡、印度尼西亚、中国澳门等。此外,中国对美国、澳大利亚、荷兰等发达国家也有较多投资。不过,需要注意的是,个别发达国家对来自中国的直接投资十分警惕,进而产生一定政策风险。

当前,全球地缘政治矛盾依然十分突出,仍在持续的俄乌冲突对全球经济以及国际投资环境都造成了显著影响,尤其在大宗商品价格、供应链、金融安全等方面有所体现。此外,中东局势也极不稳定,由此带来的能源风险和运输风险值得高度重视。美联储持续的高利率政策对美国经济乃至全球经济而言都是负面因素,美国金融市场乃至全球金融市场面临的风险不断增大。全球大宗商品价格在2024年第一季度普遍大幅反弹,虽然可持续性仍有待观察,但至少暂时推高全球通胀水平的事实已毋庸置疑。总之，全球政治和经济风险依然不容忽视。

二 各评级机构评级方法综述

（一）发布国家信用评级的机构简介

国家信用评级可以追溯到第一次世界大战之前的美国。经过近一个世纪的发展，市场上形成了标准普尔（Standard & Poor）、穆迪（Moody's）和惠誉（Fitch）三家美国信用评级机构垄断的局面，占据全球90%以上的市场份额。

标准普尔是全球知名的独立信用评级机构，拥有160多年的历史并在23个国家和地区设有办事处。目前，标准普尔对128个国家和地区的主权信用进行了评级，并于每周更新各个国家和地区的主权信用评级。穆迪主要对参与国际资本市场的一百多个国家和地区进行评级，员工总计约1.5万人。惠誉是唯一一家欧洲控股的评级机构，规模较以上两家稍小。如今，经历了数次并购和巨大增长之后，惠誉已成长为世界领先的国际信用评级机构，在全球设立了50家分支机构和合资公司，致力于为国际信用市场提供独立和前瞻性的评级观点、研究成果及数据报告。

与此同时，不同类型、各具特色的评级机构也都在蓬勃发展，它们通过差异化竞争在市场上谋得了一席之地。其中比较出名的包括：经济学人智库（Economist Intelligence Unit，以下简称EIU）、国际国别风险评级指南机构（International Country Risk Guide，以下简称ICRG）以及环球透视（IHS Global Insight，以下简称GI）。

EIU是"经济学人集团"下属独立单位，主要进行经济预测和咨询服务，覆盖全球120个国家和地区。EIU风险服务的目标客户是从事借款、贸易信贷以及其他商业活动而面临跨境信用风险或金融风险的机构。

ICRG 自 1980 年起便开始定期发布国际国家风险指南。目前，该指南的国别风险分析覆盖了全球 141 个国家和地区，并以季度为基础进行数据更新并逐月发布。

GI 于 2001 年成立，目前为 3800 多家客户提供详尽的国家风险分析，主要针对在海外开展营商活动的投资者。GI 评级的覆盖范围超过 200 个国家和地区。作为一家付费咨询机构，分析的风险对象涵盖范围极广，包括国家的营商、主权信用乃至一国某个地区的运营风险。

由于评级体系的构建对方法的科学性、全面性和多样性有较高的要求，且评级数据的采集和处理较为复杂，目前评级市场仍然由发达国家的评级机构占主导地位，发展中国家的评级机构大多处于起步阶段。其中包括了中国的大公国际资信评估公司。

大公国际资信评估公司（以下简称大公国际）于 1994 年成立，拥有自己的主权信用评级标准和方法，定期发布主权信用评级报告。到目前为止，大公国际已经发布了全球 90 个国家和地区的信用等级报告，评级对象主要来自亚洲、大洋洲和欧洲，其中具有双 AAA 级的国家和地区有 8 个。

（二）评级对象

标准普尔、穆迪和惠誉三大评级机构从定性和定量的角度，对主权国家政府足额、准时偿还债务的能力和意愿进行综合性评估，针对的是主权债务的综合风险。大公国际和 ICRG 也遵循着类似的原则，对主权债务风险做出判断。在金融市场上，主权债务风险的具体表现往往是一国国债的违约概率、预期损失和回收率。

EIU 评估的风险包括主权风险、货币风险和银行部门风险。ICRG 的风险评级更具独特性，主要考察的是对外直接投资风险，其评级除考量除金融市场因素外，还往往涉及和当地经营直接相关的因素，比如治安环境等。

中国社会科学院的中国海外投资国家风险评级体系（CROIC）综合考量了证券投资和直接投资的风险，这与目前中国海外投资形式的多样性紧密契合。

（三）评级指标体系

尽管三大评级机构和大公国际、EIU、ICRG 和 GI 这七家评级机构的评级对象各有不同，但指标体系都可以大致分为经济、政治和社会三大模块。

在经济方面，一国的人均收入、国内生产总值等指标可以反映该国的经济基础。而一国的外债占进出口比重、财政收入赤字占 GDP 比重等指标可以反映该国的短期偿债压力。经济基础和短期偿债压力共同构成了一国的总体偿债实力。

在政治方面，各大机构都会对政治稳定性、参与度、治理有效性等指标做出考察。政治风险在本质上衡量的是一国的偿债意愿。即使一国财政实力充足，资源丰富，但由于政治动荡依然可能加大该国的偿债风险。

在社会方面，不同的评级机构有不同的处理方法。大部分机构注重考察社会的弹性程度，也就是社会应对危机的能力，这往往在社会和谐程度、法律健全程度等指标上有所反映。对于衡量直接投资风险的 GI 评级体系来说，社会弹性是尤其重要的指标模块。

中国海外投资国家风险评级体系（CROIC）综合了上述经济、政治和社会因素，并引入对华关系这一指标模块，力求更为全面、综合，从而有针对性地衡量中国海外投资的风险。

（四）评级方法特点

在制度偏好方面，标准普尔、穆迪与惠誉三大评级机构和

ICRG 都将政治因素视为国家信用评级标准的核心，将政治自由化程度、民主政治观念和体制等作为评判一国政治好坏的标准，同时强调经济开放对于一国信用等级的正面作用。这在一定程度上忽略了各国的具体国情。大公国际在评级时特别突出了国家管理能力这一指标，力求避免完全以西方政治生态为标杆的评级模式。但由于缺乏一定的评判标准，如何对各国的治理水平进行客观公正地衡量成为摆在大公国际面前的一道难题。EIU 在经济实力的评价上对发达国家、发展中国家和欧元区国家作出了区分，采用不同的评级标准，一定程度上解决了制度偏好的问题。GI 则更加强调制度的实际效果，而且由于政治制度所占的权重相对较小，在制度偏好上较为中立。

在客观程度方面，由于客观的定量因素不能完全衡量一国的国家风险，因此定性指标是必须的。这对于无法定量衡量的政治与社会风险来说尤其重要。所有 7 个评级机构都采取了定性与定量相结合的评级方法，其中定性指标的量化通常采用专家打分的方式，并且最终的评级结果也都由评级委员会通过主观调整后给出。这不可避免地会引入分析师的主观判断因素。此外，几乎所有的评级机构都是营利性机构，向客户收取的评级费用和年费是其主要收入来源。而被评级对象为了获得高级别，也会甘愿支付高额评级费用。因此，双方利益的驱动或对评级的独立客观性造成影响。

在指标体系的全面性上，三大评级机构的指标体系都涵盖了政治、经济和外部风险。但从反映各大因素的每一个细项指标来看，惠誉的指标体系要比标准普尔和穆迪更加具体。大公国际特别突出了政府治理水平和金融水平两大因素对于主权风险的影响作用。为了摒弃三大评级机构的制度偏好，大公国际将国家治理水平列为一个独立因素进行分析。此外，它还将金融因素从经济因素中抽离出来进行更细致地评估。

EIU 和 GI 的指标体系也较为全面。其中，EIU 包含有 60 个细分指标，涵盖面较广。比如在融资和流动性模块下，EIU 包括银行业不良贷款比率、OECD 国家短期利率、银行业信贷管理能力等细致指标，这对银行部门的风险衡量十分有效。GI 的指标体系也涵盖了直接投资和商业运营的大多数方面。相比之下，ICRG 的评级体系中政治类指标占了大多数，而经济和金融风险的指标相对较少，只选取了比较有代表性的几个指标。这样的评级方法过于偏重政治风险。

在前瞻性方面，几大评级机构都不能预测货币和银行危机，而只能在事后进行调整。这主要是因为评级机构在评估时过度依赖于历史数据，缺乏对一国的长期发展趋势的判断，使得评级效果大打折扣。但机构对未来进行预测时又不可避免会引入主观评判。因此，如何更快地更新数据，对未来进行科学预测，是所有评级方法都面临的挑战。

在透明度方面，一个完整的信用评价体系应当包括评估对象、指标体系、打分方法、权重设定和评级结果共五点，而几乎所有的评级机构仅对外公布评级结果和一部分评级方法，所有的指标数据和最终得分并不公开，因此透明度还有待提高。这也与机构的商业性质和数据的核心机密性有关。

在是否适合中国国情方面，大部分评级机构没有对此进行单独考虑。中国对外投资活动日益频繁，而且出现了独特的国别特征。例如，中国对外间接投资和直接投资并举，在发达市场上以国债投资和直接投资为主，在新兴市场上以直接投资为主。因此，在衡量国别风险时，值得对这些因素进行细致考察。此外，在当今国际局势不断变化的环境下，随着中国国力的上升，不同国家与中国外交关系的远近，甚至民间交往的深度和广度，都会对以中国为主体的投资行为有所影响。中国海外投资国家风险评级体系（CROIC）对此有单独考量，在一定程度上弥补了传统评级机构方法的不足。

三 CROIC-IWEP 国家风险评级方法

(一) 指标选取

为了全面和量化评估中国企业海外投资面临的主要风险，本评级体系纳入经济基础、政治风险、社会弹性、偿债压力、对华关系五大指标，共 43 个子指标。

1. 经济基础

经济基础指标提供了一个国家投资环境的长期基础，较好的经济基础是中国企业海外投资收益水平和安全性的根本保障。

经济基础指标包含 12 个子指标（见表 1），其中：GDP 总量、人均 GDP、基尼系数衡量了一国的市场规模和发展水平；经济增速、通货膨胀和失业率衡量了一国的经济绩效；GDP 增速的波动性衡量了一国经济波动性；本体系还从贸易开放度、投资开放度、资本账户开放度三个方面衡量了一国的开放度，另外是否为经济协定成员国也能够体现出一国对外经济活动的便利开放程度。汇率波动性指标衡量了汇率波动风险，当汇率出现剧烈波动时，一方面会给投资者带来巨大的汇兑风险，另一方面会严重威胁当地金融市场稳定性，带来潜在的投资风险。

其中 GDP 总量、人均 GDP、通货膨胀和失业率采用了来自国际货币基金组织（IMF）WEO 数据库的经济预测值。WEO 数据包含 2023 年预测值，比 WDI 数据（截至 2022 年）更具有时效性，而 WEO 中数据缺失的部分，采用其他数据库的实际值补充。

表 1　　　　　　　　　　经济基础指标

经济基础指标	指标说明	数据来源
1. 市场规模	GDP 总量	WEO、WDI、CEIC
2. 发展水平	人均 GDP	WEO、WDI、CEIC
3. 经济增速	GDP 增速	WDI、CEIC

续表

经济基础指标	指标说明	数据来源
4. 经济波动性	GDP 增速的波动性（5 年波动系数）	根据经济增速计算
5. 贸易开放度	（进口＋出口）/GDP	WDI、UNCTAD
6. 投资开放度	（外商直接投资＋对外直接投资）/GDP	UNCTAD、CEIC
7. 资本账户开放度	Chinn-Ito 指数（反映资本账户管制能力）	Chinn-Ito
8. 通货膨胀	居民消费价格指数（CPI）	WEO、WDI、CEIC
9. 失业率	失业人口占劳动人口的比率	WEO、EIU、WDI、CEIC
10. 收入分配	基尼系数	WDI、CEIC、CIA 等
11. 汇率波动性	直接汇率波动（月度变异系数）	IFS、CEIC
12. 是否为经济协定成员国	是否为 RCEP、CPTPP、美加墨三国协议、欧盟成员国	根据相关资料整理

资料来源：项目组自制。

注：（1）WEO 为国际货币基金组织 World Economic Outlook Databases，CEIC 为香港环亚经济数据有限公司数据库，WDI 为世界银行 World Development Indicators，UNCTAD 是联合国贸易和发展会议，IFS 为国际金融统计 International Financial Statistics，EIU 为经济学人智库 Economic Intelligence Unit，CIA 为美国中央情报局 Central Intelligence Agency，Chinn-Ito 为金融开放指数。

（2）数据来源中第一个数据库为主要数据来源，若存在缺失值则从剩余数据库补充，下同。

2. 偿债压力

偿债压力指标衡量了一国公共部门和私人部门的债务动态和偿债压力。如果一国爆发债务危机，包括直接投资和财务投资在内的各种类型的投资安全都会受到影响。

偿债压力指标包含 9 个子指标（见表 2），其中：公共债务占 GDP 比重和银行业不良资产比重主要用于衡量一国国内公共部门和私人部门的债务水平；外债占 GDP 比重和短期外债占总外债比重衡量了一国的外债规模和短期内爆发偿债危机的风险；

财政余额占GDP比重衡量了一国的财政实力、外债占外汇储备比重衡量了一国的外汇充裕度、再加上经常账户余额占GDP比重以及贸易条件，共同反映了一国的偿债压力。需要说明的是：本版将"是否为储备货币发行国"分项的权重调高至"2/9"，其余8个分项均分剩余"7/9"的权重。对上一年版本的结果也作出了相应调整。

表2　　　　　　　　　　偿债压力指标

偿债压力指标	指标说明	数据来源
1. 公共债务/GDP	公共债务指各级政府总债务	EIU、WDI
2. 外债/GDP	外债指年末外债余额	QEDS、WDI、WEO
3. 短期外债/总外债	短期外债指期限在一年及以下的债务	QEDS、WDI、EIU
4. 财政余额/GDP	财政余额 = 财政收入 – 财政支出	WEO、WDI
5. 外债/外汇储备	外债指年末外债余额	QEDS、EIU、WDI
6. 经常账户余额/GDP	经常账户余额为货物和服务出口净额、收入净额与经常转移净额之和	WEO、EIU
7. 贸易条件	出口价格指数/进口价格指数	WDI、EIU
8. 银行业不良资产比重	银行不良贷款占总贷款余额的比重	WDI、CEIC
9. 是否为储备货币发行国	扮演国际储备货币角色的程度	德尔菲法

资料来源：项目组自制。

注：WEO为国际货币基金组织 World Economic Outlook Databases，WDI为世界银行 World Development Indicators，QEDS为国际货币基金组织和世界银行 Quarterly External Debt Statistics，EIU为经济学人智库 Economic Intelligence Unit，德尔菲法又名专家意见法或专家函询调查法，采用背对背的通信方式征询专家小组成员的意见。

3. 社会弹性

社会弹性指标反映了影响中国企业海外投资的社会风险因素，良好的社会运行秩序能确保企业有序地经营。

社会弹性指标包含8个子指标（见表3），其中：教育水平衡量了一个国家基本的劳动力素质；由社会、种族或宗教差异引发内战或暴力冲突的程度衡量了一国的内部冲突程度和社会安全；环境政策、资本和人员流动限制、劳动力市场管制和商业管制反映了一国的经商环境。劳动力素质越高、内部冲突程度越低、社会安全和经商环境越好，企业投资的风险越小。

表3　　　　　　　　　　社会弹性指标

社会弹性指标	指标说明	数据来源
1. 内部冲突	由社会、种族或宗教差异引发内战或暴力冲突的程度	BTI
2. 环境政策	对环境议题的重视，环境法规制定和执行的严格程度	BTI
3. 资本和人员流动的限制	对资本和人员流动的限制包括外国所有权限制、外国投资限制、资本管制和外国人自由访问限制等	EFW
4. 劳动力市场管制	劳动力市场管制包括雇佣和解雇规定，最低工资和工作时间规定等	EFW
5. 商业管制	行政和官僚成本，开业难易，营业执照限制等	EFW
6. 教育水平	教育、培训和研发机构的水平，学校入学率和文盲率，在教育和投资研发方面的投资水平	BTI
7. 社会安全	每年每十万人中因谋杀死亡的人数	UNODC
8. 其他投资风险	除政治风险、经济风险、金融风险等之外的其他投资风险	ICRG

资料来源：项目组自制。

注：BTI 为 Transformation Index of the Bertelsmann Stiftung，EFW 为 Fraser Institute 的 Economic Freedom of the World 年度报告，UNODC 为联合国毒品和犯罪问题办公室，ICRG 为 PRS 集团 International Country Risk Guide。

4. 政治风险

政治风险指标考察的是一国政府的稳定性和质量，以及法律环境和外部冲突，较低的政治风险是企业投资安全的先决条件之一。

政治风险指标包含8个子指标（见表4），其中：执政时间、政府稳定性、军事干预政治3个子指标反映了一国政府的稳定性；腐败（政治体系的腐败程度）、民主问责（政府对民众诉求的回应）、政府有效性（公共服务的质量和行政部门的质量）反映了一国政府的政府有效性；法制水平是履约质量和产权保护的重要保证。一国政府的稳定性和治理质量越高、法治环境越健全、外部冲突越少，中国企业在其投资的风险越低。需要说明的是：本版将"剩余执政时间"分项的权重调低至0.02，其余7个分项的权重均上调至0.14。上一年版本的结果也作出了相应调整。

表4　　　　　　　　　　政治风险指标

政治风险指标	指标说明	数据来源
1. 执政时间	剩余执政时间除以总任期	DPI
2. 政府稳定性	政府执行所宣布政策的能力以及保持政权的能力	ICRG
3. 军事干预政治	军队部门对一国政府的参与程度	ICRG
4. 腐败	政治体系的腐败程度	ICRG
5. 民主问责	政府对民众诉求的回应	ICRG
6. 政府有效性	公共服务的质量、行政部门的质量及其独立于政治压力程度、政策制定和执行的质量，以及政府政策承诺的可信度	WGI
7. 法制水平	法制水平反映了履约质量，产权保护，合同执行质量等	WGI
8. 外部冲突	来自国外的行为对在位政府带来的风险。国外的行为包括非暴力的外部压力例如外交压力、中止援助、贸易限制、领土纠纷、制裁等，也包括暴力的外部压力例如跨境冲突，甚至全面战争	ICRG

资料来源：项目组自制。

注：DPI为世界银行Database of Political Institutions，ICRG为PRS集团International Country Risk Guide，WGI为世界银行Worldwide Governance Indicators。

5. 对华关系

对华关系指标衡量了影响中国企业在当地投资风险的重要双边投资政策，包括是否签订双边投资协定（BIT）、投资受阻程度和双边政治关系，较好的对华关系是降低投资风险的重要缓冲。

对华关系指标包含6个子指标（见表5）。第一个子指标是两国是否签订双边投资协定（以下简称 BIT）以及该协定是否已经生效。如果中国与该国签署了 BIT，将有助于降低中国企业在当地的投资风险。第二个和第三个子指标采用德尔菲法进行的专家打分，分别衡量了投资受阻程度和双边政治关系[①]，较低的投资受阻和较好的双边政治关系，有助于降低中国企业在当地进行投资的风险。贸易依存度和投资依存度衡量了中国和一国之间的双边贸易（投资）占该国贸易（投资）的比重。免签情况则衡量了东道国对中国公民发放签证的便利程度。

表5　　　　　　　　　　对华关系指标

对华关系指标	指标说明	数据来源
1. 是否签订双边投资协定（BIT）	1为已签订且生效；0.5为已签订未生效；0为未签订	中华人民共和国商务部
2. 投资受阻程度	分数越高，投资受阻越小	德尔菲法
3. 双边政治关系	分数越高，双边政治关系越好	德尔菲法
4. 贸易依存度	分数越高，对方对中国贸易依存度越高	WDI、IMF
5. 投资依存度	分数越高，对方对中国直接投资依存度越高	UNCTAD、Wind
6. 免签情况	分数越高，对方对中国公民的签证便利度越高	中国领事服务网

资料来源：项目组自制。

注：BIT 为双边投资协定（BIT）；德尔菲法又名专家意见法或专家函询调查法，采用背对背的通信方式征询专家小组成员的意见；WDI 为世界银行 World Development Indicators；IMF 为国际货币基金组织；UNCTAD 是联合国贸易和发展会议；Wind 是金融数据和分析工具服务商。

---

① 课题组感谢中国社会科学院金融研究所的张明、中国社会科学院世界经济与政治研究所的张宇燕、王镭、邹治波、庞大鹏、张斌、徐奇渊、徐秀军、郎平、欧阳向英、熊爱宗、任琳、肖河、赵海、熊婉婷等各位专家对本部报告的支持和贡献。

（二）标准化、加权与分级

在选取指标并获得原始数据后，本评级体系对于定量指标（经济基础和偿债压力）采取标准化的处理方法，而对定性指标（政治风险、社会弹性以及对华关系）的处理有两种方式，即运用其他机构的量化结果或者由评审委员打分，再进行标准化。

本评级体系采用0—1标准化，也叫离差标准化，将原始数据进行线性变换，使结果落到 [0, 1] 区间，分数越高表示风险越低。转换函数如下：

$$x^* = 1 - |\frac{x - x_{适宜值}}{max-min}|$$

其中，x^* 为将 x 进行标准化后的值，$x_{适宜值}$ 为对应风险最低的指标值，max 为样本数据的最大值，min 为样本数据的最小值。

对定量指标进行标准化并转化为风险点得分的关键在于找到 $x_{适宜值}$。在样本范围内，数值与适宜值越近，得分越高。

适宜值的判断方法有两类：第一类是设定绝对适宜值，也就是适宜值的大小与样本国家的选择无关。例如，本评级体系将 CPI 指标的适宜值设定为2%，失业率的适宜值设定为5%。第二类是在样本中找到相对适宜值。例如，本体系将 GDP 的适宜值设定为该样本中 GDP 的最大值，将 GDP 增速的波动性的适宜值设定为该样本中 GDP 增速的波动的最小值。此外，由于某些指标对于发达国家和发展中国家不应选用相同的适宜值，本评级体系也进行了区分。例如，偿债压力指标中子指标公共债务/GDP 与外债/GDP 既反映了债务规模，也反映了举债能力。对于这两个子指标，本评级体系区分为发达国家和发展中国家两组，每一组的最低值为各组的适宜值。

以上标准化过程中，本报告遵循四大原则：第一，标准化必须合乎逻辑；第二，标准化必须考虑异常值的处理；第三，标准化必须客观，尽量减少主观判断；第四，标准化后的得分需具有区分度。

由于本次评级体系的国家样本有120个，指标体系复杂，出现了较多的异常值情况。为了规范异常值处理流程，本报告对部分原始数据进行缩尾处理。具体而言，在计算适宜值与标准化之前，我们先对原始数据进行前后各5%的缩尾处理[1]，将样本数据从高到低排列，从5%—95%的样本区间内选取最大值和最小值，并分别替换前5%和95%之后的数据，从而剔除异常值因素在适宜值选择和标准化过程中可能带来的影响。

具体采用缩尾处理的指标包括：经济基础部分的所有指标，偿债压力部分除"是否为储备货币发行国"指标外的所有指标。不需要进行缩尾处理的指标包括四种：第一种是特定赋值数据，如"是否签订BIT"等；第二种是数据形式为打分制的原始数据，主要来自ICRG、BTI、EFW、WGI等衡量政治社会风险的数据库；第三种不存在异常值的数据，如"贸易依存度"；第四种是用德尔菲法计算的数据，在计算过程中已经进行了类似处理。

在对经济基础、政治风险、社会弹性、偿债压力和对华关系五大指标下的细项指标分别标准化后，加权平均得到这五大风险要素的得分，区间为［0，1］。分数越高表示风险越低。然后，我们对五大要素加权平均，由于五大指标都是中国企业海外投资风险评级的重要考量点，我们采用相同的权重，均为0.2（见表6）。最后，我们将得到的分数转化为相应的级别。本评级体系按照国家风险从低到高进行9级分类：AAA、AA、A、BBB、BB、B、CCC、CC与C。其中AAA到A为低风险级别，BBB到B为中等风险级别，CCC及以下为高风险级别。

---

[1] 除了投资开放度指标，由于部分国家的开放度水平过高，因此进行了前8%和后5%的截尾处理。

16 国家智库报告

表6　　　　　　　　　国家风险评级指标权重

指标	权重
经济基础	0.2
偿债压力	0.2
政治风险	0.2
社会弹性	0.2
对华关系	0.2

资料来源：项目组自制。

（三）评级样本

本评级体系2024年共纳入120个国家进入评级样本。2022年，中国对所有120个样本国家的投资存量情况见表7。

表7　　　2022年中国在评级样本国家的直接投资存量　　（单位：亿美元）

	国家	所在地区	投资存量		国家	所在地区	投资存量
1	阿尔巴尼亚	欧	0.01	18	巴拿马	美	11.63
2	阿尔及利亚	非	16.22	19	巴西	美	34.10
3	阿根廷	美	21.34	20	白俄罗斯	欧	7.48
4	阿联酋	亚＆太	118.85	21	保加利亚	欧	1.42
5	阿曼	亚＆太	2.68	22	比利时	欧	4.14
6	阿塞拜疆	亚＆太	0.29	23	冰岛	欧	0
7	埃及	非	12.03	24	波兰	欧	6.45
8	埃塞俄比亚	非	26.20	25	玻利维亚	美	2.30
9	爱尔兰	欧	16.76	26	博茨瓦纳	非	1.43
10	爱沙尼亚	欧	0.05	27	布基纳法索	非	0.07
11	安哥拉	非	19.46	28	丹麦	欧	3.19
12	奥地利	欧	5.24	29	德国	欧	185.51
13	澳大利亚	亚＆太	357.88	30	多哥	非	0.56
14	巴布亚新几内亚	亚＆太	16.77	31	俄罗斯	欧	99.02
15	巴基斯坦	亚＆太	68.23	32	厄瓜多尔	美	4.18
16	巴拉圭	美	0.02	33	法国	欧	48.14
17	巴林	亚＆太	1.31	34	菲律宾	亚＆太	11.13

续表

	国家	所在地区	投资存量		国家	所在地区	投资存量
35	芬兰	欧	7.21	66	秘鲁	美	23.10
36	哥伦比亚	美	2.44	67	缅甸	亚＆太	39.73
37	哥斯达黎加	美	0.12	68	摩尔多瓦	欧	0.02
38	哈萨克斯坦	亚＆太	69.79	69	摩洛哥	非	2.83
39	韩国	亚＆太	66.74	70	莫桑比克	非	11.80
40	荷兰	欧	283.02	71	墨西哥	美	16.84
41	洪都拉斯	美	0.04	72	纳米比亚	非	1.77
42	吉尔吉斯斯坦	亚＆太	15.37	73	南非	非	57.42
43	几内亚	非	10.45	74	尼加拉瓜	美	0.06
44	加拿大	美	133.06	75	尼日尔	非	18.54
45	加纳	非	10.58	76	尼日利亚	非	23.24
46	柬埔寨	亚＆太	74.44	77	挪威	欧	0.19
47	捷克	欧	3.19	78	葡萄牙	欧	0.25
48	喀麦隆	非	3.90	79	日本	亚＆太	50.75
49	卡塔尔	亚＆太	9.44	80	瑞典	欧	186.75
50	科威特	亚＆太	10.43	81	瑞士	欧	82.69
51	克罗地亚	欧	2.42	82	萨尔瓦多	美	0
52	肯尼亚	非	17.82	83	塞尔维亚	欧	5.57
53	拉脱维亚	欧	0.21	84	塞内加尔	非	1.77
54	老挝	亚＆太	95.78	85	塞浦路斯	亚＆太	1.35
55	黎巴嫩	亚＆太	0	86	沙特阿拉伯	亚＆太	30.08
56	立陶宛	欧	0.09	87	斯里兰卡	亚＆太	5.29
57	卢森堡	欧	205.55	88	斯洛伐克	欧	0.04
58	罗马尼亚	欧	2.20	89	斯洛文尼亚	欧	4.73
59	马达加斯加	非	2.82	90	苏丹	非	8.86
60	马耳他	欧	0.31	91	塔吉克斯坦	亚＆太	18.93
61	马来西亚	亚＆太	120.50	92	泰国	亚＆太	105.68
62	马里	非	4.78	93	坦桑尼亚	非	14.41
63	美国	美	791.72	94	突尼斯	非	0.26
64	蒙古国	亚＆太	14.87	95	土耳其	亚＆太	30.04
65	孟加拉国	亚＆太	29.95	96	土库曼斯坦	亚＆太	2.25

续表

	国家	所在地区	投资存量		国家	所在地区	投资存量
97	危地马拉	美	0	109	亚美尼亚	亚＆太	0.31
98	委内瑞拉	美	4.69	110	伊拉克	亚＆太	25.07
99	乌干达	非	6.92	111	伊朗	亚＆太	33.94
100	乌克兰	欧	0.80	112	以色列	亚＆太	33.85
101	乌拉圭	美	2.29	113	意大利	欧	24.76
102	乌兹别克斯坦	亚＆太	45.08	114	印度	亚＆太	34.83
103	西班牙	欧	11.86	115	印度尼西亚	亚＆太	247.22
104	希腊	欧	1.25	116	英国	欧	193.49
105	新加坡	亚＆太	734.50	117	约旦	亚＆太	2.29
106	新西兰	亚＆太	26.90	118	越南	亚＆太	116.61
107	匈牙利	欧	5.81	119	赞比亚	非	19.80
108	牙买加	美	10.66	120	智利	美	13.38

资料来源：《中国海外投资国家风险评级报告（2023）》，中国社会科学出版社2023年版。

截至2022年底，中国对外直接投资分布在全球190个国家（地区），本评级体系选用以上120个国家作为本次评级样本，主要是基于以下3个标准。

第一，主要涉及的是真实的投资活动。中国在当地进行的主要是真实的投资活动（生产、研发、雇佣、经营等），而非以该地为投资中转地或者避税等资金运作中心。中国香港就是中国对外直接投资的重要中转地之一。不排除其中有一部分以中国香港为平台，最终流向其他地方。中国对避税港地区的投资以商务服务业为主。因此，本次评级暂不纳入中国香港、开曼群岛、英属维尔京群岛等国际自由港。

第二，重点选择G20国家以及中国海外投资额较大的其他国家。这120个评级样本国家全面覆盖了北美洲、大洋洲、非洲、拉丁美洲、欧洲和亚洲，在当地的投资额较大，因此具有广泛的代表性。

第三，满足主要指标数据，尤其是定量指标（经济基础和偿债压力）的可得性。本评级体系运用经济基础、政治风险、社会弹性、偿债压力和对华关系五大指标作为国家风险评级的依据，因此数据的完备性和可得性十分重要。例如，利比亚虽满足前两个条件，即中国在该国的投资额较大且主要涉及的是真实的投资活动，但由于缺乏大量支持数据，主要是经济基础和偿债压力数据，因此本次评级样本没有纳入利比亚。

（四）本评级方法的特点

1. 中国企业海外投资视角

本报告所述国家风险评级体系从中国企业和主权财富的海外投资视角出发，构建经济基础、政治风险、社会弹性、偿债压力和对华关系五大指标共43个子指标全面地量化评估了中国企业海外投资所面临的战争风险、国有化风险、政党更迭风险、缺乏政府间协议保障风险、金融风险以及东道国安全审查等主要风险。本评级体系通过提供风险警示，为企业降低海外投资风险、提高海外投资成功率提供参考。

2. 重点关注直接投资，同时兼顾主权债投资

现有主要评级机构的国家风险评级体系衡量的是投资者所面临的针对某一个国家的金融敞口风险，其中核心关注点是主权债，即从定性和定量的角度，对主权国家政府足额、准时偿还商业债务的能力和意愿进行综合性评估。本评级体系在兼顾主权债投资所面临的国家风险的同时，重点关注的是中国企业海外直接投资面临的风险。随着国内转型升级和企业竞争力的提高，中国对外直接投资将会继续增长。传统上主要对主权债投资风险的关注已经无法满足当下中国企业的实际需求，因此，本报告所述国家风险评级体系重点关注直接投资所面临的风险要素，纳入的指标涵盖环境政策、资本和人员流动的限制、劳动力市场管制、商业管制、是否签订BIT、贸易依存度、投资依

存度、免签情况以及投资受阻程度等。

3、五大指标体系综合全面覆盖经济、社会、政治、偿债压力和对华关系

影响一国投资风险的因素很多，并且它们之间的关系错综复杂，不存在一个定量模型能够将全部因素包括进去。在进行国家风险评级时，本评级方法将定性和定量指标相结合，综合全面覆盖了经济基础、政治风险、社会弹性、偿债压力和对华关系五大指标体系。在传统由经济和金融指标构成的定量评估的基础上，增加了政治风险、社会弹性和对华关系等定性评估指标，且定性分析指标占到本评级体系指标总量的一半以上。本评级体系对这五大指标体系进行了深入研究，明确了各部分的核心指标，并根据各国国情的不同、对核心指标的评价方法进行区别对待，同时密切关注指标之间、要素之间的内在联系，从而形成了一个逻辑清晰、框架严谨、指标优化、论证科学的方法体系。

4. 特色指标：对华关系

中国需要创建适合自身国情需要的国家风险评级体系。本评级体系一个重要的特色指标是对华关系，包含是否签订BIT、投资受阻程度、双边政治关系、贸易依存度、投资依存度以及免签情况6个子指标，良好的对华关系是降低中国海外投资风险的重要缓释器。对华关系这一指标既是本评级体系区别于其他国家风险评级的特色指标，又是为评估中国海外直接投资所面临的主要风险量身打造。以投资受阻程度这一子指标为例，中国企业在海外投资频频遭遇阻力。

5. 依托智库，将客观独立作为国家风险评级的基本立场

本评级体系依托中国社会科学院世界经济与政治研究所这一中国领先、国际知名的智库。本研究所的主要研究领域包括全球宏观、国际金融、国际贸易、国际投资、全球治理、产业经济学、国际政治理论、国际战略、国际政治经济学等，有将近100位专业研究人员。在美国宾夕法尼亚大学2020年全球智库排名榜①上，中国社会科学院排名第 38 位，而世界经济与政治研究所在全球国际经济学智库中排名第 12 位，在公共政策影响智库中排名全球第 26 位。

发布国家风险评级的团队是国际投资研究室。本研究室的主要研究领域包括跨境直接投资、跨境间接投资、外汇储备投资、国家风险、国际收支平衡表与国际投资头寸表等。团队成员为王碧珺、周学智、陈逸豪、臧成伟、潘圆圆、李国学、周天蕙和赵家钧；此外，课题组感谢中国社会科学院金融研究所的张明、中国社会科学院世界经济与政治研究所的张宇燕、王镭、邹治波、庞大鹏、张斌、徐奇渊、徐秀军、郎平、欧阳向英、熊爱宗、任琳、肖河、赵海、熊婉婷等各位专家对本报告的支持和贡献。研究室定期发布国际投资研究系列（International Investment Studies），主要产品包括：中国对外投资报告、国家风险评级报告、工作论文与财经评论等。

中国社会科学院世界经济与政治研究所将客观独立作为国家风险评级的基本立场。客观独立是本着对国家风险关系所涉及的各方利益同等负责的态度，采取公正的、客观的立场制定国家风险评级标准，反对通过信用评级进行利益输送。

（五）未来规划

中国海外投资国家风险评级报告每年发布一次。这是本评级体系建成后第 11 次发布国家风险评级结果。我们将不断改进评级体系，并计划未来每年都发布一次国家风险评级，提供若干风险变化之警示。

中国海外投资国家风险评级报告动态选取有代表性的国家样本。本次评级是第 11 次评级，选取了 120 个国家作为评级样本。本报告的样本选择遵循三个基本原则：一是主要涉及的是

---

① The University of Pennsylvania, *2020 Global Go To Think Tank Index Report*, Think Tanks & Civil Societies Program, January 28, 2021.

真实的投资活动；二是在地理分布上具有广泛的覆盖性，在当地的投资额较大；三是满足主要指标数据，尤其是定量指标（"经济基础"和"偿债压力"）的可得性。

有针对性的完善评级体系。为了完整研判新形势下对外投资风险，本报告在评级指标和评级方法方面较2023年版本做出改进。"偿债能力"指标更名为"偿债压力"，其项下个别指标的计算方法也进行了更科学的调整。未来随着形势变化，本评级体系仍然会有较大改进空间，依托强大的研究团队和智库支持，评级体系也将逐渐趋于完善。未来在指标选择、权重设定、方法构建上，本评级体系都将根据国内外不断变化的形势、中国企业不断演进的海外投资模式以及不断出现新的投资风险进行相应改进。

深化学术和政策研究。未来，本报告将基于本评级体系深入学术和政策性研究，分析中国企业海外投资所面临的国家风险的决定因素、影响途径以及化解方法。

四 CROIC-IWEP国家风险评级结果总体分析

本次评级对120个国家进行了评级，包括38个发达经济体和82个新兴经济体。从区域分布来看，美洲（美）涉及20个国家，欧洲（欧）涉及37个国家，非洲（非）涉及25个国家，亚洲和太平洋（亚&太）涉及38个国家。评级结果共分为9级，由高至低分别为AAA、AA、A、BBB、BB、B、CCC、CC、C。其中AAA—A为低风险级别，包括39个国家；BBB—B为中等风险级别，包括42个国家；CCC—C为高风险级别，包括39个国家。

（一）总体结果分析

从总体评级结果来看，发达国家评级得分普遍高于新兴经济体，海外投资风险相对较低。在排名前20位的国家之中，除了卡塔尔和阿联酋之外，都是发达国家。在83个新兴经济体中排名最高的卡塔尔，为第16位。

与更新数据之后重新计算的2023年版评级结果相比，58个国家的相对排名有所上升。上升名次最多的5个国家分别是柬埔寨、墨西哥、塞内加尔、哈萨克斯坦和马来西亚。排名分别上升了19、19、19、18和14个名次。51个国家的相对排名有所下降。下降名次最多的5个国家分别是以色列、阿根廷、伊朗、缅甸和厄瓜多尔。分别下降了24、23、18、13和12个名次。

从中国海外投资前十大目的地来看，投资风险相对较低的国家是澳大利亚、德国和新加坡，排名分别为第2位、第3位和第6位。投资风险相对较高的国家是印度尼西亚、美国和加拿大，排名分别为第32位、第31位和第14位。

整体来看，发达国家的平均排名为第23.2位，远高于新兴经济体第77.1位的平均排名。与更新数据后重新计算的2023年情况相比，发达经济体相对排名上升的国家有16个，相对排名下降的国家有16个，另有5个国家排名不变。其中以色列的投资风险上升最为明显。在新兴经济体中，排名上升的国家有42个，排名相对下降的国家有35个。其中，阿根廷、伊朗和缅甸的排名下降较多，分别下降了23位、18位和13位。塞内加尔、墨西哥和柬埔寨的投资风险有所降低，相对排名均上升了19位（见表8）。

表8　　　　　　　　　　　　总体评级结果

排名	国家	本年级别	排名变化	上年级别	排名	国家	本年级别	排名变化	上年级别
1	瑞士（欧）	AAA	—	AAA	5	挪威（欧）	AAA	↓	AAA
2	澳大利亚（亚&太）	AAA	—	AAA	6	新加坡（亚&太）	AAA	↑	AAA
3	德国（欧）	AAA	↑	AAA	7	新西兰（亚&太）	AAA	↓	AAA
4	丹麦（欧）	AAA	↓	AAA	8	瑞典（欧）	AAA	↑	AAA

续表

排名	国家	本年级别	排名变化	上年级别	排名	国家	本年级别	排名变化	上年级别
9	冰岛（欧）	AAA	↑	AAA	32	印度尼西亚（亚&太）	A	↑	A
10	荷兰（欧）	AAA	↑	AA	33	匈牙利（欧）	A	—	A
11	英国（欧）	AAA	↑	AAA	34	斯洛文尼亚（欧）	A	↑	A
12	韩国（亚&太）	AAA	↑	AA	35	科威特（亚&太）	A	↓	A
13	卢森堡（欧）	AAA	↓	AAA	36	爱沙尼亚（欧）	A	↓	A
14	加拿大（美）	AA	↓	AAA	37	西班牙（欧）	A	↓	A
15	日本（亚&太）	AA	↑	AA	38	比利时（欧）	A	↓	A
16	卡塔尔（亚&太）	AA	↓	AA	39	波兰（欧）	A	↓	A
17	法国（欧）	AA	↓	AAA	40	乌拉圭（美）	BBB	↑	BBB
18	阿联酋（亚&太）	AA	↑	AA	41	罗马尼亚（欧）	BBB	↓	BBB
19	奥地利（欧）	AA	↓	AA	42	塞浦路斯（欧）	BBB	↑	BBB
20	爱尔兰（欧）	AA	—	AA	43	立陶宛（欧）	BBB	—	BBB
21	芬兰（欧）	AA	↓	AA	44	越南（亚&太）	BBB	↑	BBB
22	马耳他（欧）	AA	↑	AA	45	柬埔寨（亚&太）	BBB	↑	BB
23	哈萨克斯坦（亚&太）	AA	↑	BBB	46	以色列（亚&太）	BBB	↓	AA
24	智利（美）	AA	↑	A	47	土库曼斯坦（亚&太）	BBB	↑	BBB
25	马来西亚（亚&太）	AA	↑	A	48	克罗地亚（欧）	BBB	↓	BBB
26	捷克（欧）	AA	↑	A	49	塔吉克斯坦（亚&太）	BBB	↑	BB
27	沙特阿拉伯（亚&太）	A	↓	AA	50	希腊（欧）	BBB	↑	BB
28	葡萄牙（欧）	A	↓	AA	51	斯洛伐克（欧）	BBB	↑	BBB
29	阿曼（亚&太）	A	↓	AA	52	蒙古国（亚&太）	BBB	↓	BBB
30	意大利（欧）	A	↓	A	53	秘鲁（美）	BBB	—	BBB
31	美国（美）	A	↑	A	54	阿塞拜疆（亚&太）	BB	↓	BBB

续表

排名	国家	本年级别	排名变化	上年级别	排名	国家	本年级别	排名变化	上年级别
55	塞尔维亚（欧）	BB	↓	BBB	77	肯尼亚（非）	B	↓	BB
56	乌兹别克斯坦（亚&太）	BB	↑	BB	78	墨西哥（美）	B	↑	CC
57	坦桑尼亚（非）	BB	↓	BB	79	巴西（美）	B	↑	CCC
58	巴林（亚&太）	BB	↓	BBB	80	巴基斯坦（亚&太）	B	↓	B
59	老挝（亚&太）	BB	↓	BB	81	印度（亚&太）	B	↓	B
60	亚美尼亚（亚&太）	BB	↑	BB	82	斯里兰卡（亚&太）	CCC	↑	CCC
61	保加利亚（欧）	BB	↓	BB	83	摩洛哥（非）	CCC	↓	B
62	拉脱维亚（欧）	BB	↑	B	84	玻利维亚（美）	CCC	—	CCC
63	阿尔巴尼亚（欧）	BB	—	BB	85	阿及利亚（非）	CCC	—	CCC
64	巴拿马（美）	BB	↑	BB	86	约旦（亚&太）	CCC	↑	CCC
65	巴布亚新几内亚（亚&太）	BB	↑	B	87	塞内加尔（非）	CCC	↑	CC
66	泰国（亚&太）	BB	↑	B	88	多哥（非）	CCC	—	CCC
67	博茨瓦纳（非）	BB	↓	BB	89	尼日尔（非）	CCC	↑	CCC
68	吉尔吉斯斯坦（亚&太）	B	↑	B	90	几内亚（非）	CCC	↑	CC
69	哥斯达黎加（美）	B	↑	B	91	尼日利亚（非）	CCC	↑	CCC
70	牙买加（美）	B	↑	B	92	埃及（非）	CCC	↓	B
71	俄罗斯（欧）	B	↓	BB	93	白俄罗斯（欧）	CCC	↑	CC
72	厄瓜多尔（美）	B	↓	BB	94	土耳其（亚&太）	CCC	↓	CCC
73	孟加拉国（亚&太）	B	↓	B	95	赞比亚（非）	CC	↓	CCC
74	南非（非）	B	↑	B	96	摩尔多瓦（欧）	CC	↑	CC
75	菲律宾（亚&太）	B	↓	B	97	马里（非）	CC	↑	CC
76	加纳（非）	B	↑	B	98	危地马拉（美）	CC	—	CC

续表

排名	国家	本年级别	排名变化	上年级别	排名	国家	本年级别	排名变化	上年级别
99	埃塞俄比亚（非）	CC	↑	CC	110	萨尔瓦多（美）	C	↑	C
100	伊朗（亚&太）	CC	↓	CCC	111	突尼斯（非）	C	↓	CC
101	纳米比亚（非）	CC	↑	CC	112	布基纳法索（非）	C	↑	C
102	缅甸（亚&太）	CC	↓	CCC	113	委内瑞拉（美）	C	↑	C
103	喀麦隆（非）	CC	↓	CC	114	巴拉圭（美）	C	—	C
104	乌干达（非）	CC	↑	C	115	莫桑比克（非）	C	↑	C
105	尼加拉瓜（美）	CC	↓	CC	116	洪都拉斯（美）	C	↓	C
106	哥伦比亚（美）	CC	↑	C	117	黎巴嫩（亚&太）	C	↓	C
107	马达加斯加（非）	CC	↓	CC	118	伊拉克（亚&太）	C	↓	C
108	安哥拉（非）	C	↑	C	119	乌克兰（欧）	C	↓	C
109	阿根廷（美）	C	↓	CCC	120	苏丹（非）	C	—	C

资料来源：项目组自制。

注：—表示与在可获得的次新数据基础上做出结果相比，相对排名没有变化的国家；↑表示与在可获得的次新数据基础上做出结果相比，相对排名上升的国家；↓表示与在可获得的次新数据基础上做出结果相比，相对排名下降的国家。

根据 IMF 发布的 2024 年 4 月版的《全球经济展望》，全球经济在 2024 年仍将大体维持弱反弹的态势。IMF 预测 2024 年全球经济增速为 3.2%，与 2023 年持平。其中，欧元区、英国、日本和加拿大的经济增速预测都较低，分别为 0.8%、0.5%、0.9% 和 1.2%。IMF 认为，发达经济体经济整体增速在 2024 年可能为 1.7%。相比较而言，新兴市场和发展中国家的经济增速预测则相对较高，2024 年为 4.2%。亚洲的新兴市场和发展中国家仍将是全球经济增速最快的地区，预计经济增速将达到 5.2%。

2024 年乃至 2025 年，全球投资风险依然不容小觑。全球最大经济体——美国的货币政策目前依然处在"高息区间",对经济的负面影响已经在逐步显现。未来美国实体经济风险和金融市场风险将大概率变大,以及由此引发的全球性经济风险值得关注。

对中国企业而言,新兴市场和发展中国家依然可能是"收益—风险"的较优解,其中又以东亚及东盟地区更为明显。值得关注的是,很多"一带一路"共建国家也是投资风险相对较低、潜在收益相对较高的国家。

(二) 分项指标分析

1. 经济基础

经济基础方面,发达国家经济基础普遍好于新兴经济体,排名前20位的国家均为发达经济体。

与根据前一年度最新数据计算的结果相比,埃及、巴基斯坦和孟加拉国排名下降较多。排名上升较多的国家为哥斯达黎加、希腊和巴西(见表9)。

表9 经济基础评级结果

排名	国家	排名变化	排名	国家	排名变化	排名	国家	排名变化
1	加拿大	—	11	丹麦	↑	21	奥地利	↓
2	美国	↑	12	新加坡	↓	22	新西兰	↓
3	澳大利亚	↓	13	以色列	↓	23	塞浦路斯	↑
4	英国	↓	14	挪威	↓	24	卡塔尔	↓
5	日本	—	15	卢森堡	↑	25	葡萄牙	↓
6	法国	↑	16	西班牙	↑	26	马耳他	—
7	德国	↑	17	芬兰	↓	27	冰岛	↓
8	爱尔兰	↓	18	意大利	↑	28	沙特阿拉伯	↓
9	瑞士	↑	19	韩国	↓	29	阿联酋	—
10	荷兰	↑	20	瑞典	↓	30	墨西哥	↑

续表

排名	国家	排名变化	排名	国家	排名变化	排名	国家	排名变化
31	巴拿马	↑	61	蒙古国	↑	91	萨尔瓦多	↑
32	罗马尼亚	↑	62	泰国	↑	92	喀麦隆	↓
33	比利时	↑	63	尼加拉瓜	↓	93	几内亚	↓
34	印度尼西亚	↓	64	塔吉克斯坦	↑	94	缅甸	↓
35	智利	↑	65	尼日尔	↓	95	洪都拉斯	↑
36	马来西亚	↓	66	俄罗斯	↓	96	马达加斯加	↓
37	捷克	↑	67	亚美尼亚	↑	97	博茨瓦纳	↑
38	柬埔寨	↓	68	玻利维亚	↑	98	老挝	↓
39	希腊	↑	69	肯尼亚	↓	99	埃塞俄比亚	↑
40	乌拉圭	—	70	保加利亚	↓	100	尼日利亚	↓
41	哥斯达黎加	↑	71	多哥	↓	101	伊拉克	↓
42	印度	↓	72	坦桑尼亚	↑	102	黎巴嫩	↓
43	波兰	↑	73	约旦	↓	103	摩洛哥	↓
44	拉脱维亚	↑	74	阿尔巴尼亚	↑	104	突尼斯	↓
45	巴林	↓	75	孟加拉国	↓	105	阿尔及利亚	↓
46	爱沙尼亚	↑	76	巴拉圭	↑	106	塞尔维亚	↓
47	阿曼	↓	77	马里	↑	107	阿根廷	↓
48	科威特	↓	78	土库曼斯坦	↑	108	南非	↓
49	乌干达	↓	79	哈萨克斯坦	↓	109	巴基斯坦	↓
50	斯洛文尼亚	↓	80	巴布亚新几内亚	↑	110	白俄罗斯	↓
51	危地马拉	↓	81	赞比亚	↓	111	土耳其	↓
52	菲律宾	↓	82	塞内加尔	↓	112	伊朗	↓
53	立陶宛	↑	83	哥伦比亚	↓	113	纳米比亚	↓
54	越南	↓	84	斯洛伐克	↑	114	加纳	↓
55	阿塞拜疆	↓	85	布基纳法索	↑	115	摩尔多瓦	↓
56	克罗地亚	↑	86	埃及	↓	116	安哥拉	↓
57	厄瓜多尔	↑	87	莫桑比克	↓	117	斯里兰卡	↓
58	秘鲁	↓	88	乌兹别克斯坦	↓	118	苏丹	↓
59	匈牙利	↓	89	吉尔吉斯斯坦	↑	119	委内瑞拉	↓
60	巴西	↑	90	牙买加	↓	120	乌克兰	↓

资料来源：项目组自制。

注：—表示与在可获得的次新数据基础上做出结果相比，相对排名没有变化的国家；↑表示与在可获得的次新数据基础上做出结果相比，相对排名上升的国家；↓表示与在可获得的次新数据基础上做出结果相比，相对排名下降的国家。

2. 政治风险

政治风险方面,与2023年度量方法相同,本报告主要关注8个指标。整体而言,发达国家的政治风险普遍低于新兴经济体和发展中国家。发达国家平均排名为第22.2位,后者平均排名则为第77.6位。并且政治风险指标排名前20位的国家均为发达国家。

与根据前一年度最新数据计算的结果相比,乌克兰、以色列和尼日尔等国排名有所下降。委内瑞拉、柬埔寨和泰国等国家排名则有所上升(见表10)。

表10　　　　　　　　政治风险评级结果

排名	国家	排名变化	排名	国家	排名变化	排名	国家	排名变化
1	瑞士	—	19	葡萄牙	↓	37	哈萨克斯坦	↑
2	丹麦	↑	20	法国	—	38	纳米比亚	—
3	澳大利亚	↑	21	马耳他	—	39	立陶宛	↓
4	荷兰	↓	22	意大利	↑	40	希腊	↓
5	加拿大	↑	23	捷克	↓	41	马来西亚	↑
6	卢森堡	↑	24	爱沙尼亚	↓	42	斯洛伐克	↓
7	冰岛	↓	25	斯洛文尼亚	↑	43	牙买加	↓
8	芬兰	↓	26	美国	↓	44	韩国	↓
9	挪威	↓	27	匈牙利	↓	45	沙特阿拉伯	↑
10	瑞典	↑	28	哥斯达黎加	↑	46	罗马尼亚	↓
11	爱尔兰	↑	29	西班牙	↓	47	巴拿马	↓
12	德国	↓	30	乌拉圭	—	48	卡塔尔	↑
13	新西兰	↓	31	博茨瓦纳	↑	49	保加利亚	↓
14	比利时	↑	32	克罗地亚	↓	50	阿曼	↓
15	奥地利	↓	33	阿联酋	↓	51	南非	↓
16	英国	—	34	智利	↓	52	科威特	↑
17	新加坡	↑	35	拉脱维亚	↑	53	波兰	↓
18	日本	↑	36	塞浦路斯	↓	54	阿尔巴尼亚	↑

续表

排名	国家	排名变化	排名	国家	排名变化	排名	国家	排名变化
55	巴林	—	77	坦桑尼亚	↑	99	乌干达	↑
56	蒙古国	—	78	秘鲁	↑	100	玻利维亚	↑
57	赞比亚	↑	79	摩尔多瓦	↓	101	埃塞俄比亚	↓
58	印度	↓	80	亚美尼亚	↓	102	土耳其	↓
59	巴西	↑	81	突尼斯	↓	103	马达加斯加	↑
60	肯尼亚	↑	82	墨西哥	↓	104	阿尔及利亚	↓
61	加纳	—	83	萨尔瓦多	↑	105	伊拉克	↓
62	摩洛哥	↓	84	越南	—	106	伊朗	↓
63	约旦	↑	85	洪都拉斯	↑	107	黎巴嫩	↓
64	乌兹别克斯坦	—	86	多哥	↑	108	喀麦隆	↓
65	塞尔维亚	↓	87	以色列	↓	109	埃及	↑
66	巴布亚新几内亚	↑	88	危地马拉	↑	110	俄罗斯	↓
67	吉尔吉斯斯坦	↓	89	委内瑞拉	↑	111	白俄罗斯	↑
68	菲律宾	↓	90	老挝	↑	112	巴拉圭	↓
69	塔吉克斯坦	↓	91	柬埔寨	↑	113	乌克兰	↓
70	印度尼西亚	—	92	尼日利亚	↑	114	马里	↓
71	土库曼斯坦	↑	93	安哥拉	↑	115	尼日尔	↓
72	斯里兰卡	↑	94	孟加拉国	↓	116	巴基斯坦	↓
73	泰国	↑	95	阿根廷	↓	117	尼加拉瓜	↓
74	莫桑比克	↑	96	厄瓜多尔	↓	118	几内亚	↓
75	哥伦比亚	↑	97	阿塞拜疆	↓	119	缅甸	↓
76	塞内加尔	—	98	布基纳法索	↓	120	苏丹	—

资料来源：项目组自制。

注：—表示与在可获得的次新数据基础上做出结果相比，相对排名没有变化的国家；↑表示与在可获得的次新数据基础上做出结果相比，相对排名上升的国家；↓表示与在可获得的次新数据基础上做出结果相比，相对排名下降的国家。

3. 社会弹性

社会弹性方面，与2023年的度量指标相同，本报告主要关注8个指标。通过分析具体指标，发现发达国家社会弹性发展状况普遍好于新兴经济体。发达国家平均排名为第21.6位，新兴经济体和发展中国家则为第77.8位。排名前20位的国家中，除了阿联酋之外，均为发达国家。

与根据前一年度最新数据计算的结果相比，缅甸、白俄罗斯和厄瓜多尔等国的排名有所下降，塞内加尔、吉尔吉斯斯坦和布基纳法索的排名则有所上升（见表11）。

表11　　　　　　　　　社会弹性评级结果

排名	国家	排名变化	排名	国家	排名变化	排名	国家	排名变化
1	爱尔兰	↑	19	法国	↓	37	斯洛文尼亚	↑
2	新加坡	↓	20	比利时	↓	38	波兰	↓
3	日本	↓	21	卡塔尔	↑	39	罗马尼亚	↓
4	英国	↑	22	芬兰	↓	40	克罗地亚	↓
5	新西兰	↓	23	韩国	↑	41	爱沙尼亚	↓
6	瑞士	↑	24	斯洛伐克	↑	42	马来西亚	↓
7	瑞典	↑	25	马耳他	↑	43	阿曼	↓
8	冰岛	↑	26	意大利	↓	44	科威特	↑
9	挪威	↑	27	立陶宛	↑	45	保加利亚	↓
10	卢森堡	↓	28	葡萄牙	↓	46	塞尔维亚	↓
11	加拿大	↓	29	拉脱维亚	↑	47	约旦	↑
12	丹麦	↓	30	西班牙	↓	48	阿尔巴尼亚	↓
13	荷兰	↓	31	希腊	↑	49	沙特阿拉伯	↓
14	澳大利亚	↓	32	以色列	↓	50	亚美尼亚	—
15	德国	↓	33	巴林	—	51	吉尔吉斯斯坦	↑
16	奥地利	↑	34	匈牙利	↑	52	阿塞拜疆	↑
17	阿联酋	↑	35	美国	↓	53	蒙古国	↑
18	捷克	↑	36	塞浦路斯	↓	54	乌拉圭	—

续表

排名	国家	排名变化	排名	国家	排名变化	排名	国家	排名变化
55	哥斯达黎加	↑	77	摩洛哥	↓	99	巴西	↓
56	印度尼西亚	—	78	坦桑尼亚	↓	100	巴基斯坦	↓
57	越南	↓	79	菲律宾	↓	101	纳米比亚	↓
58	摩尔多瓦	↑	80	泰国	↓	102	墨西哥	↓
59	土库曼斯坦	↓	81	土耳其	↓	103	玻利维亚	—
60	乌兹别克斯坦	↓	82	斯里兰卡	—	104	尼加拉瓜	↓
61	柬埔寨	↑	83	阿根廷	↓	105	厄瓜多尔	↓
62	哈萨克斯坦	↓	84	布基纳法索	↑	106	乌克兰	↓
63	塔吉克斯坦	↓	85	埃及	↑	107	哥伦比亚	↑
64	加纳	↓	86	俄罗斯	↓	108	马达加斯加	↓
65	肯尼亚	↓	87	乌干达	↑	109	伊拉克	↓
66	印度	↑	88	喀麦隆	↑	110	尼日利亚	↑
67	秘鲁	↓	89	安哥拉	↓	111	洪都拉斯	↑
68	博茨瓦纳	↓	90	阿尔及利亚	↓	112	巴布亚新几内亚	↓
69	老挝	—	91	多哥	↑	113	尼日尔	↓
70	塞内加尔	↑	92	伊朗	↓	114	马里	—
71	巴拿马	↓	93	危地马拉	—	115	委内瑞拉	↑
72	牙买加	↑	94	白俄罗斯	↓	116	几内亚	↓
73	赞比亚	↑	95	突尼斯	↓	117	埃塞俄比亚	—
74	黎巴嫩	↓	96	萨尔瓦多	↑	118	苏丹	—
75	智利	—	97	南非	↑	119	莫桑比克	—
76	巴拉圭	↓	98	孟加拉国	↑	120	缅甸	↓

资料来源：项目组自制。

注：—表示与在可获得的次新数据基础上做出结果相比，相对排名没有变化的国家；↑表示与在可获得的次新数据基础上做出结果相比，相对排名上升的国家；↓表示与在可获得的次新数据基础上做出结果相比，相对排名下降的国家。

4. 偿债压力

偿债压力指标从一国的负债规模、负债结构的角度对东道国的投资风险进行衡量。整体而言，发达国家偿债压力风险依然小于新兴经济体和发展中国家，但是"优势"并不如此前几个指标明显。发达国家"偿债压力"的平均排名为第32.8位，新兴经济体和发展中国家的平均排名为第72.9位。

与根据前一年度最新数据计算的结果相比，埃及、阿根廷和克罗地亚等国的排名有所下降；乌兹别克斯坦、乌拉圭和柬埔寨等国的排名有所上升（见表12）。

表12　　　　　　　偿债压力评级结果

排名	国家	排名变化	排名	国家	排名变化	排名	国家	排名变化
1	挪威	↑	19	巴布亚新几内亚	↓	37	罗马尼亚	↑
2	德国	↑	20	科威特	↓	38	印度尼西亚	↓
3	丹麦	—	21	爱沙尼亚	↑	39	秘鲁	↓
4	澳大利亚	↓	22	立陶宛	↑	40	斯洛文尼亚	↓
5	冰岛	↑	23	以色列	↑	41	荷兰	↓
6	瑞士	↓	24	土库曼斯坦	↓	42	越南	↓
7	瑞典	—	25	博茨瓦纳	↑	43	保加利亚	↓
8	美国	—	26	阿曼	↓	44	阿联酋	↑
9	智利	—	27	英国	↓	45	喀麦隆	↓
10	波兰	↑	28	危地马拉	↓	46	葡萄牙	↓
11	卡塔尔	↓	29	法国	↓	47	哥伦比亚	↓
12	韩国	↑	30	日本	↑	48	爱尔兰	↓
13	阿塞拜疆	↓	31	奥地利	↓	49	厄瓜多尔	↓
14	新西兰	↑	32	尼加拉瓜	↓	50	塞尔维亚	↓
15	沙特阿拉伯	↑	33	匈牙利	↑	51	坦桑尼亚	—
16	加拿大	↓	34	俄罗斯	↑	52	马耳他	↑
17	捷克	↑	35	拉脱维亚	↑	53	巴拉圭	↓
18	卢森堡	—	36	哈萨克斯坦	↓	54	斯洛伐克	↑

续表

排名	国家	排名变化	排名	国家	排名变化	排名	国家	排名变化
55	埃塞俄比亚	↑	77	菲律宾	↑	99	布基纳法索	↑
56	洪都拉斯	↓	78	西班牙	↑	100	赞比亚	↑
57	白俄罗斯	—	79	土耳其	↑	101	阿根廷	↓
58	乌拉圭	↑	80	马达加斯加	↑	102	摩洛哥	↓
59	缅甸	↓	81	马里	↑	103	老挝	↓
60	纳米比亚	↓	82	南非	↓	104	肯尼亚	↓
61	尼日利亚	↑	83	泰国	↑	105	阿尔及利亚	↓
62	玻利维亚	↓	84	蒙古国	↓	106	塞浦路斯	↑
63	意大利	↑	85	乌干达	↑	107	吉尔吉斯斯坦	↓
64	芬兰	↓	86	比利时	↓	108	巴拿马	↑
65	克罗地亚	↓	87	塔吉克斯坦	↑	109	摩尔多瓦	↑
66	牙买加	↓	88	孟加拉国	↑	110	巴基斯坦	↑
67	巴西	↓	89	萨尔瓦多	↓	111	巴林	↑
68	乌兹别克斯坦	↑	90	塞内加尔	↑	112	委内瑞拉	↓
69	哥斯达黎加	—	91	埃及	↓	113	加纳	↓
70	尼日尔	↑	92	多哥	↑	114	乌克兰	↓
71	柬埔寨	↑	93	伊朗	↓	115	莫桑比克	↑
72	墨西哥	↓	94	马来西亚	—	116	伊拉克	↓
73	新加坡	↑	95	安哥拉	↑	117	突尼斯	—
74	阿尔巴尼亚	↓	96	希腊	↑	118	约旦	↑
75	亚美尼亚	↓	97	斯里兰卡	↑	119	苏丹	↓
76	几内亚	↓	98	印度	↓	120	黎巴嫩	—

资料来源：项目组自制。

注：—表示与在可获得的次新数据基础上做出结果相比，相对排名没有变化的国家；↑表示与在可获得的次新数据基础上做出结果相比，相对排名上升的国家；↓表示与在可获得的次新数据基础上做出结果相比，相对排名下降的国家。

5. 对华关系

对华关系方面，本报告主要关注6个指标。通过分析具体指标，本报告发现，排名前20位的国家，除新加坡外均为新兴经济体和发展中国家。发达国家对华关系指标的平均排名为第78.3位，新兴经济体和发展中国家的平均排名为第52.6位。

与根据前一年度最新数据计算的结果相比，博茨瓦纳、赞比亚和肯尼亚等国的对华关系的排名有所下降。墨西哥、乌兹别克斯坦和荷兰等国的对华关系排名有所上升（见表13）。

表13　对华关系评级结果

排名	国家	排名变化	排名	国家	排名变化	排名	国家	排名变化
1	老挝	—	19	南非	↑	37	尼日尔	↑
2	巴基斯坦	—	20	土库曼斯坦	↓	38	白俄罗斯	↓
3	哈萨克斯坦	↑	21	塞尔维亚	↓	39	尼日利亚	↓
4	孟加拉国	—	22	加纳	↑	40	土耳其	↑
5	柬埔寨	↑	23	智利	↑	41	伊朗	↓
6	印度尼西亚	↑	24	卡塔尔	↓	42	埃及	↓
7	塔吉克斯坦	↑	25	巴布亚新几内亚	↑	43	阿塞拜疆	↓
8	马来西亚	↑	26	阿曼	↓	44	匈牙利	↑
9	坦桑尼亚	↓	27	阿联酋	↓	45	乌拉圭	↓
10	几内亚	↑	28	委内瑞拉	↑	46	马耳他	↑
11	越南	↓	29	秘鲁	↓	47	埃塞俄比亚	↓
12	厄瓜多尔	↓	30	亚美尼亚	↓	48	沙特阿拉伯	↑
13	乌兹别克斯坦	↑	31	韩国	↑	49	苏丹	↓
14	阿尔及利亚	↑	32	斯里兰卡	↓	50	巴拿马	↓
15	缅甸	↓	33	蒙古国	↓	51	安哥拉	↓
16	新加坡	↑	34	吉尔吉斯斯坦	↓	52	巴林	↓
17	泰国	↑	35	科威特	↓	53	摩洛哥	↓
18	俄罗斯	↓	36	马里	↑	54	玻利维亚	↓

续表

排名	国家	排名变化	排名	国家	排名变化	排名	国家	排名变化
55	阿尔巴尼亚	↑	77	墨西哥	↑	99	喀麦隆	↓
56	斯洛文尼亚	↑	78	葡萄牙	—	100	比利时	—
57	马达加斯加	↑	79	罗马尼亚	↓	101	澳大利亚	↑
58	牙买加	↑	80	保加利亚	↑	102	伊拉克	↑
59	塞浦路斯	↑	81	英国	↑	103	博茨瓦纳	↓
60	希腊	↑	82	德国	↑	104	丹麦	↓
61	摩尔多瓦	↑	83	奥地利	↓	105	尼加拉瓜	↓
62	突尼斯	↓	84	以色列	↓	106	萨尔瓦多	↑
63	菲律宾	↓	85	日本	↑	107	赞比亚	↓
64	新西兰	↑	86	芬兰	↓	108	布基纳法索	↓
65	荷兰	↑	87	意大利	↓	109	乌干达	↑
66	法国	↓	88	挪威	↑	110	哥伦比亚	↑
67	克罗地亚	↑	89	卢森堡	↓	111	印度	↓
68	阿根廷	↓	90	莫桑比克	↑	112	爱尔兰	↓
69	多哥	↓	91	约旦	↑	113	哥斯达黎加	↓
70	黎巴嫩	↑	92	冰岛	—	114	加拿大	↓
71	斯洛伐克	↑	93	乌克兰	↓	115	纳米比亚	—
72	瑞士	↓	94	瑞典	↑	116	危地马拉	↑
73	肯尼亚	↓	95	巴西	↓	117	洪都拉斯	↓
74	西班牙	↑	96	塞内加尔	↑	118	拉脱维亚	↓
75	爱沙尼亚	↑	97	捷克	—	119	美国	↑
76	波兰	↑	98	立陶宛	↓	120	巴拉圭	↓

资料来源：项目组自制。

注：—表示与在可获得的次新数据基础上做出结果相比，相对排名没有变化的国家；↑表示与在可获得的次新数据基础上做出结果相比，相对排名上升的国家；↓表示与在可获得的次新数据基础上做出结果相比，相对排名下降的国家。

五 CROIC-IWEP 国家风险评级主要排名变动国家分析

根据2024年国家风险评级报告各个国家的风险评级得分和排名，本报告筛选出了具有代表性的8个国家进行详细分析。具体筛选标准为：排名上升较大的4个国家，以及排名下降较大的4个国家。

（一）塞内加尔（↑19）

在2024年中国海外投资国家风险评级结果中，塞内加尔的排名上升19位。塞内加尔偿债压力指标得分上升明显，对华关系指标也呈向好趋势，社会弹性指标虽然得分上升，但在总排名中呈下降趋势。在偿债压力方面，非洲开发银行最新发布的《非洲宏观经济表现与前景》报告预测，2024年，塞内加尔经济增长将达8.2%，居非洲第2位，仅次于尼日尔。[1] 同时，塞内加尔两大海上油气开发项目进展顺利，预计石油和天然气出口带来的收入将保障公共支出的可持续性，一定程度上缩小财政收支缺口。在社会弹性方面，2022年塞内加尔宣布将于2024年进行国家选举后，该国经历多场冲突和骚乱，2023年至今局势有所缓解，但风险依然值得警惕。[2] 在对华关系方面，2023年8月23日下午，习近平主席在约翰内斯堡出席金砖国家领导人会晤期间会见塞内加尔总统萨勒。[3] 同年10月17日，中国与塞内加尔政府在北京签署税收协定，进一步

---

[1] 《塞内加尔经济发展前景乐观》，新浪财经，2024年4月8日，https://finance.sina.com.cn/jjxw/2024-04-08/doc-inarafia5640338.shtml。
[2] 《总统选举能否结束塞内加尔的骚乱》，半岛电视台，2024年3月19日。
[3] 龚鸣、时元皓：《习近平会见塞内加尔总统萨勒》，《人民日报》2023年8月24日第1版。

深化"一带一路"共建国家税收合作。① 在中塞双边贸易方面，2023年中国与塞内加尔双边货物进出口额为55.7亿美元，同比增长32.9%。②

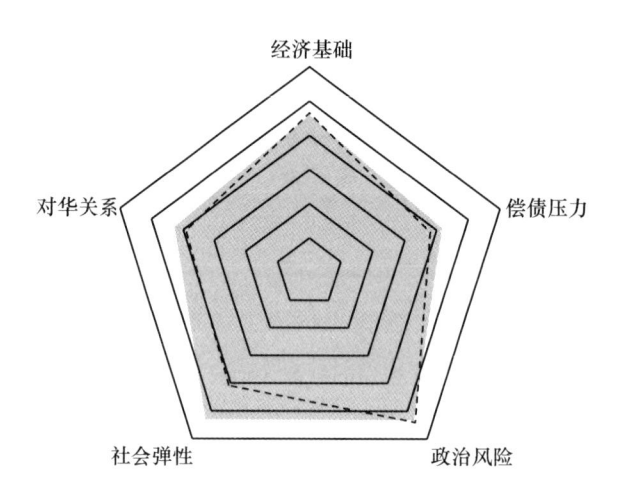

图1　塞内加尔得分对比

资料来源：项目组自制。

注：阴影区域代表2024年得分，虚线区域代表2023年得分。

（二）墨西哥（↑19）

在2024年中国海外投资国家风险评级的结果中，墨西哥的排名上升了19位，这是因为其对华关系指标得分有明显改善，另外其经济基础指标的得分也有上升。在对华关系方面，一是2023年是中墨建立全面战略伙伴关系十周年，同年3月10日，由中国外文出版发行事业局美洲传播中心主办的"'共享机遇 共创未来'中国—墨西哥合作与发展论坛"顺利举行。③ 二是中墨双边贸易也保持增长态势，2023年中墨双边贸易进出口额

---

① 《专访塞内加尔财政和预算部长：共建"一带一路"倡议前景广阔》，人民网，2023年10月19日，http://world.people.com.cn/n1/2023/1019/c1002-40098923.html。
② 《2023年中国与塞内加尔双边贸易额与贸易差额统计》，华经情报网，2024年1月28日，https://www.huaon.com/channel/tradedata/959854.html。
③ 《"共享机遇 共创未来"中国—墨西哥合作与发展论坛举行》，人民网，2023年3月11日，http://world.people.com.cn/n1/2023/0311/c1002-326420 45.html。

为1002.3亿美元，同比增长6%。① 在经济基础方面，一是随着疫情之后墨西哥市场的持续复苏，汽车供应链的稳步恢复和芯片供应的反弹，2023年墨西哥共售出了超136万辆新能源轻型车，同比增加24.4%，实现了5年来的最大增幅。② 二是受劳动力市场和工资政策改革影响，2023年墨西哥劳动生产率增长14%，贫困率下降近4%，通胀率已从2023年初的8%下降到2023年底的4.5%。③ 在投资方面，2023年墨西哥外国直接投资额创历史新高，达到360.58亿美元，较前一年增长27%。其中，50%的投资集中在制造业，包括运输设备、饮料和金属等④，公共投资和私人投资之间的协同作用正持续推动墨西哥经济增长。

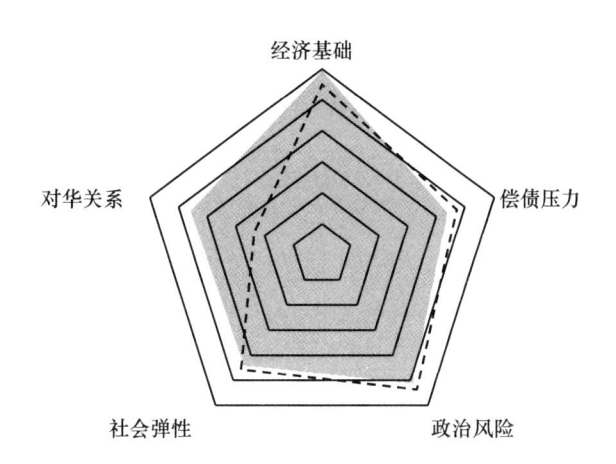

图2 墨西哥得分对比

资料来源：项目组自制。

注：阴影区域代表2024年得分，虚线区域代表2023年得分。

---

① 《2023年中国与墨西哥双边贸易额与贸易差额统计》，华经情报网，2024年1月30日，https://www.huaon.com/channel/tradedata/960546.html。

② 《墨西哥2023年车市：销量激增24.4%，中国品牌增速惊人》，新浪财经，2024年1月31日，https://finance.sina.com.cn/wm/2024-01-31/doc-inafkwni9191983.shtml。

③ 彭敏：《墨西哥经济保持稳定增长》，《人民日报》2024年1月23日第17版。

④ 《墨西哥2023年经济增长3.2%》，新华网，2024年2月23日，http://www.news.cn/20240223/219495d578d048de83eb2f51b44a6087/c.html。

(三) 柬埔寨 (↑19)

在2024年中国海外投资国家风险评级的结果中，柬埔寨的排名上升了19位，这是因为其政治风险指标得分和对华关系指标得分明显上升，偿债压力指标的得分也有所提高。在政治风险方面，2023年7月23日柬埔寨进行第七届国民议会选举，执政党柬埔寨人民党再度拿下五年总理任期和议会120席。[1] 在对华关系方面，柬埔寨王国首相洪森亲王于2023年2月9日至11日应邀对中国进行正式访问。[2] 2023年9月14日至16日，柬埔寨王国新任首相洪玛奈亲王对中国进行正式访问。[3] 在偿债压力方面，2023年柬埔寨经济增速为5.6%，世界银行认为，柬埔寨经济复苏基础从2022年开始不断得到巩固，经济增长势头明显，偿债压力有所减小。2023年前9个月柬埔寨向《区域全面经济伙伴关系协定》(以下简称RCEP) 成员出口了价值58亿美元的商品，同比增长23%，柬埔寨与RCEP成员的贸易已占其贸易总额的33%。柬埔寨国家银行指出，2023年上半年柬埔寨外来直接投资净流入达22.43亿美元。达到其2023年GDP的11.8%，同年前9个月柬埔寨175个工业投资项目获批，工业领域投资保持增长，投资额达18亿美元。柬埔寨经济和财政部报告显示，2024年工业、服务业、农业将分别增长8.5%、6.9%和1.1%，尤其是旅游业的持续复苏为柬埔寨经济注入了强大活力。[4]

---

[1] 《柬埔寨公布大选初步结果 执政的人民党获压倒性胜利》，新华网，2023年7月26日，http://www.xinhuanet.com/world/2023-07/26/c_1129768797.htm。

[2] 许可：《习近平会见柬埔寨首相洪森》，《人民日报》2023年2月11日第1版。

[3] 郑明达：《习近平会见柬埔寨首相洪玛奈》，《人民日报》2023年9月16日第1版。

[4] 王涛：《柬埔寨经济复苏持续巩固》，《经济日报》2023年11月3日第8版。

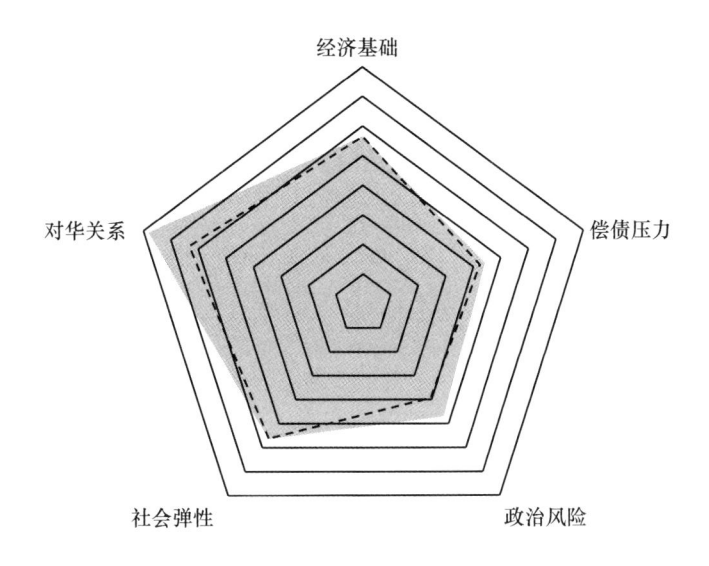

图 3　柬埔寨得分对比

资料来源：项目组自制。

注：阴影区域代表 2024 年得分，虚线区域代表 2023 年得分。

(四) 哈萨克斯坦 (↑18)

在 2024 年中国海外投资国家风险评级的结果中，哈萨克斯坦的排名上升了 18 位，这是由于其政治风险指标得分上升较为明显，另外其对华关系指标的得分也有上升。在政治风险方面，哈萨克斯坦于 2023 年 3 月 19 日举行临时立法选举，3 月 27 日选出新一届议会，本届议会的产生标志着 2022 年"一月事件"后托卡耶夫的政治改革取得了阶段性重要成果。[①] 在对华关系方面，自 2023 年 5 月以来，哈萨克斯坦总统托卡耶夫三次访华，分别出席了中国—中亚峰会、第三届"一带一路"国际合作高峰论坛以及博鳌亚洲论坛 2024 年年会。中国和哈萨克斯坦的关系持续升温，托卡耶夫认为中哈关系是有效合作的典范。在经济往来方面，哈萨克斯坦已经成为中国在中

---

① 《"交响乐"与改革蓝图：哈萨克斯坦议会选举后的政治前景》，澎湃新闻，2023 年 3 月 29 日，https://www.thepaper.cn/newsDetail_forward_22482817。

亚的主要经贸伙伴。两国双边贸易额在2023年首次达到410亿美元，同比增长30%，两国间铁路货运量超过2800万吨，较2022年增长22%。①

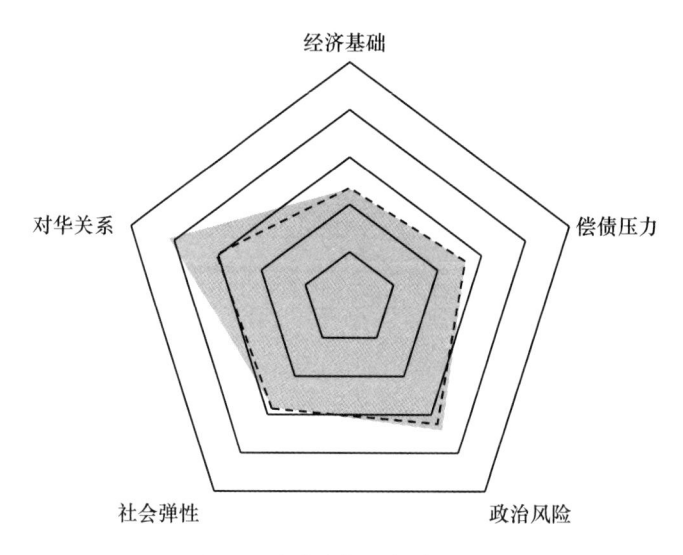

图4 哈萨克斯坦得分对比

资料来源：项目组自制。

注：阴影区域代表2024年得分，虚线区域代表2023年得分。

（五）以色列（↓24）

在2024年中国海外投资国家风险评级的结果中，以色列的排名下降了24位，其中对华关系指标和政治风险指标的得分下降明显，社会弹性指标、经济基础指标的得分也有所下降。在对华关系方面，2023年10月14日，中国外交部部长王毅在与沙特外交大臣费萨尔通电话时，批评以色列的行为已超越自卫范围，应认真倾听国际社会和联合国秘书长的呼吁，停止对加

---

① 《哈萨克斯坦驻华大使：哈中树立合作典范》，中国日报中文网，2024年4月19日，https://china.chinadaily.com.cn/a/202404/19/WS662234eca3109f7860dda267.html。

沙民众的集体惩罚。① 2024年3月，以色列外交部发言人利奥尔·海亚特（Lior Haiat）在社交平台上发文，公然指责质问中国，并声称对华关系出现严重分歧。② 在政治风险方面，2023年10月7日以色列宣布进入战争状态，新一轮巴以冲突正式爆发，这场前所未有且规模空前的暴力行动持续对以色列及巴勒斯坦被占领土造成巨大的人员伤亡。冲突为20年死伤最严重的一次冲突，以色列国防军总参谋长哈莱维2024年1月在视察部署在约旦河西岸的以军部队时表示："可以确定的是，整个2024年我们都将在加沙地带战斗"③。

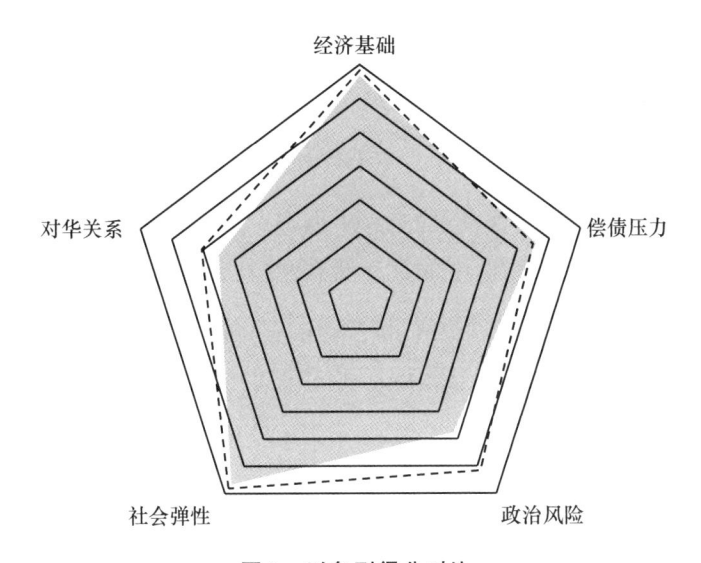

图5 以色列得分对比

资料来源：项目组自制。

注：阴影区域代表2024年得分，虚线区域代表2023年得分。

---

① 《王毅同沙特外交大臣费萨尔通电话》，《人民日报》2023年10月15日第3版。
② 《以色列宣称对华关系出现分歧，中方38条意见能否见效？》，腾讯网，2024年3月3日，https://new.qq.com/rain/a/20240303A07DOI00。
③ 《解局｜打了三个多月，以色列为何还不肯罢休？》，新华网，2024年1月23日，http://www.xinhuanet.com/world/20240123/fd96c651918a42c4a76a4ba687c03706/c.html。

（六）阿根廷（↓23）

在2024年中国海外投资国家风险评级的结果中，阿根廷的排名下降了23位，其中政治风险指标和偿债压力指标的得分下降明显，对华关系指标的得分也有所下降。在政治风险方面，2023年12月20日，数千名抗议者举行了米莱担任总统以来阿根廷的第一次大规模抗议活动，表达对米莱呼吁"举起电锯"、实行经济"休克疗法"的不满。在米莱发表讲话后，有数百名抗议者参加了在阿根廷国会大厦外举行的临时集会。[1] 在偿债压力方面，阿根廷经济2023年面临复杂环境，包括农工业部门遭受严重干旱、通胀加剧（2023年底为150%）、消费下降等。2023年阿根廷国内生产总值（GDP）比上一年萎缩1.6%，主要原因是出口同比下降6.7%，固定资产投资同比下降1.9%。[2] 按行业来看，农牧林业、渔业、金融业等衰退较为明显。其次，米莱新政出台后，该国民间黑市上的比索汇率出现急跌（54%），跌到1美元兑1080比索的水平，首都布宜诺斯艾利斯部分地区食品价格上涨了25%。[3] 在对华关系方面，新任总统米莱在竞选期间曾称中国政府为"刺客"，但尊重与中国已经签署的协议。

---

[1] 《米莱公布紧急经济法令，阿根廷爆发大规模抗议示威活动》，澎湃新闻，2023年12月21日，https://www.thepaper.cn/newsDetail_forward_25737104。
[2] 《阿根廷2023年经济萎缩1.6%》，新华网，2024年3月21日，http://www.xinhuanet.com/world/20240321/b8e3f73b98e34c7aa6ebfb529c1c431a/c.html。
[3] 《货币贬值54% 国家部委砍掉一半！阿根廷"休克疗法"启动》，央视网，2023年12月15日，https://news.cctv.com/2023/12/15/ARTIMfC86JrZUoap1NTuqoP5231215.shtml。

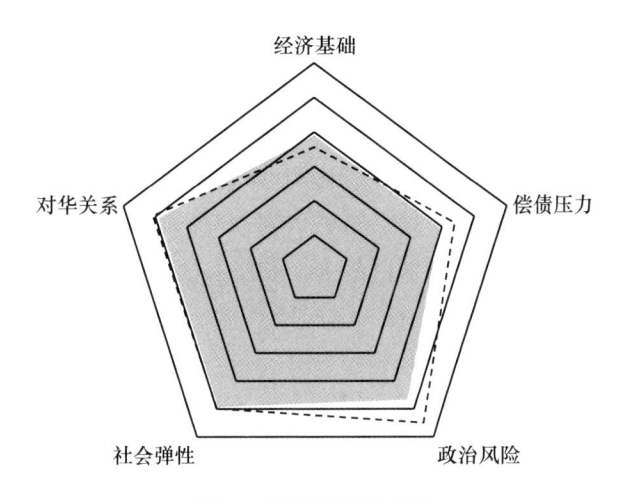

图 6　阿根廷得分对比

资料来源：项目组自制。

注：阴影区域代表2024年得分，虚线区域代表2023年得分。

（七）伊朗（↓18）

在2024年中国海外投资国家风险评级的结果中，伊朗的排名下降了18位，原因在于其对华关系指标的得分下降明显，经济基础指标、偿债压力指标和政治风险指标的得分也有所下降。在对华关系方面，一是2023年伊始，伊朗对海湾—中国峰会声明中的内容，以及中国同意将三个有争议岛屿问题纳入与阿联酋的核协议谈判表示"强烈不满"，并对呼吁德黑兰"不要干涉别国内政"表示不满。二是据路透社报道，中国与伊朗的石油贸易"陷入停滞"，原因是伊朗"暂不交货、并要求中方提高支付价格"。在经济基础方面，美联储加息、巴以冲突、乌克兰危机等不利因素影响下，伊朗平均通胀率达到44%，2023年3月，伊朗货币在美制裁影响下大幅贬值。[①] 在偿债压力方面，美方和西方各国陆续恢复对伊制

---

① 《中东经济在逆境中寻机遇》，新华网，2024年1月4日，http://www.news.cn/fortune/20240104/5afbf79c5ca0452c8089b4a6bf11e99a/c.html。

裁,伊朗通胀率一度升至53.4%,大量民众抛售本币换汇,伊政府外汇储备有限,市场动荡和民众生活成本大幅上升使伊朗经济下滑。① 在政治风险方面,2024年4月1日,伊朗驻叙利亚领事馆遭到袭击,伊朗指责以色列实施了袭击,但以色列既未证实也未否认。2024年4月14日,伊朗向以色列发送数以百计的无人机和导弹,伊朗和以色列之间首次发生直接冲突。②

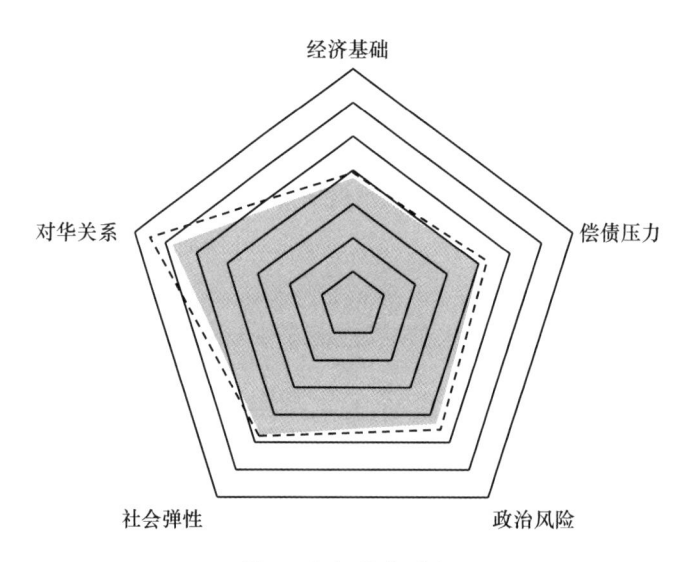

图7 伊朗得分对比

资料来源:项目组自制。

注:阴影区域代表2024年得分,虚线区域代表2023年得分。

(八) 缅甸 (↓13)

在2024年中国海外投资国家风险评级的结果中,缅甸的排

---

① 《伊朗货币暴跌,卖家纷纷抛售! 英海军又出手,对伊制裁加码涉及石油产品》,新浪财经,2023年3月3日,https://finance.sina.com.cn/money/future/fmnews/2023-03-03/doc-imyipvnz4489141.shtml? r=0&tr=12。

② 《伊朗首次对以色列发动直接袭击,这意味着什么?》,纽约时报中文网,2024年4月15日,https://cn.nytimes.com/world/20240415/iran-strikes-israel-analysis/。

名下降了13位，这是因为其偿债压力指标、政治风险指标和社会弹性指标得分均有不同程度的下降。在偿债压力方面，2023年6月，美国对军政府控制的缅甸外贸银行（Myanma Foreign Trade Bank）和缅甸投资与商业银行（Myanma Investment Commercial Bank）实施制裁。2023年10月，美国制裁了缅甸军政府最赚钱的国有公司缅甸石油和天然气企业（Myanma Oil and Gas Enterprise），削减了其美元收入的主要来源。① 同时，国际货币基金组织发布，缅甸2023年债务总额占国内生产总值比重达35.546%，相较于同期有所增长。② 在政治风险方面，2023年7月31日，缅甸召开国防和安全委员会会议，决定再次延长全国紧急状态6个月，原定举行的大选再次推迟。同年10月27日，缅甸一些民族地方武装组织（民地武）与政府军爆发冲突。冲突主要发起方——缅甸民族民主同盟军（果敢同盟军）发动了意在夺取缅甸果敢自治区首府老街控制权的军事行动，此次缅北冲突是2021年军政府夺权后面临的"最严重的军事危机"③。在社会弹性方面，2023年缅甸电力短缺状况日益加剧，电力成本增加8至10倍，缅甸部分军队囤积进口柴油以维持军事行动的行为加剧了现有的电力短缺，并使该国陷入日益严重的燃料危机。世界银行用政局不稳、社会动乱、电力短缺、货币贬值和通货膨胀等词来形容如今的缅甸。④

---

① 《政变三年后，缅甸危机加深：260万人流离失所，2024年寻求9.94亿美元援助》，2024年2月2日，美国之音中国网，https://www.voachinese.com/a/three-years-post-coup-myanmar-s-crisis-deepens-2-6-million-displaced-994-million-sought-for-2024-aid-20240201/7467689.html。
② 《缅甸政府财政统计》，CEIC，2023年12月1日，https://www.ceicdata.com/zh-hans/myanmar/government-finance-statistics。
③ 《缅北冲突升级，军方为何称国家面临"分裂"危险》，新华网，2023年11月27日，http://www.news.cn/world/2023-11/27/c_1212306851.htm。
④ 《缅甸全国紧急状态再次延长》，《光明日报》2023年8月5日第8版。

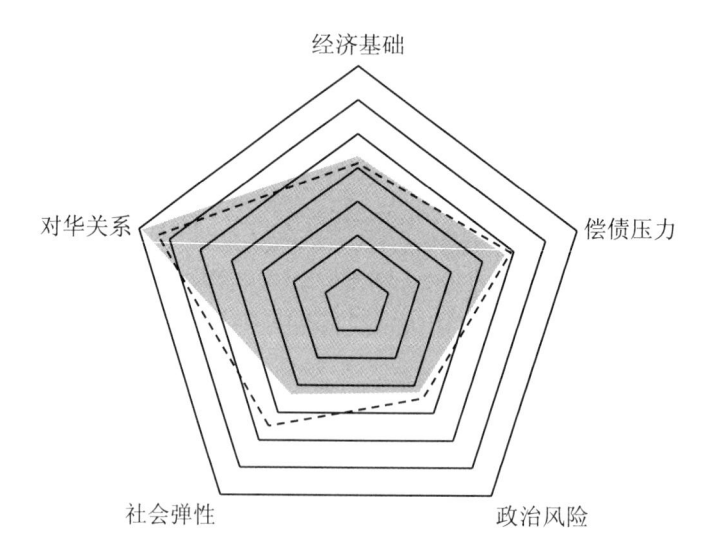

图 8　缅甸得分对比

资料来源：项目组自制。

注：阴影区域代表 2024 年得分，虚线区域代表 2023 年得分。

2024 年中国海外投资"一带一路"共建国家风险评级子报告[*]

一 "一带一路"共建国家风险评级背景

习近平主席在第三届"一带一路"国际合作高峰论坛开幕式上指出:"10 年来,我们坚守初心、携手同行,推动'一带一路'国际合作从无到有,蓬勃发展,取得丰硕成果"。[①] 10 年间,参与共建"一带一路"的各方共商共建共享,以合作共赢的方式和世界一道共同发展。中国已是 140 多个国家和地区的主要贸易伙伴,也是越来越多国家的主要投资来源国。中国对共建国家的投资,为中国企业和投资东道国带来了更多的发展机遇和更密切的经贸联系。

参与共建"一带一路"的经济体进一步增加。"一带一路"倡议获得普遍支持和广泛响应。截至 2024 年 3 月,中国已与 150 多个国家、30 多个国际组织签署 240 余份共建"一带一路"合作文件,举办 3 届"一带一路"国际合作高峰论坛,成立了 20 多个专业领域多边合作平台。[②] "一带一路"国际合作高峰论

---

[*] 本部分主要参与人:陈逸豪、赵家钧等。

[①] 习近平:《建设开放包容、互联互通、共同发展的世界》,《人民日报》2023 年 10 月 19 日第 2 版。

[②] 《(两会速递)刘结一谈共建"一带一路":搭建起范围最广国际合作平台》,中国新闻网,2024 年 3 月 3 日,https://www.chinanews.com/gn/2024/03-03/10173551.shtml。

坛、中国发展高层论坛、博鳌亚洲论坛等国际合作平台成为世界各国和国际组织沟通协作、交流互通的重要桥梁，成为共商共建共享原则的生动示范。在"一带一路"倡议指引下，中国同50多个国家的200多个机构交流互动，同41家国外智库和12个民间组织新建立联系。共建国家间的政策沟通日益频繁，增进了国家间的互信，为更深层次的合作奠定基础。

高质量共建"一带一路"为各国经济锻造新的增长引擎。习近平主席在第三届"一带一路"国际合作高峰论坛开幕式上宣布中国支持高质量共建"一带一路"的八项行动，① 其中"构建'一带一路'立体互联互通网络"位居首位。物流交通的便利缩减货物和人员流通成本，为充分释放各国参与国际贸易的潜力创造条件。2023年开行中欧班列1.7万列、发送货物190万标箱，同比分别增长6%、18%。② 中老铁路开通运营两年间，累计发送旅客2420万人次，跨境货物超600万吨。更深层次的经贸联系为发展中国家和地区的增长带来了新的机遇。

中国同共建国家的经贸联系不断深入，贸易与投资的自由化和便利化程度不断提升。2023年中国与共建国家的货物贸易额达19.5万亿元，增长2.8%，占外贸总额的比重提升1.2个百分点，达到46.6%，截至2024年2月22日，中国累计与22个共建国家建立贸易畅通工作组，与55个共建国家建立投资合作工作组，"丝路电商"伙伴国已增加到30个，中国已成为25个沿线国家的最大经贸伙伴。在投资方面，中国与沿线国家双向投资累计超过2700亿美元。中国在沿线国家承包工程新签合同额、完成营业额累计分别超过1.2万亿美元和8000亿美元，

---

① 王海林、张武军、朱瑛琪：《习近平出席第三届"一带一路"国际合作高峰论坛开幕式并发表主旨演讲》，《人民日报》2023年10月19日第1版。
② 《2023年中欧班列开行1.7万列 铁路保障国家重大战略成效显著》，光明网，2024年1月1日，https://economy.gmw.cn/2024-01/10/content_37080416.htm。

占对外承包工程总额的比重超过了一半。

中国与共建国家的金融合作日益加深。在金融机构协同机制方面，中国等29个国家共同核准《"一带一路"融资指导原则》，促进融资体系建设。在金融危机管理和处置框架方面，中国发布《"一带一路"债务可持续性分析框架》，提高共同应对金融风险的能力。在金融机构建设层面，亚洲基础设施投资银行、丝路基金等多边合作金融机构成立。截至2024年1月，亚投行已有109个成员国，累计批准253个项目，总金额近510亿美元，惠及37个域内外成员。中国已与20个共建国家签署双边本币互换协议，在17个共建国家建立人民币清算安排。人民币跨境支付系统的参与者数量、业务量、影响力逐步提升，"一带一路"多元化投融资体系不断健全，有效促进贸易投资便利化。

中国同共建国家的人员、科技和文化交流日益频繁，国家间互信不断增强。面向科技创新、绿色发展的合作，令共建国家向更高水平的发展大踏步迈进。截至2023年10月30日，中国已经和160多个国家和地区建立了科技合作关系，签署了117个政府间科技合作协定，加入了200多个国际组织和多边机制，深度参与包括国际热核聚变实验堆、平方公里阵列射电望远镜等近60项国际大科学计划和大科学工程，构建起全方位、多层次、广领域的科技合作格局，结出实打实、沉甸甸的合作"果实"。[1] 在民生发展方面，根据世界银行预测，到2030年，共建"一带一路"将使参与国贸易增长2.8%—9.7%、全球贸易增长1.7%—6.2%、全球收入增加0.7%—2.9%，共建"一带一路"有望使相关国家760万人摆脱极端贫困、3200万人摆脱中度贫困。

---

[1] 《国务院新闻办就首届"一带一路"科技交流大会有关情况举行发布会》，中华人民共和国中央人民政府，2023年10月31日，https://www.gov.cn/lianbo/fabu/202311/content_6913107.htm。

共建国家是中国对外直接投资的重要目的地之一。流量方面，根据商务部数据，2023年中国企业在共建国家非金融类直接投资2240.9亿元，较上年增长28.4%（折合318亿美元，增长22.6%），占同期总额的24.4%。对外承包工程方面，中国在共建国家新签对外承包工程项目合同额16007.3亿元，增长10.7%。完成营业额9305.2亿元，增长9.8%，占同期总额的58.1%。存量方面，根据商务部《2022年中国对外直接投资统计公报》，2022年中国对共建国家的直接投资存量为3140.4亿美元，占中国对外直接投资存量的11.4%。从投资方式来看，2022年，绿地投资依然是中国对共建国家投资的主要投资方式，占总投资流量的比重接近四分之三。

在共建"一带一路"步入新的历史阶段的同时，仍需认识到世界之变、时代之变、历史之变正以前所未有的方式展开。地缘政治博弈对中国的发展和全球经济秩序的稳定构成新的威胁与挑战。共建国家多为发展中国家，经济基础整体较为薄弱，经济结构较为单一，经济稳定性较差。部分国家地缘政治复杂，政权更迭频繁，政治风险较高。且世纪疫情冲击和经济复苏进程放缓诱发并加剧了部分发展中经济体的债务问题，加之社会弹性不足，酝酿出更大的投资风险。因此，做好风险预警，对风险进行正确识别和有效应对，对中国企业海外投资具有重要的政策和现实指导意义。

二 "一带一路"共建国家风险评级样本

2024年评级报告对58个"一带一路"共建国家进行了风险评级，其中包括发达国家14个，新兴经济体和发展中国家44个。① 从区域分布来看，涉及非洲国家6个，欧洲国家19个，

---

① 因样本原因和数据可得性原因，选取58个国家。其中，意大利已宣布退出"一带一路"倡议。为保证样本可比性，本年度暂未将其调整出样本。

亚太地区国家33个（包括14个西亚国家、11个东亚及东盟国家、5个中亚国家和3个南亚国家）。具体评级样本及中国对58国的投资存量数据参见表14。东亚及东盟国家依然是中国对外直接投资的重要目的地，在中国对共建"一带一路"合作国家直接投资存量超过60亿美元的12个样本国家中，除了阿联酋、俄罗斯、哈萨克斯坦和巴基斯坦外，其余8个均为东亚及东盟国家。

表14　2022年中国在"一带一路"评级样本国家里的直接投资存量

（单位：亿美元）

国家	"一带一路"地区	是否为发达国家	2022年中国对其投资存量（亿美元）	国家	"一带一路"地区	是否为发达国家	2022年中国对其投资存量（亿美元）
新加坡	东亚及东盟	是	734.50	埃及	非洲	否	12.03
印度尼西亚	东亚及东盟	否	247.22	菲律宾	东亚及东盟	否	11.13
马来西亚	东亚及东盟	否	120.50	科威特	西亚	否	10.43
阿联酋	西亚	否	118.85	卡塔尔	西亚	否	9.44
越南	东亚及东盟	否	116.61	白俄罗斯	欧洲	否	7.48
泰国	东亚及东盟	否	105.68	波兰	欧洲	是	6.45
俄罗斯	欧洲	否	99.02	匈牙利	欧洲	是	5.81
老挝	东亚及东盟	否	95.78	塞尔维亚	欧洲	否	5.57
柬埔寨	东亚及东盟	否	74.44	斯里兰卡	南亚	否	5.29
哈萨克斯坦	中亚	否	69.79	斯洛文尼亚	欧洲	是	4.73
巴基斯坦	南亚	否	68.23	捷克	欧洲	是	3.19
韩国	东亚及东盟	是	66.74	阿曼	西亚	否	2.68
南非	非洲	否	57.42	克罗地亚	欧洲	否	2.42
乌兹别克斯坦	中亚	否	45.08	约旦	西亚	否	2.29
缅甸	东亚及东盟	否	39.73	土库曼斯坦	中亚	否	2.25
伊朗	西亚	否	33.94	罗马尼亚	欧洲	是	2.20
以色列	西亚	是	33.85	保加利亚	欧洲	否	1.42

续表

国家	"一带一路"地区	是否为发达国家	2022年中国对其投资存量(亿美元)	国家	"一带一路"地区	是否为发达国家	2022年中国对其投资存量(亿美元)
沙特阿拉伯	西亚	否	30.08	塞浦路斯	欧洲	是	1.35
土耳其	西亚	否	30.04	巴林	西亚	否	1.31
孟加拉国	南亚	否	29.95	希腊	欧洲	是	1.25
埃塞俄比亚	非洲	否	26.20	乌克兰	欧洲	否	0.80
伊拉克	西亚	否	25.07	亚美尼亚	西亚	否	0.31
意大利	欧洲	是	24.76	阿塞拜疆	西亚	否	0.29
尼日利亚	非洲	否	23.24	拉脱维亚	欧洲	是	0.21
赞比亚	非洲	否	19.80	立陶宛	欧洲	是	0.09
塔吉克斯坦	中亚	否	18.93	爱沙尼亚	欧洲	是	0.05
肯尼亚	非洲	否	17.82	摩尔多瓦	欧洲	否	0.02
吉尔吉斯斯坦	中亚	否	15.37	阿尔巴尼亚	欧洲	否	0.01
蒙古国	东亚及东盟	否	14.87	黎巴嫩	西亚	否	0

资料来源：中华人民共和国商务部、国家统计局、国家外汇管理局，《2022年度中国对外直接投资统计公报》。

三 "一带一路"共建国家风险评级结果

本报告的评级方法与主报告保持一致，包括经济基础、政治风险、社会弹性、偿债压力和对华关系五大指标，具体的指标选取及其变化可参见主报告部分。第一，对五大指标之下的具体指标的得分标准化，并对异常值进行截尾处理，分别加权得到每个指标的得分，分值区间为0—1，分数越高表示风险越低。第二，对五大指标的得分加权平均，权重均为0.2。第三，将所得分数转化为相应的级别，包括AAA、AA、A、BBB、BB、B、CCC、CC、C共9级分类，其中AAA—A为低风险级别，BBB—B为中等风险级别，CCC—C为高风险级别。

(一) 总体结果分析

从总的评级结果来看（参见表15），低风险级别（AAA—A）有新加坡、卡塔尔、阿联酋、韩国等16个国家。中等风险级别（BBB—B）包括28个国家，占58个国家的绝大多数。高风险级别（CCC—C）包括14个国家。

表15　　　　　"一带一路"共建国家评级结果

排名	国家	"一带一路"地区	是否为发达国家	排名变化	2024版评级结果
1	新加坡	东亚及东盟	是	—	AAA
2	韩国	东亚及东盟	是	↑	AAA
3	卡塔尔	西亚	否	↓	AA
4	阿联酋	西亚	否	↓	AA
5	哈萨克斯坦	中亚	否	↑	AA
6	马来西亚	东亚及东盟	否	↑	AA
7	捷克	欧洲	是	↑	AA
8	沙特阿拉伯	西亚	否	↓	A
9	阿曼	西亚	否	↓	A
10	意大利	欧洲	是	↑	A
11	印度尼西亚	东亚及东盟	否	—	A
12	匈牙利	欧洲	是	↑	A
13	斯洛文尼亚	欧洲	是	↑	A
14	科威特	西亚	否	↓	A
15	爱沙尼亚	欧洲	是	↓	A
16	波兰	欧洲	是	↓	A
17	罗马尼亚	欧洲	是	↓	BBB
18	塞浦路斯	欧洲	是	↑	BBB
19	立陶宛	欧洲	是	—	BBB
20	越南	东亚及东盟	否	↓	BBB

续表

排名	国家	"一带一路"地区	是否为发达国家	排名变化	2024版评级结果
21	柬埔寨	东亚及东盟	否	↑	BBB
22	以色列	西亚	是	↓	BBB
23	土库曼斯坦	中亚	否	↑	BBB
24	克罗地亚	欧洲	否	↓	BBB
25	塔吉克斯坦	中亚	否	↑	BBB
26	希腊	欧洲	是	↑	BBB
27	蒙古国	东亚及东盟	否	↓	BBB
28	阿塞拜疆	西亚	否	↓	BB
29	塞尔维亚	欧洲	否	—	BB
30	乌兹别克斯坦	中亚	否	↑	BB
31	巴林	西亚	否	↓	BB
32	老挝	东亚及东盟	否	↓	BB
33	亚美尼亚	西亚	否	↓	BB
34	保加利亚	欧洲	否	↓	BB
35	拉脱维亚	欧洲	是	↑	BB
36	阿尔巴尼亚	欧洲	否	↓	BB
37	泰国	东亚及东盟	否	↑	BB
38	吉尔吉斯斯坦	中亚	否	↓	B
39	俄罗斯	欧洲	否	↓	B
40	孟加拉国	南亚	否	↓	B
41	南非	非洲	否	↓	B
42	菲律宾	东亚及东盟	否	—	B
43	肯尼亚	非洲	否	↓	B
44	巴基斯坦	南亚	否	↑	B
45	斯里兰卡	南亚	否	↑	CCC
46	约旦	西亚	否	↑	CCC
47	尼日利亚	非洲	否	↑	CCC
48	埃及	非洲	否	↓	CCC
49	白俄罗斯	欧洲	否	↑	CCC

续表

排名	国家	"一带一路"地区	是否为发达国家	排名变化	2024版评级结果
50	土耳其	西亚	否	↑	CCC
51	赞比亚	非洲	否	↓	CC
52	摩尔多瓦	欧洲	否	↑	CC
53	埃塞俄比亚	非洲	否	↓	CC
54	伊朗	西亚	否	↓	CC
55	缅甸	东亚及东盟	否	↓	CC
56	黎巴嫩	西亚	否	↑	C
57	伊拉克	西亚	否	↓	C
58	乌克兰	欧洲	否	—	C

资料来源：项目组自制。

在中国对共建国家投资存量的前十大目的地中，对新加坡的投资存量居于首位，其评级也较高，为低风险的AAA级别国家。

能源价格的波动进一步使得西亚原油出口国的综合排名发生变动，除科威特外，卡塔尔、阿联酋、沙特阿拉伯、阿曼均位于第3位到第9位之间。在中国对其直接投资存量超过10亿美元的27个国家中，7个国家的评级为CCC及以下，存在较高的投资风险。一方面，中国对其直接投资存量超过10亿美元的国家较2021年度减少3个，资金的集中度出现提升；另一方面中高风险国家的数量增加，部分存在地缘政治风险、债务风险和政治动荡风险的国家，需要引起投资者的充分注意。

和2023年度相比，新加坡仍然位居"一带一路"评级样本第1位，哈萨克斯坦上升至第5位，马来西亚大幅上升至第6位，排名最后一位的国家为乌克兰。7个国家的评级上调，9个国家的评级下调。埃及下调至高风险等级从C下降至CCC。由于地缘政治冲突、债务风险、政治动荡风险、粮食安全风险和经济复苏缓慢等因素，乌克兰、伊拉克、黎巴嫩、缅甸等国的投资风险相对较高。

"一带一路"共建国家样本中有14个发达国家，分别是新加坡、韩国、以色列、爱沙尼亚、捷克、波兰、罗马尼亚、意大利、匈牙利、立陶宛、斯洛文尼亚、塞浦路斯、拉脱维亚和希腊。整体来看，今年发达经济体平均排名出现反弹，从第16.4位上升到第15.2位，上升1.2位，评级结果显著好于新兴经济体和发展中国家的平均排名（第34.0位）。与2023年相比，欧盟的发达经济体逐渐走出能源价格变化对其经济造成压力的困局，负面冲击的影响减弱，故其排名出现提升。但是，与地缘冲突关系密切的部分东欧国家以及以色列的风险相对较高，拉低了发达经济体风险下降的程度。从细项来看，发达经济体的经济基础、偿债压力、政治风险和社会弹性四个子指标的表现都显著好于新兴经济体和发展中国家。尤其是社会弹性方面，平均排名比新兴经济体和发展中国家高26.0位（经济基础高22.9位，债务压力高14.8位，政治风险高23.6位）。在全球产业链重构、地缘政治关系紧张局势加剧等复杂局面下，发达经济体一方面拥有相对而言更加完善的产业链—供应链体系、更加成熟的制度框架、更加稳定的国内环境，另一方面也在全球产业链重构过程中享受到部分红利，同时最先承接产业智能化发展的浪潮，从而具有更高的评级水平。在发达经济体之中，与2023年度相比，新加坡在共建"一带一路"共建国家评级中的排名维持第1位，这主要得益于其较好的社会弹性和经济基础。去年排名相对靠后的国家希腊和拉脱维亚在2024年的排名为第26位和第35位，与去年版本相比排名均有不小的提升。

与2023年度相比，本次评级中新兴经济体和发展中国家中，东盟国家（马来西亚、柬埔寨、泰国）和中亚三国（哈萨克斯坦、塔吉克斯坦和土库曼斯坦）的排名上升较多，国家投资风险相对下降，评级上调。东盟国家排名上升主要来自经济状况的改善、政府稳定性的提升和对华关系的升温。经济状况方面，新冠疫情对产业链供应链的负面影响结束，东盟国家成为产业链供应链重构过程中重要的获益方。马来西亚在芯片、泰国在新能源汽车等产业部门获得大量外部投资，经济增长潜力逐步释放。政治稳定性方面，中亚三国均顺利完成政府改选，政权稳定过渡，社会对政治局势长期向好的预期逐步确立并强化。对华关系方面，泰国和马来西亚相继出台对华免签政策，东盟国家秉持"中立"和"自主"的外交原则，相对而言普遍持友华态度。中亚三国排名上升较多的原因不尽相同，但主要是得益于经济基础趋于稳固、政局稳定和对华关系良好。塔吉克斯坦和土库曼斯坦的经济基础得以改善，对欧天然气出口显著改善了两国的经济状况。政治方面，哈萨克斯坦和土库曼斯坦的政治局势保持稳定，哈萨克斯坦自2022年开始推进以修宪为代表的大幅改革，哈国内对总统托卡耶夫的评价日益提升。土库曼斯坦政权平稳过渡，维持稳定局面。在对华关系上，哈萨克斯坦于2023年出台了对华免签政策，其余两国存在跟进的可能性。从对华关系来看，"一带一路"共建国家中，新兴经济体和发展中国家与去年情况类似，都大大高于发达国家。

从样本国家来看，共建国家中亚洲和非洲国家在经济基础和偿债压力以及政治风险方面都存在排名比较靠后的情况，这主要是结构性问题导致的。例如许多亚洲以及非洲国家，经济结构中能源出口是其收入的主要来源，这导致其经济稳定性与能源价格的波动高度相关：当能源价格上涨时，其经济状况以及债务情况都会得到一定的改善；当能源价格下跌时，其经济状况和债务情况就会受到冲击。

地缘政治博弈和全球产业链重构将成为影响未来一段时间中国海外投资国家风险的重要来源。一方面，伴随着较早一批共建"一带一路"倡议的合作文件到期，部分国家可能存在不续签协议文件的风险，这将形成潜在风险来源。另一方面，美国总统选举将于2024年底展开。在两党候选人的对华遏制政策逐渐趋同的背景下，无论是拜登连任或是特朗普重新入主白宫，未来四年美国"小院高墙"政策或将继续加码，其推动全球产业链重构的力度或出现变化。这都将为中国的海外投资带来不确定性。

通过将共建国家的整体风险与全样本国家进行比较，可以从整体上把握共建国家的风险情况，同时也可以更加客观全面地评价。从结果来看，总分情况与去年类似，共建国家总得分与全样本国家基本持平。从各个分项来看，共建国家社会弹性和对华关系部分均高于全样本国家，其中对华关系高出的比例相对较高，这与我们的直觉是相符的，在加入"一带一路"倡议的国家中，大部分对华关系都相对较好，认同"一带一路"倡议所提出的主张。除了社会弹性和对华关系以外，全样本国家的整体得分都略高于共建国家（见表16）。

表16　"一带一路"共建国家与全样本国家的评分比较

国家	总平均分	经济基础	偿债压力	政治风险	社会弹性	对华关系
"一带一路"共建国家	0.539	0.499	0.462	0.570	0.576	0.588
全样本国家	0.538	0.520	0.475	0.596	0.569	0.529

资料来源：项目组自制。

（二）分项指标分析

分项指标来看，与2023年度相比，发达国家和发展中国家在各指标上呈现出总体差距扩大、排名前列国家差距减小的特征。就各子指标排名前10位的国家而言，发达国家在经济基础指标中具有6位，偿债压力指标中具有6位，政治风险指标中具有8位，社会弹性指标中具有8位。对华关系指标前10位国家中无发达国家。

在经济基础方面，地缘政治危机和能源价格因素对不同国家的冲击呈现出差异，欧盟国家、东亚及东盟国家的经济状况出现改善，能源出口国、中亚和北非国家的经济状况恶化；在偿债压力方面，受巴以冲突和俄乌冲突波及的部分东欧和中东国家的债务问题需要加以关注；政治风险方面，地缘政治冲突的进一步发酵或将导致更大规模的战争，中东局势存在进一步恶化的可能；在社会弹性方面，发展中国家和新兴经济体在以经济发展带动社会进步上仍有较大空间。

对华关系方面，共建国家中，发展中经济体一直排名高于发达经济体。本报告中对华关系部分既考虑了双边政治关系，同时还考虑了双边经贸关系以及人员自由流动情况。2023年下半年开始的对华免签浪潮显著增加了中国和共建国家的联系。共建国家对华的政治和经济关系分化较大，既有与中国政治关系密切、经济依存度高的国家；也有对中国怀有警惕心理、投资阻力较大、经济依存度较低的国家；还存在由于共建国家国内稳定性和开放度原因，投资阻力较大、双方经贸往来难度较高的国家。一些国家虽然与中国政治关系友好，但是经济依存度较低，因此对华关系得分较低。

与2023年度相比，对华关系方面，排名的变动主要由对华免签政策的颁布实施和产业链转移带来的经贸联系变动所造成。对华关系排名最高的发达国家为新加坡，位居样本国第13位。以色列下降到第50位，这同巴以局势的恶化、以色列一方违背国际舆论的号召坚持发动对加沙地带的进攻所导致。发展中国家虽然对华关系整体相较于发达经济体要好，但是部分非洲国家和中东国家同中国的经济联系出现了下降，仍然需要加以关注（见表17）。

表 17　　　　　　共建"一带一路"共建国家分指标排名

排名	经济基础	偿债压力	政治风险	社会弹性	对华关系
1	新加坡	波兰	新加坡	新加坡	老挝
2	以色列	卡塔尔	意大利	阿联酋	巴基斯坦
3	意大利	韩国	捷克	捷克	哈萨克斯坦
4	韩国	阿塞拜疆	爱沙尼亚	卡塔尔	孟加拉国
5	塞浦路斯	沙特阿拉伯	斯洛文尼亚	韩国	柬埔寨
6	卡塔尔	捷克	匈牙利	意大利	印度尼西亚
7	沙特阿拉伯	科威特	克罗地亚	立陶宛	塔吉克斯坦
8	阿联酋	爱沙尼亚	阿联酋	拉脱维亚	马来西亚
9	罗马尼亚	立陶宛	拉脱维亚	希腊	越南
10	印度尼西亚	以色列	塞浦路斯	以色列	乌兹别克斯坦
11	马来西亚	土库曼斯坦	哈萨克斯坦	巴林	缅甸
12	捷克	阿曼	立陶宛	匈牙利	新加坡
13	柬埔寨	匈牙利	希腊	塞浦路斯	泰国
14	希腊	俄罗斯	马来西亚	斯洛文尼亚	俄罗斯
15	波兰	拉脱维亚	韩国	波兰	南非
16	拉脱维亚	哈萨克斯坦	沙特阿拉伯	罗马尼亚	土库曼斯坦
17	巴林	罗马尼亚	罗马尼亚	克罗地亚	塞尔维亚
18	爱沙尼亚	印度尼西亚	卡塔尔	爱沙尼亚	卡塔尔
19	阿曼	斯洛文尼亚	保加利亚	马来西亚	阿曼
20	科威特	越南	阿曼	阿曼	阿联酋
21	斯洛文尼亚	保加利亚	南非	科威特	亚美尼亚
22	菲律宾	阿联酋	科威特	保加利亚	韩国
23	立陶宛	塞尔维亚	波兰	塞尔维亚	斯里兰卡
24	越南	埃塞俄比亚	阿尔巴尼亚	约旦	蒙古国
25	阿塞拜疆	白俄罗斯	巴林	阿尔巴尼亚	吉尔吉斯斯坦
26	克罗地亚	缅甸	蒙古国	沙特阿拉伯	科威特
27	匈牙利	尼日利亚	赞比亚	亚美尼亚	白俄罗斯

续表

排名	经济基础	偿债压力	政治风险	社会弹性	对华关系
28	蒙古国	意大利	肯尼亚	吉尔吉斯斯坦	尼日利亚
29	泰国	克罗地亚	约旦	阿塞拜疆	土耳其
30	塔吉克斯坦	乌兹别克斯坦	乌兹别克斯坦	蒙古国	伊朗
31	俄罗斯	柬埔寨	塞尔维亚	印度尼西亚	埃及
32	亚美尼亚	新加坡	吉尔吉斯斯坦	越南	阿塞拜疆
33	肯尼亚	阿尔巴尼亚	菲律宾	摩尔多瓦	匈牙利
34	保加利亚	亚美尼亚	塔吉克斯坦	土库曼斯坦	埃塞俄比亚
35	约旦	菲律宾	印度尼西亚	乌兹别克斯坦	沙特阿拉伯
36	阿尔巴尼亚	土耳其	土库曼斯坦	柬埔寨	巴林
37	孟加拉国	南非	斯里兰卡	哈萨克斯坦	阿尔巴尼亚
38	土库曼斯坦	泰国	泰国	塔吉克斯坦	斯洛文尼亚
39	哈萨克斯坦	蒙古国	摩尔多瓦	肯尼亚	塞浦路斯
40	赞比亚	塔吉克斯坦	亚美尼亚	老挝	希腊
41	埃及	孟加拉国	越南	赞比亚	摩尔多瓦
42	乌兹别克斯坦	埃及	以色列	黎巴嫩	菲律宾
43	吉尔吉斯斯坦	伊朗	老挝	菲律宾	克罗地亚
44	缅甸	马来西亚	柬埔寨	泰国	黎巴嫩
45	老挝	希腊	尼日利亚	土耳其	肯尼亚
46	埃塞俄比亚	斯里兰卡	孟加拉国	斯里兰卡	爱沙尼亚
47	尼日利亚	赞比亚	阿塞拜疆	埃及	波兰
48	伊拉克	老挝	埃塞俄比亚	俄罗斯	罗马尼亚
49	黎巴嫩	肯尼亚	土耳其	伊朗	保加利亚
50	塞尔维亚	塞浦路斯	伊拉克	白俄罗斯	以色列
51	南非	吉尔吉斯斯坦	伊朗	南非	意大利
52	巴基斯坦	摩尔多瓦	黎巴嫩	孟加拉国	约旦
53	白俄罗斯	巴基斯坦	埃及	巴基斯坦	乌克兰
54	土耳其	巴林	俄罗斯	乌克兰	捷克

续表

排名	经济基础	偿债压力	政治风险	社会弹性	对华关系
55	伊朗	乌克兰	白俄罗斯	伊拉克	立陶宛
56	摩尔多瓦	伊拉克	乌克兰	尼日利亚	伊拉克
57	斯里兰卡	约旦	巴基斯坦	埃塞俄比亚	赞比亚
58	乌克兰	黎巴嫩	缅甸	缅甸	拉脱维亚

资料来源：项目组自制。

从区域上看，经济基础方面，东亚及东盟国家的平均得分最高，其次是西亚地区和欧洲地区，而南亚和非洲的经济基础较为薄弱。这同全球产业链供应链分布、地缘政治、能源价格等因素相关。中亚国家得分的分散度较低。偿债压力方面，欧洲国家的得分较高，中亚国家、东亚及东盟国家的表现较好，非洲和南亚国家的国家得分和平均排名较低，东亚及东盟国家和西亚国家得分的分散程度较大，不同国家的偿债压力差异较为明显。政治风险方面，欧洲国家、中亚国家、东亚及东盟国家和西亚国家的得分相对较高，非洲国家和南亚国家的得分相对较低，东亚及东盟国家和西亚国家的政治风险同样分散程度较大，需注意偿债压力和政治风险之间的联动。社会弹性方面，欧洲国家平均得分显著较高，西亚国家、中亚国家和东亚及东盟国家次之，南亚国家和非洲国家的得分较低。对华关系方面，南亚地区的得分相对较高，其次是中亚和东亚及东盟地区，而欧洲地区的对华关系得分最低。对华关系的得分受双方的投资和贸易依存度、开放政策的实施以及地缘政治事件影响，并随大国博弈局势发生变动。

2024年中国海外投资RCEP成员国风险评级子报告[*]

2023年6月2日起,《区域全面经济伙伴关系协定》(RCEP)对15个成员国全面生效。自2022年1月1日(RCEP)正式生效两年以来,中国与RCEP成员国之间的贸易和投资交往日益畅通旺盛,2023年中国与RCEP成员的进出口贸易额达12.6万亿元,较协定生效前(2021年)增长了5.3%,2022年,中国实际利用RCEP成员国的直接投资金额同比增长24.8%,对RCEP成员国的非金融直接投资增速达18.9%,均显著高于中国与其他国家(地区)投资增速的平均水平。但同时,受国际经贸变局和全球分工调整、地缘冲突等因素的影响,中国与RCEP国家的投资关系面临较大变数,RCEP成员国本身经济、政治、社会环境也有较大波动。因此RCEP国家的投资风险值得尤其注意。

本部分子报告重点分析了RCEP成员国的国家风险评级结果。第一,介绍了2022年中国对RCEP成员国的直接投资情况。第二,分析RCEP成员国的具体评级情况。除缅甸以外,RCEP成员国的评级结果大多位于低风险(AAA—A)和中等风险(BBB—B)区。第三,根据风险评级总指标和分项指标的得分情况,将RCEP成员国风险评级得分均值与总体国家风险评级

---

[*] 本部分主要参与人:臧成伟等。

得分均值进行对比。从分析结果来看，RCEP成员国的投资风险普遍较低，但经济基础、社会弹性和偿债压力较2023年的情况有所下滑，值得注意。

一 中国在RCEP国家的投资情况

RCEP由包括中国在内的15个国家构成。RCEP其余14个成员国与中国的经贸、投资关系十分紧密，是中国对外直接投资的重要目的地。截至2022年底，中国在其余14个RCEP成员国的投资存量达2048.9亿美元，较2021年增加8.2%；中国在其余14个成员国的直接投资流量达到224.8亿美元，较2021年降低2.7%。从投资存量角度看，2022年中国企业在RCEP成员国中投资存量最多的3个国家分别为新加坡、澳大利亚和印度尼西亚。该格局与2021年情况相同，中国在老挝、缅甸、新西兰投资存量均有所下降。从流量角度看，中国企业对所有RCEP国家都进行了净值为正的直接投资。但是，对新加坡、越南、泰国、老挝等6个国家的直接投资流量有明显地减少。具体情况可参见表18。

表18　　　　截至2022年底中国对RCEP成员国直接投资情况

（单位：万美元）

国家	投资存量		投资流量	
	金额	同比增速	金额	同比增速
新加坡	7344991	9.3%	829538	-1.3%
澳大利亚	3578829	3.9%	278588	44.9%
印度尼西亚	2472206	23.1%	454960	4.1%
马来西亚	1205046	16.4%	160639	20.2%
越南	1166072	7.5%	170301	-22.9%
泰国	1056778	6.6%	127180	-14.4%

续表

国家	投资存量 金额	投资存量 同比增速	投资流量 金额	投资流量 同比增速
老挝	957837	-3.6%	25343	-80.2%
柬埔寨	744411	6.9%	63218	35.4%
韩国	667415	1.1%	53714	12.4%
日本	507519	3.9%	39648	-48.0%
缅甸	397252	-0.4%	6198	235.8%
新西兰	269040	-14.0%	11654	-48.1%
菲律宾	111283	25.9%	27089	77.2%
文莱	10385	7.9%	416	10.9%
合计	20489064	8.2%	2248486	-2.7%

资料来源：Wind 数据库。

二 RCEP成员国评级结果分析

从具体国家评级结果来分析，本报告包含了13个RCEP成员国，分别是：韩国、新西兰、新加坡、澳大利亚、日本、印度尼西亚、马来西亚、柬埔寨、老挝、越南、菲律宾、泰国和缅甸。由于数据可得性原因，文莱不在此次分析中。

从整体评级结果来看，13国中位于低风险（AAA—A）区间的共7国，分别为澳大利亚、新加坡、新西兰、韩国、日本、马来西亚、印度尼西亚；位于中等风险（BBB—B）区间的共5国，分别为越南、柬埔寨、老挝、泰国、菲律宾；位于高风险（CCC以下）区间的共1国，为缅甸。从风险排名看，大部分国家的风险级别呈下降趋势，如韩国由AA上升到AAA，马来西亚由A上升到AA，柬埔寨由BB上升到BBB，泰国由B上升到BB，只有缅甸的级别有所下降，由CCC下降到CC。具体情况可见表19。

表 19　　　　　　　RCEP 区域内国家风险评级情况

排名	国家	2024 年风险评级	排名变化	2023 年风险评级
2	澳大利亚	AAA	—	AAA
6	新加坡	AAA	↑	AAA
7	新西兰	AAA	↓	AAA
12	韩国	AAA	↑	AA
15	日本	AA	↑	AA
25	马来西亚	AA	↑	A
32	印度尼西亚	A	↑	A
44	越南	BBB	↑	BBB
45	柬埔寨	BBB	↑	BB
59	老挝	BB	↓	BB
66	泰国	BB	↑	B
75	菲律宾	B	↓	B
102	缅甸	CC	↓	CCC

资料来源：项目组自制。

注：表中排名为该国在总体评级结果中的排名。

三　总体得分分析

本部分根据韩国、新西兰、新加坡、澳大利亚、日本、印度尼西亚、马来西亚、柬埔寨、老挝、越南、菲律宾、泰国、缅甸 13 个国家的风险评级得分，计算出 RCEP 成员国的风险评级得分均值，并与总体风险评级得分均值进行对比分析。从总体国家风险评级得分来分析，RCEP 成员国的国家风险评级得分均值高于总体国家风险评级得分均值，排名也高于平均水平。根据结果，RCEP 中除中国和文莱之外的 13 个成员国平均得分为 0.591 分，全体样本国家的平均分为 0.538 分，非 RCEP 国家得分均值则为 0.531 分。RCEP 国家得分平均水平高于非 RCEP 国家得分。从排名角度看，2024 年版 RCEP 国家的平均排名为第 37.7 位，高于第 60.5 位的全部样本国家平均水平，非 RCEP

国家的平均排名为第63.3位。从以上分析看，RCEP国家的投资风险低于全球平均水平。

并且，相对于2023年修订版的评级结果，RCEP国家的投资风险则呈现出整体下降的趋势。从整体结果看，2023年修订版RCEP国家平均排名为第40.5位，2024年评级结果提升到第37.7位。13个国家中仅有缅甸、老挝、菲律宾、新西兰排名下降，分别下降13位、5位、4位、1位；排名上升较大的国家包括柬埔寨、马来西亚、泰国、韩国等，分别上升19位、14位、10位、6位。

总体而言，RCEP国家依旧比较适宜进行直接投资，但是个别国家的投资风险值得重视，尤其是排名靠后的发展中国家有进一步恶化的风险。

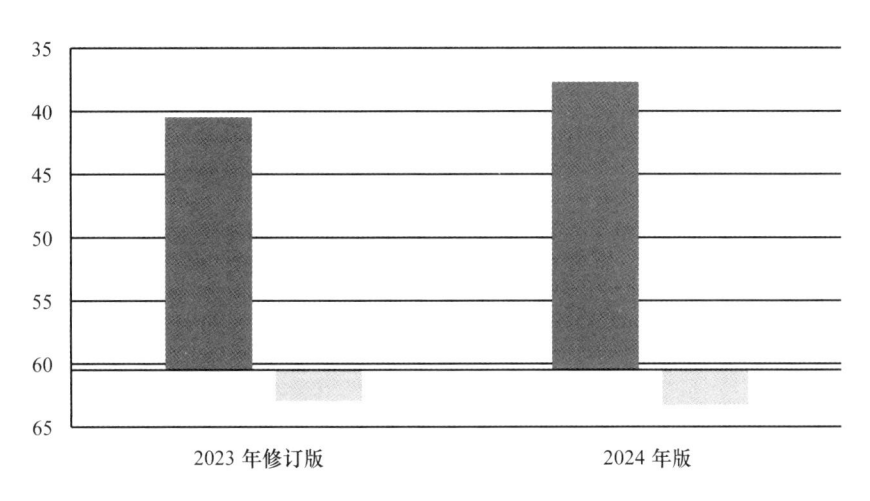

图9　RCEP成员国总体风险评级情况

资料来源：项目组自制。

注：坐标轴值为60.5，即是2024年评级结果全体国家的平均排名。纵坐标轴为逆序。下同。

从经济基础得分来分析，RCEP成员国的经济基础好于总体国家经济基础的平均水平。2024年版的评级结果显示，RCEP

国家经济基础的平均排名为第40.7位,远高于第60.5位的全部样本国家平均水平。非RCEP国家的平均排名为第62.9位,经济风险相对较高。

此外,RCEP国家的经济基础的整体排名较2023年度略有下降。2023年度,RCEP国家的经济基础平均排名为第37.8位,2024年则下降了2.9位,但仍高于2022年版第48位的水平,位于历史上排名较靠前的位置。分国家看,大部分经济体排名较为稳定,下降较大的国家为柬埔寨、越南、韩国等,上升较大的为泰国。我们判断其中重要的原因是2023年之前,RCEP国家在受疫情冲击之后恢复得较快,相较非RCEP国家表现较为抢眼,其经济风险水平的基数较低,导致2024年排名有所反弹,但仍处于低位。

RCEP成员国中的发展中国家依然具有较大的发展潜力,是全球产业链中的重要节点。

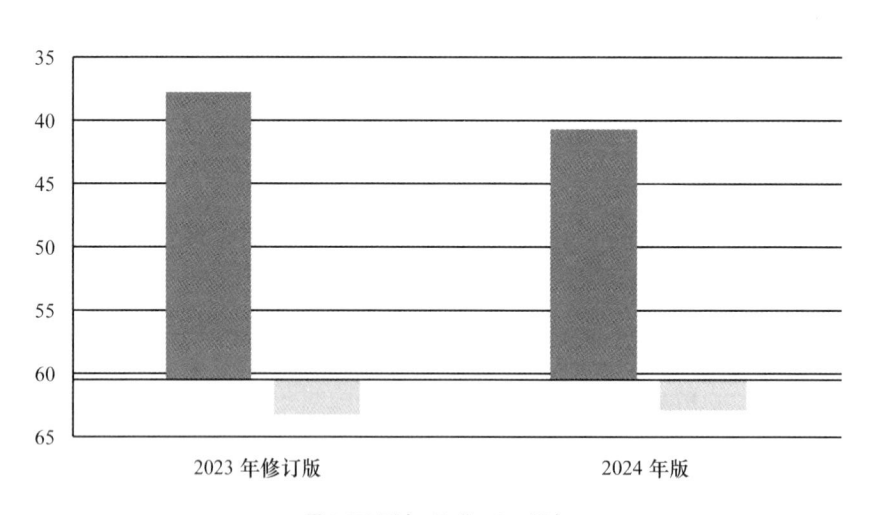

图10 RCEP成员国经济基础评级情况

资料来源:项目组自制。

注:坐标轴值为60.5,即是2024年评级结果全体国家的平均排名。纵坐标轴为逆序。

从偿债压力来分析,RCEP成员国的偿债压力情况相对较好,强于全体样本国家的平均水平。2024年度,RCEP国家偿债压力指标平均排名为第53.8位,高于总体样本国家第60.5位的平均排名,也明显高于非RCEP国家61.3位的平均排名。

虽然偿债压力指标依然强于平均水平,但是RCEP国家偿债压力指标排名较2023年修订版有微小的下降。2023年修订版中,RCEP国家偿债压力指标的平均排名为第53.3位。其中排名下降最大的国家为老挝、缅甸、越南,柬埔寨和日本的偿债压力指标则明显上升。我们判断,RCEP经济体偿债压力指标小幅下降主要由部分发展中经济体国家动荡、财政收入吃紧、外汇储备缩水和通货膨胀加剧造成。

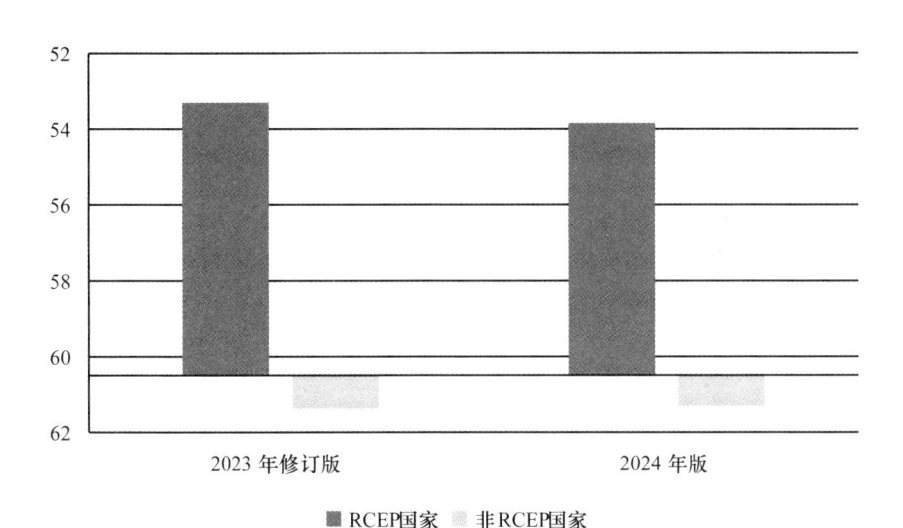

图11 RCEP成员国偿债压力指标评级情况

资料来源:项目组自制。

注:坐标轴值为60.5,即是2024年评级结果全体国家的平均排名。纵坐标轴为逆序。

从政治风险得分来分析,RCEP成员国的政治风险的平均得分高于总样本国家的平均得分。从排名角度看,2024年版中,RCEP国家政治风险的平均排名为第56.2位,高于第60.5位的均值，也高于非 RCEP 经济体第 61.0 位的平均排名。该排名相较 2023 年大幅上升，2023 年修订版 RCEP 国家政治风险的平均排名达第 59.5 位。其主要原因在于，RCEP 成员国中军事干预政治、政变等冲击多在几年前爆发，目前已经趋于稳定，如柬埔寨、泰国政治风险排名分别上升 24 位、18 位。而非 RCEP 成员国在选举周期的影响下，迎来政治调整的小幅动荡。

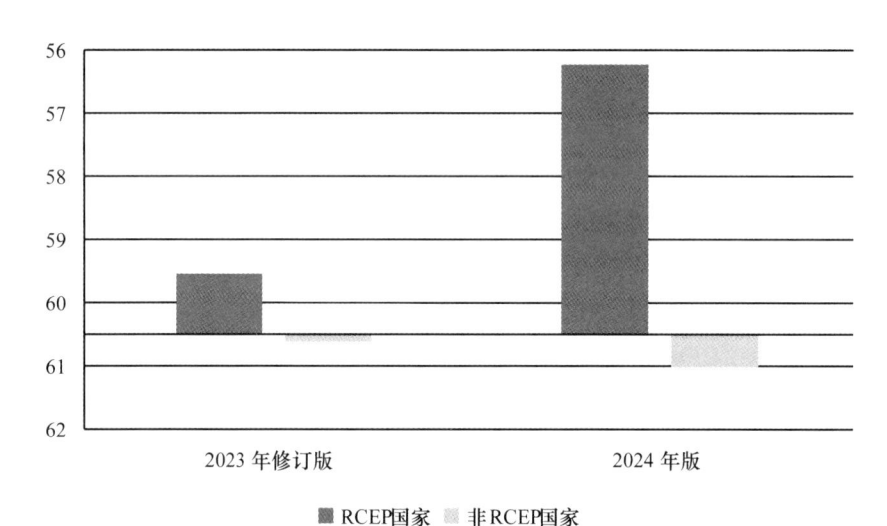

图 12 RCEP 成员国政治风险评级情况

资料来源：项目组自制。

注：坐标轴值为 60.5，即是 2024 年评级结果全体国家的平均排名。纵坐标轴为逆序。

从社会弹性得分来分析，RCEP 成员国的社会弹性得分均值高于整体国家的平均水平。2024 年版中，RCEP 国家社会弹性平均排名为第 47.0 位，高于第 60.5 位的平均水平，也高于非 RCEP 国家第 62.1 位的平均排名。这表明，RCEP 成员国的社会状况相对较好。

但是，值得注意的是，RCEP 成员国社会风险状况虽然强于非 RCEP 成员国整体水平，但是该结果相对于 2023 年修订版的评级结果有明显的下降。2023 年修订版中，RCEP 成员国社会弹性平均排名为第44.5位。实际上，社会弹性和政治风险往往是一枚硬币的两面。分国家看，大多数经济体排名下降幅度不大，只有缅甸下降了21位，主要原因在于缅北武装交火引发的社会动荡。

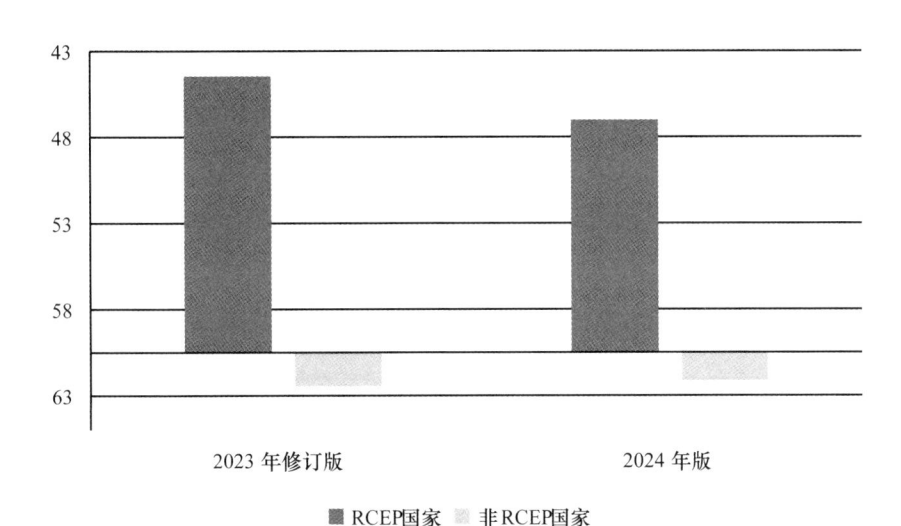

图13 RCEP成员国社会弹性评级情况

资料来源：项目组自制。

注：坐标轴值为60.5，即是2024年评级结果全体国家的平均排名。纵坐标轴为逆序。

从对华关系得分来分析，RCEP成员国的对华关系得分均值整体高于总体国家的平均水平。这表明RCEP成员国与中国双边关系较好。2024年版的结果中，RCEP成员国对华关系平均排名高达第32.5位，显著高于第60.5位的全部样本国家平均水平，也显著高于非RCEP成员国第63.9位的平均水平。

但是值得注意的是，RCEP成员国社会风险状况不但强于非RCEP成员国整体水平，而且相较2023年修订版的评级结果有明显的上升。2023年修订版中，RCEP成员国社会弹性平均排名为第39.3位。其中韩国、日本两大发达经济体排名大幅上升，马来西亚、泰国、柬埔寨等发展中经济体排名也大幅上升，主要是受到政治因素的影响。但菲律宾、缅甸的对华关系排名下降较为明显,主要受中菲边界冲突、缅北局势恶化等因素影响。

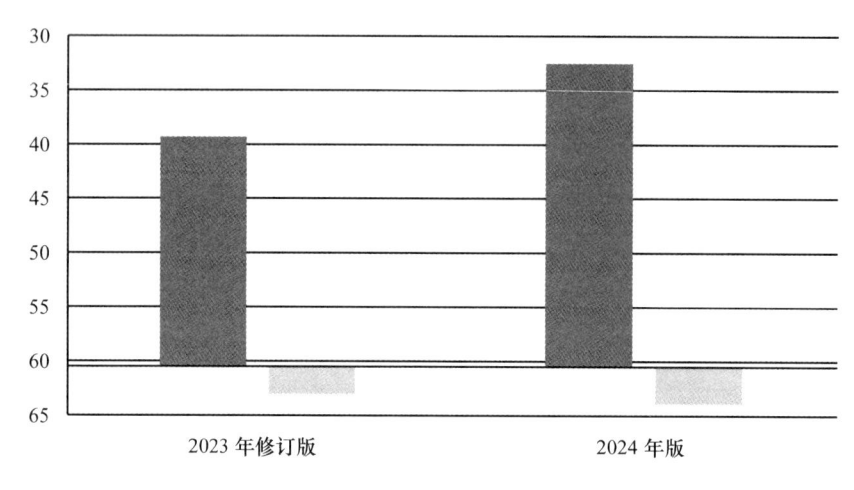

图 14 RCEP 成员国对华关系评级情况

资料来源:项目组自制。

注:坐标轴值为60.5,即是2024年评级结果全体国家的平均排名。纵坐标轴为逆序。

综上所述,RCEP 成员国的国家风险评级得分好于总体国家平均水平。细分指标来看,RCEP 成员国在五大领域均强于样本国家的平均水平,但相对于2023年度,经济基础、社会弹性和偿债压力指标有所下滑,这一点值得注意。

附录 CROIC-IWEP 国家风险评级原始指标

表1　　　　　　　　　　　GDP 总量　　　　　　　（单位：十亿美元）

国家	2017	2018	2019	2020	2021	2022	2023
阿尔巴尼亚	13.1	15.2	15.4	15.2	18.3	18.5	23.0
阿尔及利亚	167.5	174.9	171.7	145.7	163.1	195.4	224.1
阿根廷	643.9	524.4	451.8	389.1	486.7	632.2	621.8
阿联酋	390.5	427.0	418.0	349.5	415.0	507.5	509.2
阿曼	80.9	91.5	88.1	74.0	88.2	114.7	108.3
阿塞拜疆	41.4	47.1	48.2	42.7	54.6	69.9	77.4
埃及	246.8	263.2	317.9	382.5	423.3	475.2	398.4
埃塞俄比亚	76.8	80.2	92.6	96.6	99.3	120.4	155.8
爱尔兰	336.3	385.9	399.4	425.5	504.5	529.7	589.6
爱沙尼亚	26.9	30.6	31.1	31.3	37.2	38.1	41.8
安哥拉	122.0	101.4	84.5	57.1	74.8	121.4	93.8
奥地利	417.1	455.2	444.7	434.9	480.7	471.7	526.2
澳大利亚	1381.6	1417.0	1385.3	1360.7	1646.4	1701.9	1687.7
巴布亚新几内亚	22.7	24.1	24.8	23.8	26.7	31.8	31.7
巴基斯坦	339.2	356.2	321.1	300.4	348.2	376.5	340.6
巴拉圭	39.0	40.2	37.9	35.4	40.0	41.3	44.1
巴林	35.5	37.8	38.7	34.6	39.3	44.4	45.0

续表

国家	年份						
	2017	2018	2019	2020	2021	2022	2023
巴拿马	62.2	64.9	67.0	54.0	63.6	72.0	82.3
巴西	2063.5	1916.9	1873.3	1476.1	1648.7	1924.1	2126.8
白俄罗斯	54.7	60.0	64.4	61.3	68.2	73.1	68.9
保加利亚	59.3	66.4	68.9	70.3	84.1	89.1	103.1
比利时	502.6	543.5	535.9	524.8	594.5	582.2	627.5
冰岛	24.7	26.3	24.7	21.6	25.6	27.8	30.6
波兰	524.8	588.8	596.0	599.5	679.5	688.3	842.2
玻利维亚	37.8	40.6	41.2	36.9	40.7	43.2	46.8
博茨瓦纳	16.1	17.0	16.7	14.9	18.8	19.2	20.8
布基纳法索	14.2	15.9	16.2	18.0	19.7	19.6	20.8
丹麦	332.1	356.8	346.5	355.2	398.3	390.7	420.8
德国	3689.6	3976.3	3888.7	3886.6	4262.8	4075.4	4429.8
多哥	6.4	7.1	7.2	7.6	8.4	8.2	9.1
俄罗斯	1575.1	1653.0	1695.7	1488.1	1836.6	2215.3	2083.0
厄瓜多尔	104.3	107.6	108.1	99.3	106.2	116.4	118.7
法国	2594.2	2792.2	2729.2	2635.9	2957.4	2784.0	3049.0
菲律宾	328.5	346.8	376.8	361.8	394.1	404.3	435.7
芬兰	255.6	275.8	268.5	271.7	296.6	281.0	305.7
哥伦比亚	311.9	334.1	323.1	270.2	318.5	343.9	363.8
哥斯达黎加	60.5	62.4	64.4	62.4	64.6	68.4	85.6
哈萨克斯坦	166.8	179.3	181.7	171.1	197.1	225.8	259.3
韩国	1623.1	1725.4	1651.4	1644.7	1811.0	1665.3	1709.2
荷兰	833.6	914.5	910.3	909.1	1013.5	993.7	1092.8
洪都拉斯	23.1	24.1	25.1	23.7	28.3	31.5	34.0
吉尔吉斯斯坦	7.7	8.3	8.9	7.8	8.7	11.1	12.7
几内亚	10.3	11.9	13.4	14.2	16.2	20.5	23.2
加拿大	1649.3	1725.3	1743.7	1647.6	2001.5	2139.8	2117.8
加纳	60.4	67.3	68.4	70.0	79.2	72.8	76.6

续表

国家	2017	2018	2019	2020	2021	2022	2023
柬埔寨	22.2	24.6	27.1	25.8	26.6	28.5	30.9
捷克	218.6	249.0	252.5	246.0	281.8	290.4	335.2
喀麦隆	36.1	40.0	39.7	40.9	45.4	43.7	49.3
卡塔尔	161.1	183.3	176.4	144.4	179.7	225.5	235.5
科威特	120.7	138.2	136.2	105.9	136.8	184.6	159.7
克罗地亚	55.9	61.4	61.3	57.6	68.9	71.0	80.2
肯尼亚	82.0	92.2	100.4	100.7	110.3	116.0	112.7
拉脱维亚	30.5	34.4	34.3	34.6	39.8	42.2	46.7
老挝	17.1	18.1	18.8	18.5	18.5	15.3	14.2
黎巴嫩	53.0	54.9	50.9	24.5	—	—	21.8
立陶宛	47.7	53.8	54.8	56.8	66.5	70.5	79.4
卢森堡	65.7	71.0	69.8	73.9	85.6	82.3	89.1
罗马尼亚	210.5	243.5	251.0	251.7	285.6	301.8	350.4
马达加斯加	13.2	13.8	14.1	13.1	14.6	15.2	15.8
马耳他	13.5	15.3	15.9	15.0	17.8	17.8	20.3
马来西亚	319.2	359.0	365.3	337.6	373.0	407.9	430.9
马里	15.4	17.1	17.3	17.6	19.7	19.0	21.3
美国	19477.4	20533.1	21381.0	21060.5	23315.1	25464.5	26949.6
蒙古国	11.5	13.2	14.2	13.3	15.3	16.8	18.8
孟加拉国	293.8	321.4	351.3	373.9	416.3	460.2	446.3
秘鲁	215.7	226.8	232.3	205.8	225.9	242.4	264.6
缅甸	61.3	66.7	68.8	81.3	65.2	56.8	74.9
摩尔多瓦	9.5	11.3	11.7	11.5	13.7	14.4	16.0
摩洛哥	118.5	127.3	128.9	121.3	142.9	138.1	147.3
莫桑比克	13.2	14.8	15.4	14.2	15.8	17.9	21.9
墨西哥	1158.9	1222.4	1269.0	1090.5	1272.8	1414.1	1811.5
纳米比亚	12.9	13.7	12.5	10.6	12.3	12.3	12.6
南非	381.3	404.0	388.4	337.5	418.9	405.7	380.9

续表

国家	年份						
	2017	2018	2019	2020	2021	2022	2023
尼加拉瓜	13.8	13.0	12.6	12.6	14.0	15.8	17.4
尼日尔	11.2	12.8	12.9	13.8	14.9	15.2	17.1
尼日利亚	375.7	421.7	448.1	429.4	441.4	477.4	390.0
挪威	401.7	439.8	408.7	367.6	490.3	579.3	546.8
葡萄牙	221.3	242.4	240.0	228.8	254.2	252.4	276.4
日本	4930.8	5040.9	5118.0	5048.8	5005.5	4233.5	4230.9
瑞典	541.0	555.5	533.9	547.1	636.9	585.9	597.1
瑞士	695.3	725.8	721.8	739.0	799.7	807.2	905.7
萨尔瓦多	25.0	26.0	26.9	24.6	28.7	31.6	35.3
塞尔维亚	44.2	50.6	51.5	53.4	63.1	70.9	75.0
塞内加尔	21.0	23.1	23.4	24.5	27.6	27.5	31.1
塞浦路斯	22.9	25.6	25.9	25.0	28.4	28.5	32.0
沙特阿拉伯	715.0	846.6	838.6	734.3	868.6	1108.2	1069.4
斯里兰卡	94.4	94.5	89.0	85.3	89.0	75.3	74.8
斯洛伐克	95.6	106.2	105.7	106.6	116.6	113.5	133.0
斯洛文尼亚	48.6	54.2	54.3	53.7	61.8	62.2	68.4
苏丹	48.9	33.4	33.6	34.4	34.7	49.4	25.6
塔吉克斯坦	7.5	7.8	8.3	8.1	8.9	10.5	11.8
泰国	456.5	506.5	543.9	500.5	505.5	536.2	512.2
坦桑尼亚	53.2	56.7	60.7	65.5	69.9	77.1	84.0
突尼斯	42.2	42.7	41.9	42.5	46.7	46.6	51.3
土耳其	858.9	779.7	759.5	720.1	817.5	905.5	1154.6
土库曼斯坦	46.4	48.7	53.0	53.2	64.4	78.0	81.8
危地马拉	71.6	73.3	77.2	77.6	87.0	93.7	102.8
委内瑞拉	115.9	102.0	73.0	43.8	57.1	93.1	92.2
乌干达	31.4	34.2	38.1	37.5	42.9	48.8	52.4
乌克兰	112.1	130.9	153.9	156.6	200.2	151.5	173.4
乌拉圭	64.3	64.5	61.2	53.6	59.3	71.9	76.2

续表

国家	年份						
	2017	2018	2019	2020	2021	2022	2023
乌兹别克斯坦	62.1	52.9	60.3	60.2	69.6	80.4	90.4
西班牙	1312.8	1422.4	1394.5	1275.9	1428.3	1400.5	1582.1
希腊	199.8	212.1	205.3	188.8	215.0	219.2	242.4
新加坡	343.3	376.9	376.8	348.4	423.8	466.8	497.3
新西兰	203.6	209.6	210.8	210.1	249.3	241.9	249.4
匈牙利	143.1	160.6	164.0	157.2	181.8	168.3	203.8
牙买加	14.8	15.6	15.8	13.9	14.7	16.0	18.8
亚美尼亚	11.5	12.5	13.6	12.6	13.9	19.5	24.5
伊拉克	192.3	227.2	234.0	169.4	206.5	270.4	255.0
伊朗	486.8	246.3	241.7	195.5	289.3	352.2	366.4
以色列	358.2	376.7	402.5	413.3	488.5	522.5	521.7
意大利	1961.1	2092.9	2011.5	1895.7	2115.8	2012.0	2186.1
印度	2651.5	2702.9	2835.6	2671.6	3150.3	3386.4	3732.2
印度尼西亚	1015.5	1042.7	1119.5	1062.5	1187.7	1318.8	1417.4
英国	2685.6	2881.9	2858.7	2706.5	3123.2	3070.6	3332.1
约旦	41.7	43.4	45.1	44.2	45.8	48.8	50.0
越南	277.1	304.5	331.8	346.3	369.7	406.5	433.4
赞比亚	25.9	26.3	23.3	18.1	22.1	28.5	29.5
智利	276.4	295.4	278.4	254.3	316.7	300.7	344.4

数据来源：WEO，CEIC。

表2　　　　　　　　　　人均GDP　　　　　　　　（单位：千美元）

国家	年份						
	2017	2018	2019	2020	2021	2022	2023
阿尔巴尼亚	4.5	5.3	5.3	5.3	6.4	6.5	8.1
阿尔及利亚	4.0	4.1	4.0	3.3	3.7	4.3	4.9
阿根廷	14.6	11.8	10.1	8.6	10.6	13.7	13.3

续表

国家	2017	2018	2019	2020	2021	2022	2023
阿联酋	42.0	45.6	44.0	37.6	43.4	51.3	50.6
阿曼	17.7	19.9	19.1	16.6	19.5	24.8	21.3
阿塞拜疆	4.2	4.8	4.8	4.2	5.4	6.8	7.5
埃及	2.6	2.7	3.2	3.8	4.1	4.6	3.8
埃塞俄比亚	0.8	0.8	0.9	1.0	1.0	1.2	1.5
爱尔兰	69.7	79.0	80.7	85.2	100.1	103.2	112.2
爱沙尼亚	20.4	23.2	23.4	23.6	28.0	28.6	31.0
安哥拉	4.0	3.2	2.6	1.7	2.2	3.4	2.6
奥地利	47.3	51.2	50.2	48.9	53.5	52.3	58.0
澳大利亚	55.8	56.3	54.3	53.1	63.9	65.5	63.5
巴布亚新几内亚	2.8	2.9	2.9	2.7	3.0	3.5	2.6
巴基斯坦	1.7	1.7	1.5	1.4	1.6	1.7	1.5
巴拉圭	5.6	5.7	5.3	4.9	5.4	5.5	5.8
巴林	23.6	25.1	26.1	23.5	26.1	28.8	28.5
巴拿马	15.2	15.6	15.9	12.6	14.7	16.4	18.5
巴西	10.0	9.2	8.9	7.0	7.8	9.0	10.4
白俄罗斯	5.8	6.4	6.8	6.5	7.3	7.9	7.5
保加利亚	8.4	9.5	9.9	10.2	12.3	13.1	16.1
比利时	44.3	47.7	46.8	45.5	51.5	50.1	53.7
冰岛	73.1	75.4	69.1	59.2	69.3	74.0	78.8
波兰	13.8	15.5	15.7	15.8	18.0	18.3	22.4
玻利维亚	3.4	3.6	3.6	3.2	3.4	3.6	3.9
博茨瓦纳	6.7	6.9	6.7	5.9	7.2	7.3	7.8
布基纳法索	0.7	0.8	0.8	0.8	0.9	0.9	0.9
丹麦	57.8	61.7	59.7	61.0	68.2	66.5	71.4
德国	44.6	48.0	46.8	46.7	51.2	48.6	52.8
多哥	0.8	0.9	0.9	0.9	1.0	0.9	1.0

续表

国家	年份						
	2017	2018	2019	2020	2021	2022	2023
俄罗斯	10.7	11.3	11.6	10.2	12.6	15.4	14.1
厄瓜多尔	6.2	6.3	6.3	5.7	6.0	6.5	6.5
法国	40.1	43.1	41.9	40.4	45.2	42.4	46.3
菲律宾	3.2	3.3	3.5	3.3	3.6	3.6	3.9
芬兰	46.4	50.0	48.7	49.2	53.6	50.7	54.5
哥伦比亚	6.6	6.9	6.5	5.4	6.2	6.7	7.0
哥斯达黎加	12.2	12.4	12.7	12.2	12.5	13.1	16.2
哈萨克斯坦	9.2	9.7	9.8	9.1	10.1	11.4	13.0
韩国	31.6	33.4	31.9	31.7	35.0	32.3	33.1
荷兰	48.8	53.2	52.7	52.2	58.0	56.5	61.8
洪都拉斯	2.5	2.5	2.6	2.4	2.8	3.1	3.2
吉尔吉斯斯坦	1.3	1.3	1.4	1.2	1.3	1.6	1.8
几内亚	0.8	0.9	1.0	1.0	1.1	1.4	1.5
加拿大	45.2	46.6	46.4	43.4	52.4	55.1	53.2
加纳	2.1	2.3	2.3	2.3	2.5	2.3	2.3
柬埔寨	1.4	1.6	1.7	1.6	1.7	1.8	1.9
捷克	20.7	23.5	23.7	23.0	26.3	27.6	30.5
喀麦隆	1.5	1.6	1.5	1.5	1.7	1.6	1.7
卡塔尔	59.1	66.4	63.0	53.8	68.6	84.4	82.0
科威特	27.2	29.9	28.5	22.7	28.9	38.3	32.2
克罗地亚	13.6	15.0	15.1	14.2	17.8	18.4	20.9
肯尼亚	1.8	2.0	2.1	2.1	2.2	2.3	2.2
拉脱维亚	15.6	17.8	17.9	18.1	21.0	22.3	24.9
老挝	2.4	2.6	2.6	2.5	2.5	2.0	1.9
黎巴嫩	7.8	8.0	7.4	3.6	4.8	4.5	3.3
立陶宛	16.9	19.2	19.6	20.3	23.7	25.0	28.5
卢森堡	111.2	118.0	113.8	118.1	134.8	127.6	135.6

续表

国家	年份						
	2017	2018	2019	2020	2021	2022	2023
罗马尼亚	10.7	12.5	12.9	13.0	14.9	15.9	18.4
马达加斯加	0.5	0.5	0.5	0.5	0.5	0.5	0.5
马耳他	29.3	32.2	32.2	29.2	34.4	34.1	38.7
马来西亚	10.0	11.1	11.2	10.4	11.4	12.4	13.0
马里	0.8	0.9	0.8	0.8	0.9	0.8	0.9
美国	59.9	62.8	65.1	63.6	70.2	76.3	80.4
蒙古国	3.6	4.1	4.3	4.0	4.5	4.9	5.3
孟加拉国	1.8	2.0	2.2	2.3	2.5	2.7	2.6
秘鲁	6.8	7.1	7.0	6.1	6.7	7.1	7.7
缅甸	1.2	1.3	1.3	1.5	1.2	1.1	1.4
摩尔多瓦	3.4	4.1	4.4	4.4	5.3	5.7	6.4
摩洛哥	3.4	3.6	3.6	3.4	3.9	3.8	4.0
莫桑比克	0.5	0.5	0.5	0.5	0.5	0.5	0.6
墨西哥	9.3	9.8	10.0	8.5	9.9	10.9	13.8
纳米比亚	5.4	5.7	5.1	4.2	4.8	4.8	4.8
南非	6.7	7.0	6.6	5.7	7.0	6.7	6.2
尼加拉瓜	2.1	2.0	1.9	1.9	2.1	2.4	2.6
尼日尔	0.5	0.6	0.6	0.6	0.6	0.6	0.6
尼日利亚	2.0	2.2	2.2	2.1	2.1	2.2	1.8
挪威	76.2	82.8	76.5	68.4	90.8	106.3	99.3
葡萄牙	21.5	23.6	23.3	22.2	24.7	24.5	26.9
日本	38.9	39.9	40.5	40.1	39.9	33.8	33.9
瑞典	53.5	54.3	51.7	52.7	60.9	55.7	55.2
瑞士	82.6	85.5	84.5	85.9	92.2	92.4	102.9
萨尔瓦多	4.0	4.1	4.3	3.9	4.6	5.0	5.6
塞尔维亚	6.3	7.3	7.4	7.7	9.2	10.4	11.3
塞内加尔	1.4	1.5	1.4	1.5	1.6	1.6	1.7

续表

国家	2017	2018	2019	2020	2021	2022	2023
塞浦路斯	26.8	29.6	29.6	28.1	31.7	31.5	34.8
沙特阿拉伯	21.9	25.3	24.5	21.0	25.5	31.8	32.6
斯里兰卡	4.4	4.4	4.1	3.9	4.0	3.4	3.3
斯洛伐克	17.6	19.5	19.4	19.5	21.4	20.9	24.5
斯洛文尼亚	23.5	26.2	26.1	25.6	29.3	29.5	32.4
苏丹	1.2	0.8	0.8	0.8	0.8	1.1	0.5
塔吉克斯坦	0.8	0.9	0.9	0.9	0.9	1.1	1.2
泰国	6.6	7.3	7.8	7.2	7.2	7.7	7.3
坦桑尼亚	1.0	1.0	1.1	1.1	1.2	1.3	1.3
突尼斯	3.7	3.7	3.6	3.6	3.9	3.8	4.2
土耳其	10.6	9.5	9.1	8.6	9.7	10.6	13.4
土库曼斯坦	8.1	8.4	8.9	8.8	10.5	12.5	12.9
危地马拉	4.2	4.2	4.4	4.3	4.7	5.0	5.4
委内瑞拉	3.8	3.5	2.6	1.6	2.1	3.5	3.5
乌干达	0.8	0.9	1.0	0.9	1.0	1.1	1.2
乌克兰	2.7	3.1	3.7	3.8	4.9	4.3	5.2
乌拉圭	18.4	18.4	17.4	15.2	16.7	20.2	21.4
乌兹别克斯坦	1.9	1.6	1.8	1.8	2.0	2.3	2.5
西班牙	28.2	30.4	29.6	26.9	30.1	29.4	33.1
希腊	18.6	19.8	19.1	17.6	20.1	20.6	23.2
新加坡	61.2	66.8	66.1	61.3	77.7	82.8	87.9
新西兰	42.3	42.8	42.3	41.3	48.8	47.2	48.1
匈牙利	14.6	16.4	16.8	16.1	18.7	17.3	21.1
牙买加	5.4	5.7	5.8	5.1	5.4	5.8	6.8
亚美尼亚	3.9	4.2	4.6	4.3	4.7	6.6	8.3
伊拉克	5.2	6.0	6.0	4.2	5.0	6.4	5.9
伊朗	6.0	3.0	2.9	2.3	3.4	4.1	4.2

续表

国家	2017	2018	2019	2020	2021	2022	2023
以色列	41.1	42.4	44.5	44.9	52.2	54.7	53.2
意大利	32.6	34.9	33.6	31.8	35.8	34.1	37.1
印度	2.0	2.0	2.1	1.9	2.2	2.4	2.6
印度尼西亚	3.9	3.9	4.2	3.9	4.4	4.8	5.1
英国	40.7	43.4	42.8	40.3	46.4	45.3	48.9
约旦	4.3	4.4	4.5	4.3	4.5	4.7	4.9
越南	3.0	3.2	3.4	3.5	3.8	4.1	4.3
赞比亚	1.5	1.5	1.3	1.0	1.1	1.4	1.4
智利	15.0	15.8	14.6	13.1	16.1	15.1	17.3

数据来源：WEO，CEIC。

表3　　　　　　　　　　　GDP增速　　　　　　　　（单位：%）

国家	2017	2018	2019	2020	2021	2022	2023
阿尔巴尼亚	3.80	4.02	2.09	-3.48	8.52	4.00	4.84
阿尔及利亚	1.40	1.20	1.00	-5.10	3.50	4.67	3.10
阿根廷	2.82	-2.62	-2.00	-9.94	10.40	4.04	5.24
阿联酋	2.37	1.19	3.41	-4.80	3.80	5.05	7.41
阿曼	0.30	1.29	-1.13	-3.20	2.95	4.36	4.31
阿塞拜疆	0.15	1.50	2.48	-4.20	5.62	3.68	4.62
埃及	5.37	4.99	5.50	3.49	3.28	6.61	6.59
埃塞俄比亚	10.21	7.70	9.04	6.06	6.27	3.84	5.32
爱尔兰	9.01	8.53	5.44	6.18	13.59	9.00	11.97
爱沙尼亚	5.79	3.78	3.74	-0.55	8.01	1.00	-1.29
安哥拉	-0.15	-1.32	-0.70	-5.75	0.80	2.87	3.05
奥地利	2.26	2.50	1.49	-6.74	4.60	4.70	5.00
澳大利亚	2.38	2.78	1.98	-2.14	4.91	3.75	3.62

续表

国家	年份						
	2017	2018	2019	2020	2021	2022	2023
巴布亚新几内亚	3.54	-0.28	4.48	-3.50	1.21	3.81	4.60
巴基斯坦	4.61	6.10	3.12	-0.94	5.74	5.97	6.19
巴拉圭	4.81	3.20	-0.40	-0.82	4.20	0.20	0.08
巴林	4.29	2.11	2.17	-4.94	2.23	3.37	4.86
巴拿马	5.59	3.69	2.98	-17.95	15.34	7.52	10.81
巴西	1.32	1.78	1.22	-3.88	4.62	2.79	2.90
白俄罗斯	2.54	3.14	1.45	-0.67	2.30	-7.02	-4.70
保加利亚	2.76	2.69	4.04	-4.39	4.18	3.94	3.36
比利时	1.62	1.84	2.11	-5.68	6.25	2.40	3.25
冰岛	4.20	4.89	2.42	-6.84	4.40	5.07	6.44
波兰	4.83	5.35	4.75	-2.20	5.88	3.83	4.87
玻利维亚	4.20	4.22	2.22	-8.74	6.11	3.80	3.07
博茨瓦纳	4.11	4.19	3.03	-8.73	11.36	4.08	5.78
布基纳法索	6.20	6.73	5.70	1.93	6.92	3.60	1.48
丹麦	2.82	1.99	1.49	-1.99	4.86	2.60	3.82
德国	2.68	0.98	1.05	-3.69	2.63	1.55	1.79
多哥	4.35	4.97	5.46	1.76	5.26	5.40	5.81
俄罗斯	1.83	2.81	2.20	-2.66	4.75	-3.41	-0.07
厄瓜多尔	2.37	1.29	0.01	-7.79	4.24	2.86	2.95
法国	2.45	1.82	1.88	-7.90	6.77	2.52	2.56
菲律宾	6.93	6.34	6.12	-9.52	5.70	6.47	7.57
芬兰	3.19	1.14	1.22	-2.23	3.02	2.14	2.08
哥伦比亚	1.36	2.56	3.19	-7.05	10.68	7.56	7.50
哥斯达黎加	4.16	2.62	2.42	-4.05	7.76	3.81	4.31
哈萨克斯坦	3.90	4.10	4.50	-2.60	4.10	2.51	3.20
韩国	3.16	2.91	2.24	-0.71	4.15	2.59	2.56
荷兰	2.91	2.36	1.96	-3.91	4.87	4.55	4.48

续表

国家	年份						
	2017	2018	2019	2020	2021	2022	2023
洪都拉斯	4.84	3.85	2.65	-8.97	12.53	3.40	4.00
吉尔吉斯斯坦	4.74	3.46	4.60	-8.62	3.74	3.84	7.02
几内亚	10.30	6.36	5.62	4.92	3.75	4.62	4.70
加拿大	3.04	2.78	1.88	-5.23	4.54	3.30	3.40
加纳	8.13	6.20	6.51	0.51	5.36	3.59	3.24
柬埔寨	7.00	7.47	7.05	-3.13	3.01	5.10	5.16
捷克	5.17	3.22	3.03	-5.50	3.49	1.87	2.46
喀麦隆	3.54	4.02	3.42	0.54	3.65	3.84	3.54
卡塔尔	-1.50	1.24	0.69	-3.56	1.59	3.35	4.83
科威特	-4.71	2.44	-0.55	-8.86	1.31	8.67	8.18
克罗地亚	3.41	2.90	3.48	-8.10	10.24	5.90	6.33
肯尼亚	3.82	5.67	5.11	-0.25	7.52	5.35	4.85
拉脱维亚	3.31	3.99	2.48	-3.77	4.48	2.53	1.98
老挝	6.85	6.29	4.65	-0.44	2.06	2.20	2.71
黎巴嫩	0.90	-1.89	-6.92	-25.91	-10.52	1.94	-0.59
立陶宛	4.28	3.99	4.57	-0.13	5.00	1.78	1.89
卢森堡	1.32	2.00	3.28	-1.78	6.89	1.62	1.55
罗马尼亚	7.32	4.48	4.19	-3.75	5.88	4.80	4.79
马达加斯加	3.93	3.19	4.41	-7.14	4.30	4.22	3.80
马耳他	10.93	6.17	5.92	-8.33	10.30	6.24	6.85
马来西亚	5.81	4.84	4.41	-5.53	3.09	5.40	8.69
马里	5.31	4.75	4.77	-1.24	3.06	2.54	3.69
美国	2.26	2.92	2.29	-3.41	5.67	1.64	2.06
蒙古国	5.64	7.75	5.60	-4.56	1.64	2.50	4.85
孟加拉国	6.59	7.32	7.88	3.45	6.94	7.25	7.10
秘鲁	2.52	3.98	2.23	-11.01	13.55	2.71	2.68
缅甸	5.75	6.41	6.75	3.19	-17.94	1.97	3.00

续表

国家	年份						
	2017	2018	2019	2020	2021	2022	2023
摩尔多瓦	4.20	4.10	3.60	-8.30	13.95	0	-5.95
摩洛哥	5.06	3.07	2.89	-7.19	7.93	0.77	1.08
莫桑比克	3.74	3.44	2.32	-1.20	2.33	3.75	4.15
墨西哥	2.11	2.20	-0.20	-8.06	4.78	2.14	3.06
纳米比亚	-1.03	1.06	-0.84	-8.04	2.66	3.00	4.56
南非	1.16	1.52	0.30	-6.34	4.91	2.10	2.04
尼加拉瓜	4.63	-3.36	-3.78	-1.79	10.35	4.00	3.75
尼日尔	5.00	7.20	5.91	3.62	1.35	6.74	11.50
尼日利亚	0.81	1.92	2.21	-1.79	3.65	3.17	3.25
挪威	2.32	1.12	0.75	-0.72	3.88	3.65	3.28
葡萄牙	3.51	2.85	2.68	-8.44	4.88	6.24	6.69
日本	1.68	0.64	-0.36	-4.62	1.66	1.75	1.03
瑞典	2.57	1.95	1.99	-2.17	5.08	2.60	2.64
瑞士	1.43	2.86	1.16	-2.51	4.23	2.20	2.06
萨尔瓦多	2.25	2.41	2.44	-8.18	10.27	2.64	2.60
塞尔维亚	2.10	4.50	4.33	-0.95	7.39	3.51	2.25
塞内加尔	7.41	6.21	4.61	1.33	6.07	4.73	4.15
塞浦路斯	5.85	5.69	5.28	-4.98	5.59	3.50	5.63
沙特阿拉伯	-0.74	2.51	0.33	-4.14	3.24	7.60	8.74
斯里兰卡	6.46	2.31	-0.22	-3.47	3.33	-8.69	-7.82
斯洛伐克	2.98	3.79	2.61	-4.36	3.02	1.80	1.67
斯洛文尼亚	4.82	4.45	3.45	-4.32	8.21	5.71	5.37
苏丹	0.77	-2.29	-2.50	-3.63	0.50	-0.30	-0.95
塔吉克斯坦	7.10	7.60	7.40	4.39	9.20	5.50	8.00
泰国	4.18	4.22	2.15	-6.20	1.53	2.84	2.59
坦桑尼亚	6.77	6.96	6.97	4.81	4.94	4.48	4.56
突尼斯	2.24	2.55	1.40	-8.74	3.34	2.20	2.52

续表

国家	年份						
	2017	2018	2019	2020	2021	2022	2023
土耳其	7.50	2.98	0.78	1.94	11.35	4.97	5.57
土库曼斯坦	4.71	0.88	-3.39	-2.95	4.62	1.17	5.92
危地马拉	3.08	3.41	4.00	-1.76	7.98	3.41	4.12
委内瑞拉	-15.67	-19.66	-27.67	-29.99	0.48	6.04	0.12
乌干达	6.83	5.50	7.82	-1.39	6.69	4.41	4.65
乌克兰	2.36	3.49	3.20	-3.75	3.35	-34.95	-29.10
乌拉圭	1.63	0.48	0.35	-6.12	4.40	5.27	4.92
乌兹别克斯坦	4.40	5.36	5.71	1.89	7.42	5.20	5.67
西班牙	2.98	2.29	2.08	-10.82	5.13	4.33	5.45
希腊	1.09	1.67	1.80	-9.02	8.34	5.20	5.91
新加坡	4.66	3.66	1.10	-4.14	7.61	3.02	3.65
新西兰	3.51	3.43	2.87	-2.08	5.56	2.34	2.16
匈牙利	4.27	5.36	4.55	-4.46	7.10	5.70	4.58
牙买加	0.68	1.83	0.97	-10.05	4.61	2.81	4.20
亚美尼亚	7.52	5.23	7.63	-7.40	5.66	6.98	12.60
伊拉克	-3.40	4.70	5.81	-15.70	7.68	9.27	7.01
伊朗	2.76	-1.84	-3.07	3.33	4.72	3.02	2.75
以色列	4.28	4.07	4.16	-1.86	8.61	6.13	6.46
意大利	1.67	0.93	0.50	-9.03	6.70	3.16	3.67
印度	6.80	6.45	3.74	-6.60	8.68	6.84	7.00
印度尼西亚	5.07	5.17	5.02	-2.07	3.69	5.33	5.31
英国	2.13	1.65	1.67	-9.27	7.44	3.61	4.10
约旦	2.09	1.93	1.96	-1.55	2.21	2.40	2.50
越南	6.94	7.20	7.15	2.94	2.58	7.00	8.02
赞比亚	3.50	4.04	1.44	-2.79	4.60	2.91	4.74
智利	1.30	3.95	0.86	-6.07	11.72	2.03	2.44

数据来源：WDI，CEIC。

表 4　　　　　　　　　　GDP 5 年波动系数　　　　　　（单位：标准差）

国家	2017	2018	2019	2020	2021	2022	2023
阿尔巴尼亚	1.02	0.88	0.80	2.80	3.87	3.88	3.94
阿尔及利亚	0.90	1.13	1.12	2.83	2.89	3.37	3.47
阿根廷	2.43	2.04	2.25	4.13	6.65	6.78	6.97
阿联酋	1.09	1.39	1.27	3.01	3.13	3.50	4.13
阿曼	2.02	2.03	2.51	2.74	2.10	2.73	3.07
阿塞拜疆	2.94	1.55	1.46	2.40	3.21	3.31	3.48
埃及	0.89	0.54	0.29	0.81	0.95	1.25	1.45
埃塞俄比亚	0.46	0.16	0.14	1.49	1.45	1.60	1.37
爱尔兰	8.60	2.18	2.10	2.12	2.65	2.65	3.32
爱沙尼亚	1.52	1.30	1.27	2.07	2.83	2.92	3.39
安哥拉	2.92	2.37	0.97	1.98	2.37	2.91	3.24
奥地利	0.87	0.72	0.54	3.53	3.92	4.21	4.46
澳大利亚	0.21	0.18	0.29	1.86	2.29	2.40	2.46
巴布亚新几内亚	—	—	—	—	—	2.89	3.06
巴基斯坦	0.77	0.75	0.97	2.41	2.55	2.70	2.72
巴拉圭	2.95	0.90	1.82	2.37	2.35	2.03	1.81
巴林	1.24	0.92	0.86	3.29	3.16	3.00	3.38
巴拿马	2.40	0.72	1.08	5.97	7.21	7.39	8.04
巴西	2.63	1.52	1.59	2.21	2.74	2.84	2.91
白俄罗斯	2.94	2.12	2.10	1.90	1.33	1.39	2.43
保加利亚	1.37	0.85	0.50	3.05	3.18	3.28	3.32
比利时	—	—	—	—	—	3.88	3.95
冰岛	1.48	1.50	1.25	4.69	4.41	4.51	4.75
波兰	1.26	0.84	0.75	2.79	2.99	2.94	2.89
玻利维亚	0.96	0.50	0.90	5.05	5.31	5.28	5.18
博茨瓦纳	4.18	3.01	2.88	5.52	6.48	6.48	6.58
布基纳法索	0.93	1.10	0.95	1.72	1.83	1.93	2.11

续表

国家	年份						
	2017	2018	2019	2020	2021	2022	2023
丹麦	0.83	0.58	0.61	1.86	2.23	2.21	2.36
德国	0.78	0.60	0.67	2.27	2.33	2.18	2.24
多哥	0.62	0.58	0.51	1.41	1.35	1.42	1.50
俄罗斯	1.39	1.53	1.63	1.97	2.44	2.53	2.48
厄瓜多尔	2.28	1.74	1.22	3.57	4.14	4.20	4.35
法国	0.58	0.59	0.55	3.90	4.82	4.82	4.86
菲律宾	0.32	0.35	0.39	6.47	6.33	6.28	6.42
芬兰	1.66	1.35	1.03	1.91	1.95	1.78	1.83
哥伦比亚	1.42	1.05	0.65	3.79	5.64	5.98	6.17
哥斯达黎加	0.62	0.57	0.76	3.05	3.83	3.80	3.87
哈萨克斯坦	1.90	1.55	1.59	2.70	2.71	2.65	2.57
韩国	0.15	0.15	0.31	1.44	1.65	1.61	1.58
荷兰	1.02	0.49	0.35	2.53	2.95	3.16	3.32
洪都拉斯	0.72	0.57	0.69	5.16	6.63	6.57	6.58
吉尔吉斯斯坦	2.68	0.43	0.47	5.18	5.12	5.03	5.50
几内亚	3.31	1.64	1.31	1.41	1.52	1.07	0.74
加拿大	0.97	1.02	0.94	3.05	3.43	3.45	3.51
加纳	2.46	2.08	2.04	2.55	2.45	2.21	2.04
柬埔寨	0.18	0.13	0.13	4.07	4.01	3.82	3.53
捷克	2.02	1.32	1.17	3.71	3.77	3.41	3.33
喀麦隆	0.85	0.87	0.79	1.38	1.26	1.29	1.24
卡塔尔	2.62	2.16	1.84	2.19	1.86	2.29	2.85
科威特	2.56	1.27	1.44	4.23	3.98	5.30	6.18
克罗地亚	1.76	1.42	0.39	4.58	5.90	6.07	6.23
肯尼亚	0.41	0.65	0.66	2.09	2.60	2.61	2.56
拉脱维亚	0.99	0.83	0.68	2.79	3.01	2.96	2.79
老挝	0.41	0.44	0.94	2.78	2.73	2.32	1.63

续表

国家	年份						
	2017	2018	2019	2020	2021	2022	2023
黎巴嫩	1.26	1.36	1.47	4.29	4.23	4.41	4.46
立陶宛	0.81	0.86	1.01	1.74	1.87	1.94	1.91
卢森堡	1.01	1.25	1.27	2.25	2.82	2.80	2.82
罗马尼亚	1.53	1.49	1.43	3.74	3.85	3.48	3.51
马达加斯加	0.62	0.37	0.49	4.43	4.46	4.49	4.53
马耳他	1.96	1.60	1.49	5.78	6.51	6.40	6.45
马来西亚	0.61	0.59	0.51	4.20	4.12	4.06	4.75
马里	1.63	0.79	0.57	2.60	2.41	2.20	2.04
美国	0.49	0.43	0.43	2.31	2.96	2.95	2.91
蒙古国	3.79	2.50	2.17	4.27	4.26	4.07	3.59
孟加拉国	0.52	0.43	0.29	1.45	1.43	1.48	1.46
秘鲁	1.26	0.68	0.72	5.49	7.07	7.07	7.02
缅甸	0.99	0.69	0.53	1.30	2.11	2.26	1.89
摩尔多瓦	2.98	1.93	1.79	4.96	6.38	6.44	7.07
摩洛哥	1.36	1.56	1.55	4.28	5.10	4.93	4.87
莫桑比克	1.60	1.68	1.46	1.89	1.76	1.76	1.88
墨西哥	0.67	0.43	1.18	4.02	4.40	4.41	4.50
纳米比亚	2.93	2.55	1.84	3.26	3.67	4.04	4.51
南非	0.69	0.30	0.45	2.93	3.68	3.74	3.77
尼加拉瓜	0.13	2.51	3.23	3.18	4.93	4.87	4.60
尼日尔	0.75	1.03	0.95	1.20	2.02	2.20	3.41
尼日利亚	3.18	2.59	1.53	1.71	1.82	1.92	2.00
挪威	0.52	0.50	0.60	0.97	1.55	1.77	1.83
葡萄牙	1.47	0.93	0.61	4.51	4.83	5.21	5.60
日本	0.63	0.54	0.73	2.21	2.33	2.34	2.38
瑞典	1.08	0.91	0.96	1.74	2.33	2.33	2.35
瑞士	0.31	0.52	0.60	1.86	2.26	2.28	2.21

续表

国家	年份						
	2017	2018	2019	2020	2021	2022	2023
萨尔瓦多	—	—	—	—	—	5.88	5.88
塞尔维亚	—	—	—	—	—	2.69	2.72
塞内加尔	1.72	0.45	0.90	2.12	2.10	1.76	1.56
塞浦路斯	4.82	2.51	1.05	4.34	4.24	4.08	4.07
沙特阿拉伯	1.73	1.62	1.61	2.30	2.60	3.77	4.70
斯里兰卡	0.68	1.54	2.32	3.58	3.35	2.35	3.78
斯洛伐克	—	—	—	—	—	2.94	2.70
斯洛文尼亚	1.92	0.99	0.93	3.37	4.14	4.22	4.28
苏丹	1.43	2.64	3.02	2.92	1.84	1.72	1.72
塔吉克斯坦	0.47	0.44	0.45	1.42	1.83	1.89	1.97
泰国	1.07	1.18	0.76	3.95	3.84	3.66	3.42
坦桑尼亚	0.26	0.28	0.30	1.34	1.37	1.37	1.13
突尼斯	0.74	0.82	0.63	4.26	4.49	4.49	4.48
土耳其	1.83	1.69	2.38	2.28	3.94	3.74	3.68
土库曼斯坦	1.89	2.07	2.54	2.74	3.26	2.71	3.55
危地马拉	0.65	0.65	0.54	2.07	3.10	3.10	3.11
委内瑞拉	7.03	0.65	0.60	3.61	4.05	5.38	5.41
乌干达	0.67	2.57	2.69	3.55	3.21	3.07	3.03
乌克兰	4.95	1.94	1.88	2.68	2.77	2.81	12.21
乌拉圭	1.48	1.04	0.62	2.91	3.45	4.03	4.32
乌兹别克斯坦	1.17	1.02	0.91	1.48	1.82	1.80	1.81
西班牙	1.87	0.82	0.62	5.23	5.53	5.68	5.99
希腊	1.38	0.80	0.95	4.10	5.57	5.85	6.10
新加坡	0.70	0.55	1.18	3.18	3.96	3.84	3.83
新西兰	0.41	0.19	0.36	2.24	2.54	2.50	2.45
匈牙利	1.06	0.99	1.01	3.58	4.04	4.14	4.09
牙买加	—	—	—	—	—	5.18	5.43

续表

国家	2017	2018	2019	2020	2021	2022	2023
亚美尼亚	2.32	2.41	2.70	5.60	5.57	5.50	6.64
伊拉克	5.53	2.74	2.67	6.44	6.53	6.82	6.99
伊朗	5.19	3.47	3.59	3.46	2.79	2.81	2.38
以色列	0.69	0.71	0.72	2.45	3.33	3.46	3.57
意大利	1.24	0.56	0.41	4.07	5.10	5.22	5.39
印度	0.70	0.37	1.32	5.20	5.44	5.44	5.50
印度尼西亚	0.23	0.10	0.10	2.86	2.78	2.81	2.83
英国	0.42	0.45	0.37	4.49	5.45	5.56	5.70
约旦	0.49	0.54	0.21	1.42	1.44	1.48	1.54
越南	0.50	0.27	0.17	1.62	2.12	2.13	2.29
赞比亚	0.78	0.59	0.92	2.56	2.69	2.64	2.76
智利	0.99	0.92	1.07	3.38	5.68	5.66	5.61

数据来源：WDI，CEIC。

表5　　　　　　　　　　　贸易开放度　　　　　　　　　（单位:%）

国家	2016	2017	2018	2019	2020	2021	2022
阿尔巴尼亚	74.81	78.19	76.86	76.85	61.33	74.52	78.10
阿尔及利亚	55.93	55.32	57.90	52.03	45.23	50.25	45.90
阿根廷	26.09	25.29	31.17	32.63	30.50	33.43	28.90
阿联酋	176.75	175.00	159.73	160.94	162.21	184.00	175.60
阿曼	78.78	86.41	90.45	90.00	73.00	93.92	104.30
阿塞拜疆	90.08	90.40	91.67	85.82	72.16	76.57	68.20
埃及	30.25	45.13	48.28	43.24	33.96	31.37	49.70
埃塞俄比亚	34.90	31.10	31.20	28.82	24.02	24.26	22.10
爱尔兰	227.40	220.15	217.43	252.34	239.95	229.40	247.90
爱沙尼亚	150.41	147.56	146.34	143.94	141.87	160.79	150.80

续表

国家	年份						
	2016	2017	2018	2019	2020	2021	2022
安哥拉	53.37	52.26	66.38	64.29	62.62	52.92	62.50
奥地利	100.98	104.94	108.11	107.78	101.65	110.99	113.40
澳大利亚	40.78	41.82	43.26	45.71	43.98	40.02	50.50
巴布亚新几内亚	—	—	—	—	—	23.50	47.70
巴基斯坦	25.31	25.85	29.04	30.44	26.21	29.92	27.80
巴拉圭	67.79	71.48	72.53	71.36	65.27	71.72	69.70
巴林	139.62	143.09	151.41	142.36	130.90	155.20	168.60
巴拿马	87.41	87.43	89.69	84.16	71.30	92.70	72.20
巴西	24.53	24.32	28.88	28.46	32.35	39.18	36.10
白俄罗斯	125.21	133.37	139.39	130.85	120.68	138.74	137.90
保加利亚	123.14	130.22	129.09	125.17	110.57	124.99	140.90
比利时	—	—	—	—	—	172.67	186.70
冰岛	88.33	86.98	89.95	84.09	69.21	78.39	86.70
波兰	100.08	104.55	107.42	106.36	104.50	117.62	108.20
玻利维亚	56.40	56.70	57.11	56.40	59.29	59.02	48.60
博茨瓦纳	96.76	75.60	79.51	75.70	76.03	94.48	91.40
布基纳法索	57.89	59.27	60.30	56.73	54.70	58.40	60.40
丹麦	100.17	102.98	106.97	110.61	103.31	112.43	121.80
德国	84.77	87.24	88.43	87.60	81.11	89.39	91.70
多哥	66.88	58.14	56.69	54.37	52.95	57.54	57.10
俄罗斯	46.52	46.88	51.58	49.44	46.08	52.13	50.10
厄瓜多尔	38.52	42.42	46.36	46.08	43.29	51.39	55.10
法国	61.10	62.96	64.44	64.14	57.77	61.97	69.30
菲律宾	61.78	68.17	72.16	68.84	58.17	63.50	69.80
芬兰	70.90	75.05	78.19	79.53	72.03	77.63	88.70
哥伦比亚	36.20	35.28	36.53	37.52	33.65	40.58	43.30
哥斯达黎加	62.18	65.07	66.08	65.12	59.54	70.61	72.70

续表

国家	2016	2017	2018	2019	2020	2021	2022
哈萨克斯坦	60.31	56.83	63.53	64.86	57.11	58.96	61.40
韩国	73.60	77.12	78.99	77.00	70.08	79.76	92.00
荷兰	148.86	156.03	158.82	155.27	145.30	156.19	165.70
洪都拉斯	99.82	101.81	103.55	98.03	85.75	100.38	86.30
吉尔吉斯斯坦	105.82	100.62	98.88	99.37	83.01	108.39	91.70
几内亚	111.84	101.25	88.98	72.25	90.23	86.52	120.90
加拿大	65.36	65.10	66.58	65.43	59.96	61.23	68.70
加纳	70.01	73.84	71.94	71.11	68.00	58.43	61.90
柬埔寨	126.95	124.79	124.90	123.56	126.34	132.21	153.50
捷克	150.59	150.53	147.98	141.80	135.15	142.11	141.00
喀麦隆	43.20	41.19	43.01	44.87	36.61	37.39	36.30
卡塔尔	89.55	91.49	91.84	90.32	89.10	93.05	94.30
科威特	96.16	97.84	103.12	98.18	86.20	86.10	89.30
克罗地亚	94.12	99.15	101.25	104.17	90.55	103.76	126.30
肯尼亚	37.70	37.39	36.15	33.40	31.42	30.67	36.20
拉脱维亚	118.89	123.90	123.62	121.26	119.40	130.22	137.80
老挝	75.09	75.83	78.80	77.10	72.10	6.99	88.50
黎巴嫩	67.65	68.31	68.15	96.04	71.72	80.10	59.30
立陶宛	134.45	144.87	148.64	149.66	138.50	156.57	177.80
卢森堡	390.66	400.08	387.10	381.52	390.33	388.85	403.60
罗马尼亚	84.60	86.52	87.14	84.98	78.98	87.36	83.20
马达加斯加	60.83	65.34	63.59	59.56	53.61	52.63	73.10
马耳他	289.55	283.75	268.90	271.44	271.55	283.47	304.90
马来西亚	126.90	133.16	130.43	123.00	116.50	130.73	129.20
马里	63.76	58.07	60.14	61.06	59.78	69.79	66.40
美国	26.52	27.16	27.48	26.29	23.39	25.48	25.20
蒙古国	95.61	117.22	122.50	126.22	113.53	120.14	137.10

续表

国家	2016	2017	2018	2019	2020	2021	2022
孟加拉国	37.95	35.30	38.24	36.76	30.76	27.72	32.60
秘鲁	45.39	47.51	48.64	46.79	43.44	55.50	55.70
缅甸	61.02	62.45	60.69	52.04	56.44	53.15	41.30
摩尔多瓦	87.64	85.64	85.87	87.39	76.99	88.61	87.00
摩洛哥	80.86	84.00	87.98	87.14	78.62	83.97	89.50
莫桑比克	105.64	99.72	127.20	116.55	96.30	160.90	156.00
墨西哥	76.06	77.12	80.56	77.92	77.98	82.36	73.30
纳米比亚	93.97	81.22	81.60	81.89	74.51	81.27	73.20
南非	60.64	57.97	59.47	59.20	56.00	56.07	69.20
尼加拉瓜	93.81	96.38	93.98	94.57	89.47	106.23	115.40
尼日尔	36.29	39.07	37.51	37.79	33.20	37.66	35.20
尼日利亚	20.72	26.35	33.01	34.02	25.40	20.10	48.40
挪威	68.94	69.16	70.21	71.04	65.49	70.68	86.90
葡萄牙	79.27	84.44	86.43	86.71	75.43	87.05	101.50
日本	31.31	34.42	36.64	34.76	31.37	37.52	46.90
瑞典	82.32	84.93	89.13	91.43	84.53	88.16	108.30
瑞士	119.73	119.27	119.98	119.22	115.89	125.11	132.50
萨尔瓦多	—	—	—	—	—	84.37	85.00
塞尔维亚	—	—	—	—	—	116.76	125.40
塞内加尔	54.11	57.71	61.79	62.83	59.32	63.26	82.20
塞浦路斯	139.38	147.38	148.91	144.82	141.52	160.94	182.70
沙特阿拉伯	61.86	64.18	66.69	63.66	50.60	59.12	62.80
斯里兰卡	49.64	50.89	53.51	52.38	39.52	43.04	46.70
斯洛伐克	—	—	—	—	—	187.83	149.00
斯洛文尼亚	146.66	157.27	161.19	159.28	146.54	161.74	170.60
苏丹	16.14	18.95	21.83	26.20	9.96	4.13	1.30
塔吉克斯坦	54.42	53.79	55.85	56.05	55.27	61.10	62.60

续表

国家	年份						
	2016	2017	2018	2019	2020	2021	2022
泰国	120.58	120.89	120.88	109.63	97.93	116.68	129.00
坦桑尼亚	35.42	32.24	32.64	32.96	29.60	31.38	39.10
突尼斯	90.78	100.00	109.96	107.91	91.00	92.29	93.10
土耳其	48.33	55.76	62.55	62.68	60.89	71.21	83.20
土库曼斯坦	62.05	53.58	35.16	25.70	15.80	19.20	15.00
危地马拉	46.37	46.07	47.09	45.60	41.84	49.46	53.20
委内瑞拉	59.41	67.15	104.30	89.30	75.40	68.00	88.90
乌干达	31.34	36.84	36.65	39.57	34.77	42.02	46.10
乌克兰	105.52	103.72	99.12	90.41	79.13	82.62	85.60
乌拉圭	48.57	46.80	47.83	49.61	46.37	56.81	59.50
乌兹别克斯坦	29.75	45.68	66.63	72.25	63.05	63.88	73.10
西班牙	63.77	66.69	67.61	66.98	59.77	68.33	75.10
希腊	64.11	71.48	80.03	81.82	71.33	89.18	105.70
新加坡	303.32	315.74	325.34	323.52	320.56	338.31	334.40
新西兰	52.32	53.91	55.49	54.09	47.00	47.68	51.60
匈牙利	164.31	165.20	163.37	161.76	157.17	161.91	146.80
牙买加	—	—	—	—	—	73.36	109.20
亚美尼亚	76.08	87.20	92.47	95.74	70.06	78.01	124.50
伊拉克	54.59	58.71	70.48	72.46	70.49	61.82	62.10
伊朗	43.21	48.78	65.05	56.17	36.15	44.37	55.50
以色列	58.62	57.41	59.67	57.31	52.07	54.97	58.60
意大利	55.37	58.60	60.30	60.11	55.32	63.06	67.80
印度	40.08	40.74	43.60	39.39	36.47	43.68	53.80
印度尼西亚	37.42	39.36	43.07	37.45	33.19	40.42	44.70
英国	58.28	61.66	62.97	63.40	55.09	55.24	63.90
约旦	88.72	90.16	88.53	85.69	65.37	82.21	106.50
越南	184.69	200.38	208.31	210.40	209.32	206.96	191.40

续表

国家	2016	2017	2018	2019	2020	2021	2022
赞比亚	73.96	71.59	74.89	68.79	78.20	90.61	78.70
智利	55.69	55.65	57.32	56.87	57.84	64.43	63.60

数据来源：WDI，UNCTAD。

表6　　　　　　　　　　　投资开放度（存量）　　　　　　　　（单位:%）

国家	2016	2017	2018	2019	2020	2021	2022
阿尔巴尼亚	45.46	55.40	54.31	59.33	73.75	62.32	67.60
阿尔及利亚	18.58	18.19	18.96	20.26	25.26	22.15	18.71
阿根廷	20.56	18.92	22.08	25.16	32.12	29.41	25.49
阿联酋	64.29	63.82	69.80	74.99	99.32	92.43	88.05
阿曼	44.26	48.62	48.98	56.76	76.64	72.59	47.21
阿塞拜疆	120.76	125.67	115.49	120.93	139.92	108.61	80.56
埃及	40.54	60.01	50.24	42.47	39.34	36.06	39.61
埃塞俄比亚	20.90	24.87	27.94	26.91	29.31	32.82	33.29
爱尔兰	566.59	602.58	522.21	561.55	609.60	540.83	507.10
爱沙尼亚	107.00	118.09	107.93	120.61	146.82	133.64	104.99
安哥拉	33.12	29.04	28.40	26.14	33.83	19.35	28.33
奥地利	87.89	101.91	91.59	97.00	99.92	93.12	97.52
澳大利亚	79.91	84.94	82.28	95.09	105.43	80.94	79.05
巴布亚新几内亚	—	—	—	—	—	15.93	15.62
巴基斯坦	15.82	14.15	12.70	14.30	14.72	11.88	10.64
巴拉圭	14.95	15.95	15.88	16.57	19.15	20.94	25.41
巴林	139.64	131.69	128.76	129.18	149.12	136.97	127.43
巴拿马	85.77	86.34	90.79	95.68	121.68	109.70	95.53
巴西	42.70	41.98	41.48	51.56	62.30	55.40	61.04
白俄罗斯	40.64	26.34	24.06	25.14	27.13	24.67	23.57

续表

国家	年份						
	2016	2017	2018	2019	2020	2021	2022
保加利亚	83.88	90.89	80.18	82.10	93.45	76.59	68.24
比利时	—	—	—	—	—	219.49	206.74
冰岛	77.11	62.88	54.32	56.93	61.39	50.70	44.86
波兰	45.83	51.20	43.27	43.69	46.32	44.42	43.59
玻利维亚	35.93	34.60	31.48	30.87	29.57	30.31	25.00
博茨瓦纳	38.29	36.86	32.62	35.26	40.17	34.63	35.16
布基纳法索	18.47	19.22	18.14	19.00	20.71	16.61	14.31
丹麦	85.95	96.65	91.17	96.88	107.17	107.79	102.83
德国	62.36	70.96	66.81	70.20	80.12	77.59	72.02
多哥	59.13	64.38	53.57	56.93	82.44	55.13	41.89
俄罗斯	57.58	52.60	45.23	53.19	55.65	57.01	33.00
厄瓜多尔	16.67	16.57	17.36	18.27	21.57	20.43	19.15
法国	79.90	86.86	82.99	88.20	103.25	85.64	85.43
菲律宾	35.55	40.88	40.77	42.47	48.39	46.34	44.56
芬兰	78.50	84.19	72.81	86.26	96.84	80.89	88.23
哥伦比亚	76.49	75.37	74.93	83.25	102.70	91.74	89.89
哥斯达黎加	64.87	69.31	72.32	76.58	82.93	98.71	82.46
哈萨克斯坦	121.12	100.08	93.15	92.18	100.46	87.89	79.73
韩国	33.27	36.33	37.25	42.37	46.97	45.04	45.00
荷兰	415.68	442.06	379.94	394.84	734.27	589.46	597.00
洪都拉斯	73.34	75.26	76.84	75.45	81.57	73.25	67.52
吉尔吉斯斯坦	77.00	51.49	48.39	62.13	69.07	73.39	35.00
几内亚	44.86	42.99	43.92	39.14	37.63	29.14	26.50
加拿大	143.53	150.44	129.20	159.81	186.46	187.15	163.37
加纳	54.99	56.82	55.83	61.28	63.55	56.25	59.95
柬埔寨	124.89	125.89	127.64	129.62	141.94	157.75	158.97
捷克	71.98	86.15	82.45	86.35	101.51	99.97	89.00

续表

国家	年份						
	2016	2017	2018	2019	2020	2021	2022
喀麦隆	19.25	22.95	22.02	24.49	25.01	24.92	16.57
卡塔尔	50.21	45.18	38.78	41.34	50.62	40.50	34.17
科威特	41.31	39.74	33.71	35.58	43.69	36.86	33.34
克罗地亚	51.55	53.20	47.11	50.33	59.52	68.75	63.93
肯尼亚	8.98	8.62	9.83	9.83	10.23	9.82	10.23
拉脱维亚	57.97	65.20	57.57	58.86	68.48	76.37	70.32
老挝	40.83	47.74	52.19	53.27	57.03	64.10	82.00
黎巴嫩	145.42	147.35	148.46	157.31	36.74	133.68	224.73
立陶宛	46.23	50.15	45.15	46.96	51.74	61.64	48.51
卢森堡	681.26	709.30	536.90	486.01	2067.05	2691.00	3343.33
罗马尼亚	39.97	43.33	39.01	40.64	44.51	39.59	40.23
马达加斯加	56.31	58.11	59.51	62.14	68.32	68.45	68.45
马耳他	2078.01	2185.73	1883.29	1871.09	2198.91	1818.09	1627.86
马来西亚	82.34	86.56	76.03	79.48	90.12	86.97	82.98
马里	24.65	29.62	28.11	31.16	35.51	35.13	35.81
美国	68.43	79.51	66.19	79.15	89.98	64.23	72.00
蒙古国	149.58	162.05	158.34	167.62	191.59	176.82	197.24
孟加拉国	6.70	6.06	6.44	6.02	6.12	6.02	4.98
秘鲁	52.72	51.63	52.19	54.88	62.64	58.49	57.06
缅甸	35.04	40.85	42.60	44.44	39.04	75.50	68.12
摩尔多瓦	38.26	39.00	37.20	41.50	43.77	38.62	37.00
摩洛哥	57.38	62.49	58.90	60.98	70.28	61.71	51.48
莫桑比克	299.26	287.78	274.35	280.45	319.08	311.12	302.62
墨西哥	54.03	58.39	55.24	58.91	72.80	59.77	59.78
纳米比亚	67.15	67.63	58.41	64.05	67.30	57.10	75.47
南非	104.98	123.02	104.59	102.51	127.97	104.40	92.08
尼加拉瓜	63.95	67.07	74.69	79.87	83.29	87.89	84.63

续表

国家	2016	2017	2018	2019	2020	2021	2022
尼日尔	53.71	59.77	53.54	57.91	62.80	56.34	60.13
尼日利亚	24.16	25.84	24.67	22.88	25.38	22.95	21.96
挪威	94.34	88.59	83.86	85.66	95.99	72.63	69.18
葡萄牙	95.90	106.26	88.10	94.79	106.93	93.10	95.41
日本	30.71	34.93	35.79	39.43	44.63	45.24	51.76
瑞典	130.51	139.41	132.55	141.53	162.58	134.12	141.75
瑞士	373.69	401.04	391.37	400.02	419.94	416.69	288.00
萨尔瓦多	—	—	—	—	—	36.94	38.75
塞尔维亚	—	—	—	—	—	79.47	88.39
塞内加尔	22.86	26.97	27.03	30.86	38.94	42.31	46.84
塞浦路斯	3806.83	4047.84	3546.31	3712.28	4117.08	3048.58	295.24
沙特阿拉伯	47.37	45.31	42.77	45.43	52.81	49.69	41.10
斯里兰卡	13.43	13.87	15.84	17.33	17.71	23.59	21.48
斯洛伐克	—	—	—	—	—	68.35	56.00
斯洛文尼亚	44.09	49.19	45.16	46.96	54.99	47.47	47.98
苏丹	28.40	21.74	57.21	81.66	38.72	114.65	62.37
塔吉克斯坦	36.47	37.98	38.50	38.71	40.95	42.87	35.48
泰国	67.35	73.07	69.26	72.66	85.54	90.42	97.42
坦桑尼亚	25.16	24.67	24.83	24.70	23.82	23.69	25.46
突尼斯	70.34	75.42	68.44	82.82	90.68	78.78	86.00
土耳其	21.64	28.27	24.49	27.75	36.74	36.43	24.00
土库曼斯坦	88.31	89.74	88.40	79.03	74.04	79.33	61.00
危地马拉	22.61	22.90	23.34	23.75	25.08	27.79	27.16
委内瑞拉	17.22	19.19	23.80	38.87	51.42	71.82	43.00
乌干达	44.34	44.54	44.23	44.14	43.85	39.40	39.07
乌克兰	51.40	42.73	35.70	35.72	34.07	39.93	33.74
乌拉圭	69.97	65.85	64.51	70.19	87.46	62.98	59.95

续表

国家	2016	2017	2018	2019	2020	2021	2022
乌兹别克斯坦	10.81	17.30	18.23	16.88	18.07	17.37	17.28
西班牙	91.77	101.67	94.61	99.71	115.39	100.31	95.60
希腊	22.11	26.74	26.02	31.36	38.88	28.30	29.64
新加坡	620.04	733.33	687.88	767.18	910.39	870.58	906.54
新西兰	46.14	45.32	44.85	47.53	53.38	47.01	46.17
匈牙利	83.85	85.23	75.15	76.31	89.33	77.66	87.56
牙买加	—	—	—	—	—	126.91	121.23
亚美尼亚	49.74	46.78	49.62	45.35	45.29	44.56	39.44
伊拉克	1.45	1.30	1.24	1.27	1.74	1.56	-38.73
伊朗	12.27	12.43	12.94	10.16	8.26	22.79	11.00
以色列	63.37	64.74	67.15	70.13	75.99	75.36	68.27
意大利	43.13	49.56	47.25	49.99	57.39	48.12	48.91
印度	20.19	20.28	19.93	20.98	25.06	22.72	21.05
印度尼西亚	33.16	29.28	28.64	28.24	31.07	29.94	27.85
英国	112.45	140.14	130.15	141.91	157.48	150.16	159.72
约旦	82.16	84.21	83.21	81.83	85.43	83.01	81.03
越南	60.88	62.37	63.48	65.76	70.07	56.25	56.00
赞比亚	95.47	82.80	81.54	92.29	117.33	102.81	56.84
智利	149.68	145.51	133.31	144.51	163.55	83.92	130.08

数据来源：UNCTAD。

表7　　　　　　　　　　　Chinn-Ito 指数

国家	2015	2016	2017	2018	2019	2020	2021
阿尔巴尼亚	0.42	0.42	0.42	0.42	0.42	0.42	0.42
阿尔及利亚	0.16	0.16	0.16	0.16	0.16	0.16	0.16
阿根廷	0	0.16	0.76	0.82	0.28	0.55	0.55

续表

国家	年份						
	2015	2016	2017	2018	2019	2020	2021
阿联酋	1.00	1.00	1.00	1.00	1.00	1.00	1.00
阿曼	1.00	1.00	1.00	1.00	1.00	1.00	1.00
阿塞拜疆	0.46	0.46	0.46	0.46	0.46	0.46	0.46
埃及	0.16	0.16	0.42	0.42	0.42	0.42	0.42
埃塞俄比亚	0.16	0.16	0.16	0.16	0.16	0.16	0.16
爱尔兰	1.00	1.00	1.00	1.00	1.00	1.00	1.00
爱沙尼亚	1.00	1.00	1.00	1.00	1.00	1.00	1.00
安哥拉	0	0	0	0	0	0	0
奥地利	1.00	1.00	1.00	1.00	1.00	1.00	1.00
澳大利亚	0.94	1.00	1.00	1.00	1.00	1.00	1.00
巴布亚新几内亚	—	—	—	—	—	0	0
巴基斯坦	0.16	0.16	0.16	0.16	0.16	0.16	0.16
巴拉圭	0.45	0.45	0.45	0.45	0.45	0.45	0.45
巴林	1.00	1.00	1.00	1.00	1.00	1.00	1.00
巴拿马	1.00	1.00	1.00	1.00	1.00	1.00	1.00
巴西	0.16	0.16	0.16	0.16	0.16	0.16	0.16
白俄罗斯	0	0.16	0.16	0.16	0.16	0.16	0.16
保加利亚	1.00	1.00	1.00	0.75	0.69	0.72	0.72
比利时	—	—	—	—	—	0	0
冰岛	0.16	0.45	0.70	0.70	0.76	0.73	0.73
波兰	0.70	0.70	0.70	0.70	0.70	0.70	0.70
玻利维亚	0.45	0.45	0.45	0.45	0.45	0.45	0.45
博茨瓦纳	1.00	1.00	1.00	1.00	1.00	1.00	1.00
布基纳法索	0.16	0.16	0.16	0.16	0.16	0.16	0.16
丹麦	1.00	1.00	1.00	1.00	1.00	1.00	1.00
德国	1.00	1.00	1.00	1.00	1.00	1.00	1.00
多哥	0.16	0.16	0.16	0.16	0.16	0.16	0.16

续表

国家	\multicolumn{7}{c}{年份}
	2015	2016	2017	2018	2019	2020	2021
俄罗斯	0.72	0.66	0.60	0.54	0.48	0.51	0.51
厄瓜多尔	0.70	0.70	0.70	0.70	0.70	0.70	0.70
法国	1.00	1.00	1.00	1.00	1.00	1.00	1.00
菲律宾	0.45	0.45	0.45	0.45	0.45	0.45	0.45
芬兰	1.00	1.00	1.00	1.00	1.00	1.00	1.00
哥伦比亚	0.42	0.42	0.42	0.42	0.42	0.42	0.42
哥斯达黎加	1.00	1.00	1.00	1.00	1.00	1.00	1.00
哈萨克斯坦	0.16	0.16	0.16	0.16	0.22	0.19	0.19
韩国	0.72	1.00	1.00	1.00	1.00	1.00	1.00
荷兰	1.00	1.00	1.00	1.00	1.00	1.00	1.00
洪都拉斯	0.16	0.16	0.16	0.16	0.16	0.16	0.16
吉尔吉斯斯坦	0.28	0.54	0.54	0.54	0.54	0.54	0.54
几内亚	0	0	0	0	0	0	0
加拿大	1.00	1.00	1.00	1.00	1.00	1.00	1.00
加纳	0	0	0	0	0	0	0
柬埔寨	1.00	1.00	1.00	1.00	1.00	1.00	1.00
捷克	1.00	1.00	1.00	1.00	1.00	1.00	1.00
喀麦隆	0.16	0.16	0.16	0.16	0.16	0.16	0.16
卡塔尔	1.00	1.00	1.00	1.00	1.00	1.00	1.00
科威特	0.70	0.70	0.70	0.70	0.70	0.70	0.70
克罗地亚	0.70	0.70	0.70	0.70	0.70	0.70	0.70
肯尼亚	0.70	0.70	0.70	0.70	0.70	0.70	0.70
拉脱维亚	1.00	1.00	1.00	1.00	1.00	1.00	1.00
老挝	0.16	0.16	0.16	0.16	0.16	0.16	0.16
黎巴嫩	0.45	0.45	0.45	0.45	0.45	0.45	0.45
立陶宛	0.76	0.82	0.88	0.94	1.00	0.97	0.97
卢森堡	1.00	1.00	1.00	1.00	1.00	1.00	1.00

续表

国家	年份						
	2015	2016	2017	2018	2019	2020	2021
罗马尼亚	1.00	1.00	1.00	1.00	1.00	1.00	1.00
马达加斯加	0.42	0.16	0.16	0.16	0.16	0.16	0.16
马耳他	1.00	1.00	1.00	1.00	1.00	1.00	1.00
马来西亚	0.42	0.42	0.42	0.42	0.42	0.42	0.42
马里	0.16	0.16	0.16	0.16	0.16	0.16	0.16
美国	1.00	1.00	1.00	1.00	1.00	1.00	1.00
蒙古国	0.84	0.84	0.84	0.84	0.84	0.84	0.84
孟加拉国	0.16	0.16	0.16	0.16	0.16	0.16	0.16
秘鲁	1.00	1.00	1.00	1.00	1.00	1.00	1.00
缅甸	0	0	0	0	0	0	0
摩尔多瓦	0.16	0.16	0.16	0.16	0.16	0.16	0.16
摩洛哥	0.16	0.16	0.16	0.16	0.16	0.16	0.16
莫桑比克	0.16	0.16	0.16	0.16	0.16	0.16	0.16
墨西哥	0.70	0.70	0.70	0.70	0.70	0.70	0.70
纳米比亚	0.16	0.16	0.16	0.16	0.16	0.16	0.16
南非	0.16	0.16	0.16	0.16	0.16	0.16	0.16
尼加拉瓜	1.00	1.00	1.00	1.00	1.00	1.00	1.00
尼日尔	0.16	0.16	0.16	0.16	0.16	0.16	0.16
尼日利亚	0.30	0.30	0.30	0.30	0.30	0.30	0.30
挪威	1.00	1.00	1.00	1.00	1.00	1.00	1.00
葡萄牙	1.00	1.00	1.00	1.00	1.00	1.00	1.00
日本	1.00	1.00	1.00	1.00	1.00	1.00	1.00
瑞典	1.00	1.00	1.00	1.00	1.00	1.00	1.00
瑞士	1.00	1.00	1.00	1.00	1.00	1.00	1.00
萨尔瓦多	—	—	—	—	—	0	0
塞尔维亚	—	—	—	—	—	0	0
塞内加尔	0.16	0.16	0.16	0.16	0.16	0.16	0.16

续表

国家	年份						
	2015	2016	2017	2018	2019	2020	2021
塞浦路斯	0.88	0.88	0.94	1.00	1.00	1.00	1.00
沙特阿拉伯	0.70	0.70	0.70	0.70	0.70	0.70	0.70
斯里兰卡	0.16	0.16	0.16	0.16	0.16	0.16	0.16
斯洛伐克	—	—	—	—	—	0	0
斯洛文尼亚	0.70	0.70	0.70	0.70	0.70	0.70	0.70
苏丹	0.30	0.30	0.55	0.55	0.55	0.55	0.55
塔吉克斯坦	0	0	0.16	0.22	0.12	0.17	0.17
泰国	0.16	0.16	0.16	0.16	0.42	0.29	0.29
坦桑尼亚	0.16	0.16	0.16	0.16	0.16	0.16	0.16
突尼斯	0.16	0.16	0.16	0.16	0.16	0.16	0.16
土耳其	0.45	0.45	0.45	0.16	0.16	0.16	0.16
土库曼斯坦	0.16	0.16	0.16	0.16	0.16	0.16	0.16
危地马拉	1.00	1.00	1.00	1.00	1.00	1.00	1.00
委内瑞拉	0	0	0	0	0	0	0
乌干达	1.00	1.00	1.00	1.00	1.00	1.00	1.00
乌克兰	0	0	0	0	0	0	0
乌拉圭	1.00	1.00	1.00	1.00	1.00	1.00	1.00
乌兹别克斯坦	0	0	0	0.16	0.16	0.16	0.16
西班牙	1.00	1.00	1.00	1.00	1.00	1.00	1.00
希腊	0.75	0.75	0.75	0.75	1.00	0.87	0.87
新加坡	1.00	1.00	1.00	1.00	1.00	1.00	1.00
新西兰	1.00	1.00	1.00	1.00	1.00	1.00	1.00
匈牙利	1.00	1.00	1.00	1.00	1.00	1.00	1.00
牙买加	—	—	—	—	—	0	0
亚美尼亚	1.00	0.84	0.84	0.84	0.84	0.84	0.84
伊拉克	0.28	0.28	0	0	0	0	0
伊朗	0.28	0.28	0	0	0	0	0

续表

国家	年份						
	2015	2016	2017	2018	2019	2020	2021
以色列	1.00	1.00	1.00	1.00	1.00	1.00	1.00
意大利	1.00	1.00	1.00	1.00	1.00	1.00	1.00
印度	0.16	0.16	0.16	0.16	0.16	0.16	0.16
印度尼西亚	0.42	0.42	0.42	0.42	0.42	0.42	0.42
英国	1.00	1.00	1.00	1.00	1.00	1.00	1.00
约旦	1.00	1.00	1.00	1.00	1.00	1.00	1.00
越南	0.42	0.42	0.42	0.42	0.42	0.42	0.42
赞比亚	1.00	1.00	1.00	1.00	1.00	1.00	1.00
智利	0.70	0.70	0.70	0.70	0.70	0.70	0.70

数据来源：Bloomberg。

表8　　　　　　　　　　　通货膨胀率　　　　　　　　　（单位:%）

国家	年份						
	2017	2018	2019	2020	2021	2022	2023
阿尔巴尼亚	1.99	2.03	1.41	1.62	2.04	6.24	4.70
阿尔及利亚	5.59	4.27	1.95	2.42	7.23	9.74	9.20
阿根廷	25.68	34.28	53.55	42.02	48.41	72.37	135.20
阿联酋	1.97	3.07	-1.93	-2.08	0.18	5.22	2.90
阿曼	1.60	0.88	0.13	-0.90	1.55	3.11	0.70
阿塞拜疆	12.84	2.33	2.71	2.82	6.66	12.24	9.50
埃及	23.53	20.85	13.88	5.70	4.50	8.50	37.50
埃塞俄比亚	10.69	13.83	15.81	20.35	26.78	33.64	30.80
爱尔兰	0.26	0.72	0.86	-0.45	2.41	8.40	6.30
爱沙尼亚	3.65	3.41	2.27	-0.63	4.49	21.00	9.30
安哥拉	29.84	19.63	17.08	22.28	25.77	21.69	12.60
奥地利	2.23	2.12	1.49	1.39	2.75	7.73	7.70
澳大利亚	2.00	1.93	1.57	0.89	2.82	6.50	5.60

续表

国家	年份						
	2017	2018	2019	2020	2021	2022	2023
巴布亚新几内亚	—	—	—	—	—	6.60	1.80
巴基斯坦	4.15	3.93	6.74	10.74	8.90	12.15	33.40
巴拉圭	3.61	3.97	2.76	1.77	4.79	9.48	4.70
巴林	1.39	2.09	1.01	-2.32	-0.61	3.50	0.30
巴拿马	0.88	0.76	-0.36	-1.55	1.63	3.94	1.60
巴西	3.45	3.67	3.73	3.21	8.30	9.41	4.60
白俄罗斯	6.03	4.87	5.60	5.54	9.45	16.51	4.90
保加利亚	1.19	2.63	2.46	1.22	2.84	12.40	9.50
比利时	—	—	—	—	—	9.47	2.60
冰岛	1.77	2.68	3.01	2.85	4.46	8.43	8.80
波兰	1.97	1.77	2.24	3.38	5.12	13.81	11.40
玻利维亚	2.82	2.27	1.84	0.94	0.74	3.19	2.80
博茨瓦纳	3.30	3.24	2.75	1.89	6.69	11.16	5.20
布基纳法索	1.48	1.96	-3.23	1.89	3.86	14.20	1.10
丹麦	1.06	0.71	0.73	0.33	1.94	7.20	3.80
德国	1.70	1.94	1.35	0.37	3.21	8.46	6.10
多哥	-0.22	0.93	0.69	1.83	4.32	5.59	6.20
俄罗斯	3.68	2.88	4.47	3.38	6.69	13.77	5.90
厄瓜多尔	0.42	-0.22	0.27	-0.34	0.13	3.21	2.40
法国	1.17	2.10	1.30	0.53	2.06	5.81	5.70
菲律宾	2.85	5.31	2.39	2.39	3.93	5.32	5.70
芬兰	0.84	1.17	1.14	0.38	2.07	6.55	4.70
哥伦比亚	4.31	3.24	3.52	2.52	3.50	9.75	11.60
哥斯达黎加	1.63	2.22	2.10	0.73	1.73	8.87	0.60
哈萨克斯坦	7.43	6.03	5.24	6.80	8.00	13.97	14.50
韩国	1.94	1.48	0.38	0.54	2.50	5.49	3.60
荷兰	1.29	1.60	2.67	1.12	2.83	11.98	4.50

续表

国家	2017	2018	2019	2020	2021	2022	2023
洪都拉斯	3.93	4.35	4.37	3.47	4.48	8.62	6.70
吉尔吉斯斯坦	3.18	1.54	1.14	6.32	11.91	13.55	10.70
几内亚	8.91	9.83	9.47	10.60	12.60	12.72	7.60
加拿大	1.60	2.27	1.95	0.72	3.40	6.90	4.00
加纳	12.37	9.84	7.14	9.89	9.98	27.18	39.00
柬埔寨	2.91	2.46	1.94	2.94	2.92	5.21	2.20
捷克	2.45	2.15	2.85	3.16	3.84	16.34	10.40
喀麦隆	0.64	1.06	2.46	2.45	2.26	4.58	7.80
卡塔尔	0.40	0.30	-0.70	-2.72	2.25	4.48	2.60
科威特	1.51	0.58	1.10	2.11	3.40	4.32	3.70
克罗地亚	1.13	1.50	0.77	0.11	2.61	9.76	8.00
肯尼亚	7.99	4.69	5.24	5.29	6.11	7.38	7.80
拉脱维亚	2.89	2.55	2.75	0.08	3.24	16.45	9.20
老挝	0.83	2.04	3.32	5.10	3.75	15.00	27.90
黎巴嫩	4.49	6.06	2.89	84.88	154.00	54.67	218.40
立陶宛	3.72	2.53	2.24	1.06	4.63	17.61	9.20
卢森堡	2.11	2.02	1.65	0.01	3.47	8.39	3.00
罗马尼亚	1.34	4.63	3.83	2.65	5.05	13.34	10.40
马达加斯加	8.59	8.60	5.62	4.19	5.82	9.80	10.10
马耳他	1.26	1.74	1.52	0.79	0.71	5.87	5.30
马来西亚	3.80	0.97	0.66	-1.14	2.48	3.23	2.60
马里	2.39	1.91	-3.03	0.48	3.81	8.00	2.60
美国	2.13	2.44	1.81	1.25	4.69	8.05	4.10
蒙古国	4.32	6.83	7.26	3.72	7.11	14.83	10.70
孟加拉国	5.44	5.78	5.48	5.65	5.56	6.15	9.50
秘鲁	2.80	1.32	2.14	1.83	3.98	7.46	6.50
缅甸	4.62	5.94	8.63	5.73	3.64	16.16	12.40

续表

国家	年份						
	2017	2018	2019	2020	2021	2022	2023
摩尔多瓦	6.51	3.59	4.85	3.77	5.10	28.48	15.10
摩洛哥	0.74	1.57	0.24	0.62	1.40	6.20	6.40
莫桑比克	15.11	3.91	2.78	3.14	5.69	11.26	7.10
墨西哥	6.04	4.90	3.63	3.40	5.69	8.03	5.50
纳米比亚	6.15	4.29	3.72	2.21	3.62	6.40	5.60
南非	5.28	4.61	4.12	3.28	4.56	6.74	5.70
尼加拉瓜	3.85	4.95	5.38	3.68	4.92	9.94	8.30
尼日尔	0.19	2.75	-2.52	2.90	3.84	4.51	4.80
尼日利亚	16.50	12.09	11.40	13.25	16.95	18.91	25.10
挪威	1.88	2.77	2.17	1.29	3.48	4.70	5.80
葡萄牙	1.56	1.17	0.30	-0.12	0.94	7.90	5.40
日本	0.49	0.99	0.47	-0.03	-0.24	1.99	3.20
瑞典	1.87	2.04	1.72	0.66	2.65	7.24	6.00
瑞士	0.54	0.93	0.36	-0.73	0.58	3.06	2.20
萨尔瓦多	—	—	—	—	—	7.29	4.20
塞尔维亚	—	—	—	—	—	11.46	12.50
塞内加尔	1.14	0.46	1.02	2.53	2.18	7.50	7.10
塞浦路斯	0.68	0.78	0.55	-1.10	2.25	7.99	3.70
沙特阿拉伯	-0.84	2.46	-2.09	3.45	3.06	2.70	2.30
斯里兰卡	6.58	4.27	4.30	4.56	5.96	48.19	16.60
斯洛伐克	—	—	—	—	—	11.94	10.30
斯洛文尼亚	1.43	1.74	1.63	-0.05	1.91	8.92	7.60
苏丹	32.35	63.29	50.99	163.26	359.09	154.91	85.00
塔吉克斯坦	7.31	3.84	7.79	8.58	8.97	8.25	3.60
泰国	0.67	1.07	0.71	-0.85	1.23	6.33	1.60
坦桑尼亚	5.32	3.51	3.45	3.29	3.69	3.96	3.90
突尼斯	5.31	7.31	6.72	5.64	5.71	8.08	9.40

续表

国家	2017	2018	2019	2020	2021	2022	2023
土耳其	11.14	16.33	15.18	12.28	19.60	73.13	53.10
土库曼斯坦	8.04	13.30	5.09	7.58	14.95	17.50	11.70
危地马拉	4.43	3.75	3.70	3.21	4.26	6.37	6.00
委内瑞拉	438.12	65374.08	19906.02	2355.15	1588.51	210.00	341.50
乌干达	5.58	2.55	2.14	2.76	2.21	6.44	5.70
乌克兰	14.44	10.95	7.89	2.74	9.36	20.55	12.80
乌拉圭	6.22	7.61	7.88	9.76	7.75	9.11	5.90
乌兹别克斯坦	13.88	17.52	14.53	12.87	10.85	11.15	9.50
西班牙	1.96	1.68	0.70	-0.32	3.09	8.83	3.50
希腊	1.14	0.77	0.52	-1.26	0.57	9.17	3.80
新加坡	0.58	0.44	0.57	-0.18	2.31	5.54	4.80
新西兰	1.85	1.60	1.62	1.72	3.94	6.28	5.60
匈牙利	2.41	2.85	3.37	3.32	5.13	13.88	17.40
牙买加	—	—	—	—	—	9.00	6.60
亚美尼亚	1.19	2.49	1.44	1.23	7.20	8.54	1.90
伊拉克	0.18	0.37	-0.20	0.57	6.04	6.47	4.80
伊朗	9.64	30.22	34.62	36.44	40.13	39.99	44.00
以色列	0.25	0.82	0.84	-0.59	1.49	4.52	4.40
意大利	1.33	1.24	0.63	-0.15	1.94	8.74	6.30
印度	3.60	3.43	4.76	6.18	5.51	6.89	5.70
印度尼西亚	3.81	3.29	2.82	2.03	1.56	4.63	3.80
英国	2.68	2.48	1.79	0.85	2.59	9.12	6.80
约旦	3.61	4.45	0.68	0.40	1.32	3.80	2.10
越南	3.52	3.54	2.80	3.22	1.83	3.76	3.40
赞比亚	6.58	7.50	9.15	15.73	22.02	12.53	10.40
智利	2.18	2.32	2.25	3.04	4.52	11.63	7.50

数据来源：WEO。

表9　　　　　　　　　失业率　　　　　　　　（单位：%）

国家	2017	2018	2019	2020	2021	2022	2023
阿尔巴尼亚	12.30	11.47	11.68	12.00	12.50	11.82	11.00
阿尔及利亚	11.73	11.38	13.96	14.07	14.73	12.70	17.10
阿根廷	9.20	9.83	11.55	9.99	9.21	10.90	7.35
阿联酋	2.23	2.28	5.00	3.91	4.07	3.36	2.75
阿曼	1.80	1.84	4.97	3.71	3.90	3.12	1.90
阿塞拜疆	4.94	4.85	7.16	6.37	6.30	6.58	5.87
埃及	10.93	8.61	8.30	9.31	9.17	9.33	7.06
埃塞俄比亚	2.07	2.04	2.79	2.49	2.54	3.69	4.02
爱尔兰	5.77	4.98	5.83	7.76	6.95	6.63	4.06
爱沙尼亚	5.37	4.45	6.81	6.52	6.01	6.33	6.66
安哥拉	7.00	6.93	7.70	7.40	7.44	8.53	10.21
奥地利	5.21	4.83	5.40	6.40	6.00	6.30	5.11
澳大利亚	5.30	5.16	6.49	5.23	4.81	5.11	3.73
巴布亚新几内亚	—	—	—	—	—	2.75	2.80
巴基斯坦	5.55	4.08	4.50	5.00	4.80	4.35	8.50
巴拉圭	6.24	6.09	6.51	6.05	5.93	7.21	6.19
巴林	3.94	4.00	4.88	3.88	3.80	1.87	1.40
巴拿马	5.96	7.07	18.55	10.17	9.16	12.09	8.00
巴西	12.25	11.88	13.50	13.79	13.14	14.40	8.33
白俄罗斯	4.83	4.23	4.10	4.33	4.23	4.74	4.01
保加利亚	5.27	4.28	5.21	5.20	4.70	5.42	4.60
比利时	—	—	—	—	—	6.42	5.66
冰岛	3.10	3.93	6.43	7.00	5.00	5.40	3.39
波兰	3.85	3.28	3.16	3.45	3.21	3.37	2.79
玻利维亚	4.00	4.00	8.30	7.80	6.00	8.51	4.90
博茨瓦纳	17.32	17.21	17.70	17.52	17.54	24.72	23.62
布基纳法索	4.70	4.62	4.96	4.83	4.85	4.76	5.20

续表

国家	年份						
	2017	2018	2019	2020	2021	2022	2023
丹麦	5.12	5.04	5.64	5.40	5.30	4.80	5.00
德国	3.40	3.15	3.83	3.70	3.56	3.54	3.26
多哥	3.66	3.60	4.05	3.88	3.90	4.00	4.07
俄罗斯	4.80	4.60	5.78	4.88	4.58	5.01	3.20
厄瓜多尔	3.69	3.84	5.34	4.59	4.20	6.43	3.80
法国	9.00	8.41	7.99	8.13	8.28	8.06	7.36
菲律宾	5.33	5.10	10.40	7.83	6.83	2.41	4.67
芬兰	7.43	6.74	7.76	7.83	6.81	7.53	7.30
哥伦比亚	9.69	10.50	16.07	14.55	13.78	14.34	10.80
哥斯达黎加	11.95	12.42	19.98	16.30	14.00	17.95	9.80
哈萨克斯坦	4.85	4.78	4.93	4.83	4.73	4.90	4.78
韩国	3.83	3.78	3.94	3.84	3.70	3.53	2.68
荷兰	3.84	3.39	3.83	3.60	4.00	4.01	3.70
洪都拉斯	5.65	5.39	6.79	5.88	5.21	8.51	8.08
吉尔吉斯斯坦	6.61	6.61	6.61	6.61	6.61	9.10	9.01
几内亚	4.19	4.14	4.35	4.27	4.28	6.34	5.72
加拿大	5.91	5.73	9.60	7.72	5.67	7.51	5.53
加纳	4.16	4.12	4.53	4.37	4.39	4.70	3.87
柬埔寨	0.13	0.13	0.31	0.24	0.25	0.61	0.40
捷克	2.24	2.00	2.54	3.40	3.20	2.89	2.80
喀麦隆	3.36	3.32	3.62	3.50	3.52	3.87	4.00
卡塔尔	0.30	0.20	0.50	0.30	0.35	0.26	0.40
科威特	1.09	1.18	1.28	1.23	1.24	3.71	2.20
克罗地亚	9.86	7.76	9.00	8.38	7.95	8.68	6.32
肯尼亚	2.64	2.60	2.98	2.83	2.85	5.74	5.69
拉脱维亚	7.42	6.31	8.10	7.70	7.20	7.60	6.67
老挝	0.64	0.62	0.95	0.82	0.84	1.26	2.00

续表

国家	2017	2018	2019	2020	2021	2022	2023
黎巴嫩	6.10	11.40	9.29	9.60	9.69	14.49	27.50
立陶宛	6.15	6.25	8.49	6.50	6.10	7.90	6.50
卢森堡	5.09	5.39	6.33	5.57	5.51	5.23	5.24
罗马尼亚	4.19	3.91	5.04	4.90	4.90	5.17	5.60
马达加斯加	1.80	1.80	1.92	1.87	1.88	2.59	2.10
马耳他	3.66	3.62	4.28	3.60	3.50	3.50	3.10
马来西亚	3.33	3.28	4.53	4.70	4.50	4.61	3.63
马里	7.31	7.24	7.50	7.60	7.53	7.72	3.00
美国	3.89	3.68	8.11	5.43	3.53	5.46	3.57
蒙古国	7.80	10.00	7.50	6.75	6.08	7.08	6.56
孟加拉国	4.29	4.22	5.30	5.20	5.13	5.23	5.00
秘鲁	6.70	6.60	13.00	8.67	6.47	4.83	7.55
缅甸	1.00	3.90	12.00	11.70	11.01	2.17	10.20
摩尔多瓦	3.05	5.13	8.00	5.50	3.00	3.96	4.93
摩洛哥	9.40	10.20	12.20	11.96	11.50	11.47	12.04
莫桑比克	3.24	3.19	3.39	3.32	3.33	3.98	3.91
墨西哥	3.33	3.50	4.42	4.10	3.74	4.38	2.89
纳米比亚	19.88	19.75	20.35	20.12	20.15	21.68	20.85
南非	27.13	28.70	29.18	33.50	34.38	33.56	32.80
尼加拉瓜	5.50	6.12	7.29	11.10	7.52	5.96	7.16
尼日尔	0.47	0.46	0.69	0.60	0.61	0.75	0.53
尼日利亚	22.56	8.53	9.01	10.22	9.69	9.79	4.10
挪威	3.85	3.73	4.60	4.30	4.00	4.99	3.60
葡萄牙	7.19	6.64	6.97	6.88	6.69	6.65	6.57
日本	2.44	2.36	2.79	2.78	2.38	2.80	2.45
瑞典	6.33	6.77	8.29	8.86	7.95	8.66	7.55
瑞士	2.55	2.31	3.14	3.13	3.00	5.32	2.05

续表

国家	年份						
	2017	2018	2019	2020	2021	2022	2023
萨尔瓦多	—	—	—	—	—	5.94	5.50
塞尔维亚	—	—	—	—	—	11.81	9.08
塞内加尔	6.53	6.47	7.10	6.85	6.89	3.72	3.43
塞浦路斯	8.35	7.08	7.58	7.50	6.86	6.13	6.69
沙特阿拉伯	6.00	5.70	7.40	6.75	6.84	7.36	8.50
斯里兰卡	4.40	4.80	5.50	5.30	5.10	5.39	6.00
斯洛伐克	—	—	—	—	—	6.74	6.10
斯洛文尼亚	5.16	4.47	5.00	4.45	4.31	4.42	3.63
苏丹	19.50	22.10	26.83	28.04	27.67	19.81	45.96
塔吉克斯坦	6.72	6.66	7.50	7.17	7.22	7.75	7.83
泰国	1.10	1.00	2.00	1.50	1.00	1.42	1.20
坦桑尼亚	1.99	1.96	2.16	2.08	2.09	2.65	2.78
突尼斯	15.53	14.89	17.40	16.46	16.58	16.82	15.00
土耳其	10.91	13.73	13.15	12.15	10.99	13.39	9.93
土库曼斯坦	3.79	3.74	4.38	4.13	4.17	5.08	5.02
危地马拉	2.41	2.36	4.65	4.00	4.03	3.57	2.90
委内瑞拉	35.54	24.00	49.80	46.10	45.00	6.41	34.30
乌干达	1.75	1.72	2.44	2.16	2.20	2.94	3.42
乌克兰	9.00	8.50	9.15	9.75	8.73	8.88	19.37
乌拉圭	8.37	8.93	10.35	10.43	9.23	10.45	8.13
乌兹别克斯坦	5.00	5.50	7.50	6.60	6.76	7.16	8.35
西班牙	15.26	14.11	15.53	15.37	14.77	14.73	11.84
希腊	19.30	17.33	16.40	15.84	14.65	14.80	10.83
新加坡	2.10	2.25	3.00	2.70	2.50	3.62	1.80
新西兰	4.33	4.15	4.60	4.26	4.39	4.12	3.80
匈牙利	3.60	3.31	4.12	4.10	3.80	4.12	3.90
牙买加	—	—	—	—	—	9.18	9.30

续表

国家	2017	2018	2019	2020	2021	2022	2023
亚美尼亚	19.00	18.30	18.00	18.50	18.25	20.90	13.50
伊拉克	12.87	12.76	13.74	13.36	13.41	14.19	16.17
伊朗	12.03	10.63	9.60	10.04	10.55	11.46	9.42
以色列	4.00	3.83	4.30	5.10	4.60	5.05	3.53
意大利	10.69	10.00	9.31	10.30	11.60	9.83	7.90
印度	6.00	7.40	10.40	9.10	9.32	5.98	7.10
印度尼西亚	5.24	5.18	7.07	6.60	6.00	4.41	5.30
英国	4.08	3.83	4.53	4.98	5.01	4.53	4.20
约旦	18.60	19.08	22.70	21.20	21.44	19.25	21.70
越南	2.19	2.17	3.30	2.70	2.40	2.17	2.09
赞比亚	12.01	11.91	12.17	12.08	12.09	13.03	12.20
智利	7.38	7.22	10.77	9.05	7.37	9.13	8.83

数据来源：WEO，CEIC。

表10　　　　　　　　　　　　　基尼系数

国家	2017	2018	2019	2020	2021	2022	2023
阿尔巴尼亚	32.90	33.70	33.20	33.20	33.20	30.80	30.80
阿尔及利亚	27.60	27.60	27.60	27.60	27.60	27.60	45.50
阿根廷	41.60	42.00	41.10	41.30	42.90	42.30	41.40
阿联酋	32.50	32.50	32.50	26.00	26.00	26.00	26.00
阿曼	37.21	37.21	37.21	37.21	37.21	43.00	43.00
阿塞拜疆	26.60	26.60	26.60	26.60	26.60	26.60	26.60
埃及	31.80	31.80	31.50	31.50	31.50	31.50	31.50
埃塞俄比亚	35.00	35.00	35.00	35.00	35.00	35.00	35.00
爱尔兰	31.80	32.80	31.40	31.40	31.40	30.60	30.60
爱沙尼亚	32.70	31.20	30.40	30.30	30.30	30.80	30.90

续表

国家	2017	2018	2019	2020	2021	2022	2023
安哥拉	51.30	51.30	51.30	51.30	51.30	51.30	51.30
奥地利	30.50	30.80	29.70	30.80	30.80	30.20	30.40
澳大利亚	34.40	34.40	34.40	34.40	34.40	34.30	34.30
巴布亚新几内亚	—	—	—	—	—	41.90	41.90
巴基斯坦	32.60	32.60	32.60	31.60	31.60	29.60	29.60
巴拉圭	47.60	47.90	48.50	46.00	45.70	43.50	43.50
巴林	36.50	36.50	36.50	36.50	36.50	43.00	43.00
巴拿马	50.80	50.40	49.90	49.20	49.80	49.80	49.80
巴西	51.90	53.30	53.30	53.90	53.40	48.90	49.00
白俄罗斯	25.60	25.30	25.40	25.20	25.30	24.40	24.70
保加利亚	38.60	40.60	40.40	41.30	41.30	40.30	40.60
比利时	—	—	—	—	—	27.20	27.20
冰岛	26.80	27.20	26.10	26.10	26.10	26.10	30.60
波兰	31.80	31.20	29.70	30.20	30.20	30.20	30.20
玻利维亚	46.70	45.30	44.60	42.60	41.60	43.60	43.60
博茨瓦纳	53.30	53.30	53.30	53.30	53.30	53.30	53.30
布基纳法索	35.30	35.30	35.30	35.30	35.30	47.30	47.30
丹麦	28.20	28.20	28.70	28.20	28.20	27.70	28.00
德国	31.70	31.90	31.90	31.90	31.70	31.70	31.70
多哥	43.10	43.10	43.10	43.10	43.10	42.40	42.40
俄罗斯	37.70	36.80	37.20	37.50	37.50	36.00	37.50
厄瓜多尔	46.00	45.00	44.70	45.40	45.70	47.30	47.40
法国	32.70	31.90	31.60	32.40	32.40	32.40	32.40
菲律宾	44.60	44.60	44.60	42.30	42.30	42.30	42.30
芬兰	27.10	27.10	27.40	27.30	27.30	27.70	27.50
哥伦比亚	51.00	50.60	49.70	50.40	51.30	54.20	47.20
哥斯达黎加	48.40	48.70	48.30	48.00	48.20	49.30	48.60

续表

国家	年份							
	2017	2018	2019	2020	2021	2022	2023
哈萨克斯坦	26.80	27.20	27.50	27.80	27.80	27.80	27.80
韩国	31.20	31.40	31.40	31.40	31.40	31.40	31.40
荷兰	28.20	28.20	28.50	28.10	28.10	29.20	29.20
洪都拉斯	49.20	49.80	49.40	48.90	48.20	48.20	48.20
吉尔吉斯斯坦	29.00	26.80	27.30	27.70	29.70	29.00	29.00
几内亚	33.70	33.70	33.70	33.70	33.70	29.60	30.00
加拿大	33.70	32.70	33.30	33.30	33.30	33.30	33.30
加纳	42.40	43.50	43.50	43.50	43.50	43.50	43.50
柬埔寨	30.76	30.76	30.76	30.76	30.76	35.00	35.00
捷克	25.90	25.40	24.90	25.00	25.00	25.30	25.30
喀麦隆	46.60	46.60	46.60	46.60	46.60	46.60	46.60
卡塔尔	46.40	46.40	46.40	46.40	46.40	43.00	43.00
科威特	37.21	37.21	37.21	37.21	37.21	43.00	43.00
克罗地亚	31.10	30.90	30.40	29.70	29.70	28.90	28.90
肯尼亚	40.80	40.80	40.80	40.80	40.80	40.80	40.80
拉脱维亚	34.20	34.30	35.60	35.10	35.10	34.50	34.50
老挝	36.00	36.00	36.00	38.80	38.80	38.80	38.80
黎巴嫩	31.80	31.80	31.80	31.80	31.80	31.80	31.80
立陶宛	37.40	38.40	37.30	35.70	35.70	35.30	35.50
卢森堡	32.90	31.70	34.50	35.40	35.40	34.20	34.30
罗马尼亚	35.90	34.40	36.00	35.80	35.80	34.80	35.10
马达加斯加	42.60	42.60	42.60	42.60	42.60	42.60	42.60
马耳他	29.40	29.10	29.20	28.70	28.70	31.00	30.80
马来西亚	41.10	41.10	41.10	41.10	41.10	41.10	41.10
马里	33.04	33.04	33.04	33.04	33.04	36.10	36.10
美国	41.20	41.10	41.20	41.40	41.40	41.50	41.50
蒙古国	32.00	32.30	32.30	32.70	32.70	32.70	32.70

续表

国家	2017	2018	2019	2020	2021	2022	2023
孟加拉国	32.40	32.40	32.40	32.40	32.40	32.40	31.80
秘鲁	43.40	43.60	43.30	42.40	41.50	43.80	43.80
缅甸	38.10	38.10	30.70	30.70	30.70	30.70	30.70
摩尔多瓦	27.00	26.30	25.90	25.70	25.70	26.00	26.00
摩洛哥	39.50	39.50	39.50	39.50	39.50	39.50	39.50
莫桑比克	54.00	54.00	54.00	54.00	54.00	54.00	54.00
墨西哥	48.70	46.30	46.30	45.40	45.40	45.40	45.40
纳米比亚	59.10	59.10	59.10	59.10	59.10	59.10	59.10
南非	63.00	63.00	63.00	63.00	63.00	63.00	63.00
尼加拉瓜	46.20	46.20	46.20	46.20	46.20	46.20	46.20
尼日尔	34.30	34.30	34.30	34.30	34.30	37.30	37.30
尼日利亚	35.10	35.10	35.10	35.10	35.10	35.10	35.10
挪威	27.50	28.50	27.00	27.60	27.60	27.70	27.70
葡萄牙	35.50	35.20	33.80	33.50	33.50	32.80	45.10
日本	32.90	32.90	32.90	32.90	32.90	32.90	32.90
瑞典	29.20	29.60	28.80	30.00	30.00	29.30	29.30
瑞士	32.30	33.00	32.70	33.10	33.10	33.10	33.10
萨尔瓦多	—	—	—	—	—	38.80	38.80
塞尔维亚	—	—	—	—	—	34.50	34.50
塞内加尔	40.30	40.30	40.30	40.30	40.30	38.10	38.10
塞浦路斯	34.00	32.90	31.40	32.70	32.70	31.20	31.40
沙特阿拉伯	37.21	37.21	37.21	37.21	37.21	43.00	44.10
斯里兰卡	38.70	39.30	39.30	39.30	39.30	39.30	39.30
斯洛伐克	—	—	—	—	—	23.20	23.20
斯洛文尼亚	25.40	24.80	24.20	24.60	24.60	24.40	24.40
苏丹	34.20	34.20	34.20	34.20	34.20	34.20	34.20
塔吉克斯坦	34.00	34.00	34.00	34.00	34.00	34.00	34.00

续表

国家	年份						
	2017	2018	2019	2020	2021	2022	2023
泰国	36.00	36.90	36.50	36.40	34.90	35.00	35.00
坦桑尼亚	37.80	37.80	40.50	40.50	40.50	40.50	40.50
突尼斯	32.80	32.80	32.80	32.80	32.80	32.80	32.80
土耳其	42.90	41.90	41.40	41.90	41.90	41.90	41.90
土库曼斯坦	40.80	40.80	40.80	40.80	40.80	40.80	40.80
危地马拉	48.30	48.30	48.30	48.30	48.30	48.30	48.30
委内瑞拉	39.00	39.00	39.00	39.00	39.00	44.80	44.80
乌干达	41.00	42.80	42.80	42.80	42.80	42.70	42.70
乌克兰	25.50	25.00	26.00	26.10	26.60	25.60	25.60
乌拉圭	40.10	39.70	39.50	39.70	39.70	40.20	40.20
乌兹别克斯坦	36.80	36.80	36.80	36.80	36.80	33.30	35.30
西班牙	36.20	35.80	34.70	34.70	34.70	34.30	34.40
希腊	36.00	35.00	34.40	32.90	32.90	33.10	32.90
新加坡	46.40	46.40	46.40	46.40	46.40	39.00	38.80
新西兰	36.20	36.20	36.20	36.20	36.20	40.21	39.80
匈牙利	30.40	30.30	30.60	29.60	29.60	30.00	37.90
牙买加	—	—	—	—	—	45.50	35.00
亚美尼亚	32.40	32.50	33.60	34.40	29.90	25.20	27.20
伊拉克	29.50	29.50	29.50	29.50	29.50	29.50	29.50
伊朗	39.50	40.00	40.80	42.00	42.00	40.90	40.90
以色列	39.80	39.00	39.00	39.00	39.00	38.60	38.60
意大利	35.40	35.20	35.90	35.90	35.90	35.20	35.20
印度	35.70	35.70	35.70	35.70	35.70	35.70	35.70
印度尼西亚	39.70	38.60	38.10	37.80	38.20	37.90	37.30
英国	33.20	34.80	35.10	35.10	35.10	35.10	35.10
约旦	33.70	33.70	33.70	33.70	33.70	33.70	33.70
越南	34.80	35.30	35.30	35.70	35.70	35.70	35.70

续表

国家	年份						
	2017	2018	2019	2020	2021	2022	2023
赞比亚	57.10	57.10	57.10	57.10	57.10	57.10	57.10
智利	44.40	44.40	44.40	44.40	44.40	44.90	44.90

数据来源：WDI，CEIC，CIA。

表11　　　　　　　　　　　汇率波动程度　　　　　　（单位：变异系数）

国家	年份						
	2017	2018	2019	2020	2021	2022	2023
阿尔巴尼亚	5.33	1.12	0.90	3.79	0.81	0.96	2.00
阿尔及利亚	2.14	1.63	0.44	2.95	0.89	0.74	0.67
阿根廷	5.35	26.02	17.05	9.99	4.13	2.15	4.89
阿联酋	0	0	0	0	0	0	0
阿曼	0	0	0	0	0	1.11	1.16
阿塞拜疆	2.21	0	0	0	0	0	0.01
埃及	2.15	0.60	3.40	0.91	0.18	0.65	2.13
埃塞俄比亚	7.08	0.90	2.94	6.23	6.48	1.40	0.71
爱尔兰	0	0.08	0	2.83	0	0.99	1.24
爱沙尼亚	4.50	3.00	1.11	3.79	1.25	0.99	0.88
安哥拉	0	15.87	15.97	9.95	1.64	2.11	4.64
奥地利	4.50	3.00	1.11	3.79	1.25	0.99	1.24
澳大利亚	2.12	3.61	1.93	5.76	2.39	1.32	1.66
巴布亚新几内亚	—	—	—	—	—	0.04	0.05
巴基斯坦	1.07	7.41	5.37	2.71	2.94	1.72	2.44
巴拉圭	1.08	2.60	2.42	3.09	2.46	0.85	0.42
巴林	0	0	0	0	0	1.11	1.16
巴拿马	0	0	0	0	0	0	0
巴西	1.93	7.84	3.79	8.82	3.37	2.55	1.60
白俄罗斯	2.29	3.12	1.85	6.06	1.62	2.54	3.05

续表

国家	年份						
	2017	2018	2019	2020	2021	2022	2023
保加利亚	4.48	3.01	1.11	3.79	1.27	1.01	1.24
比利时	—	—	—	—	—	1.31	1.24
冰岛	3.41	7.18	1.65	4.60	1.81	1.39	0.95
波兰	5.18	4.22	1.43	3.86	1.78	1.53	1.98
玻利维亚	0	0	0	0	0	0	0
博茨瓦纳	1.35	4.61	1.51	3.66	1.28	1.12	1.42
布基纳法索	4.50	3.00	1.11	3.79	1.25	1.06	1.39
丹麦	4.51	3.09	1.13	3.92	1.24	0.98	1.24
德国	4.50	3.00	1.11	3.79	1.25	0.99	1.24
多哥	4.50	3.00	1.11	3.79	1.25	1.31	1.24
俄罗斯	1.76	6.30	1.76	6.55	1.30	4.42	5.35
厄瓜多尔	0	0	0	0	0	0	0
法国	4.50	3.00	1.11	3.79	1.25	0.99	1.24
菲律宾	1.07	1.81	1.14	2.19	1.85	0.66	1.01
芬兰	4.50	3.00	1.11	3.79	1.25	0.99	1.24
哥伦比亚	1.61	4.66	3.61	5.26	3.41	1.86	1.78
哥斯达黎加	1.15	2.63	2.40	2.55	0.73	0.83	1.35
哈萨克斯坦	2.81	5.74	1.06	4.26	0.87	1.38	1.75
韩国	1.96	2.29	2.41	3.48	1.93	1.19	2.15
荷兰	4.50	3.00	1.11	3.79	1.25	0.99	1.22
洪都拉斯	0.30	1.02	0.41	0.84	0.50	0.32	0.14
吉尔吉斯斯坦	0.81	0.82	0.08	5.76	0.28	1.56	1.54
几内亚	1.32	0.21	0.97	1.91	1.85	0.53	0.38
加拿大	3.05	2.00	0.71	2.83	1.54	0.91	0.89
加纳	1.87	3.67	3.18	2.36	0.76	1.95	3.83
柬埔寨	0.69	0.65	0.73	0.40	0.45	0.23	0.30
捷克	6.45	3.73	1.24	4.45	1.29	1.38	1.61

续表

国家	年份						
	2017	2018	2019	2020	2021	2022	2023
喀麦隆	4.50	3.00	1.11	3.79	1.25	1.31	1.24
卡塔尔	0	0	0	0	0	0	0
科威特	0.47	0.49	0.09	0.55	0.26	1.11	1.16
克罗地亚	4.47	2.90	1.14	3.76	1.07	1.08	1.15
肯尼亚	0.27	0.75	1.17	2.78	0.90	0.52	1.02
拉脱维亚	4.50	3.00	1.11	3.79	1.25	0.98	1.24
老挝	0.29	1.69	1.70	1.17	1.16	0.53	0.38
黎巴嫩	0	0	0	0	0	0	0
立陶宛	4.50	3.00	1.11	3.79	1.25	0.99	1.24
卢森堡	4.50	3.00	1.11	3.79	1.25	0.99	1.24
罗马尼亚	3.73	3.02	1.37	3.37	1.59	1.03	1.29
马达加斯加	3.26	4.33	1.66	1.89	0.71	0.69	0.67
马耳他	4.50	3.00	1.11	3.79	1.25	0.99	1.24
马来西亚	2.67	2.66	0.93	2.30	1.42	0.67	1.19
马里	4.50	3.00	1.11	3.79	1.25	1.05	1.45
美国	0	0	0	0	0	0	0
蒙古国	1.30	3.17	1.05	1.41	0.01	0.43	0.79
孟加拉国	1.17	0.49	0.33	0.08	0.17	0.50	1.21
秘鲁	0.80	1.47	0.83	2.58	3.21	0.95	0.95
缅甸	0.28	6.75	1.09	4.49	8.26	2.21	1.00
摩尔多瓦	5.47	1.34	1.81	2.51	1.21	0.85	0.76
摩洛哥	2.77	1.40	0.49	3.45	0.54	1.12	1.28
莫桑比克	6.23	1.76	1.47	5.14	9.30	0.71	0
墨西哥	5.43	3.32	0.94	7.64	1.27	0.89	1.07
纳米比亚	2.40	7.93	2.83	7.47	2.59	2.56	2.90
南非	2.37	7.93	2.84	7.47	2.59	2.02	2.18
尼加拉瓜	1.40	1.41	1.36	0.84	0.71	0.14	0.10

续表

国家	年份						
	2017	2018	2019	2020	2021	2022	2023
尼日尔	4.50	3.00	1.11	3.79	1.25	1.31	0.51
尼日利亚	0.11	0.13	0.02	7.73	3.79	0.60	2.15
挪威	2.99	3.09	2.64	5.58	2.06	1.64	2.13
葡萄牙	4.50	3.00	1.11	3.79	1.25	0.99	1.24
日本	1.24	1.99	1.36	1.64	2.03	1.22	1.95
瑞典	4.01	4.33	2.30	5.64	1.61	1.61	1.91
瑞士	1.67	2.13	0.92	3.11	1.44	0.91	0.81
萨尔瓦多	—	—	—	—	—	0	0
塞尔维亚	—	—	—	—	—	1.26	1.22
塞内加尔	4.50	3.00	1.11	3.79	1.25	1.07	1.16
塞浦路斯	4.50	3.00	1.11	3.79	1.25	0.99	1.24
沙特阿拉伯	0	0	0	0	0	0	0
斯里兰卡	0.74	5.22	1.31	1.56	1.35	2.34	4.00
斯洛伐克	—	—	—	—	—	1.31	1.24
斯洛文尼亚	4.50	3.00	1.11	3.79	1.25	0.99	1.24
苏丹	0	51.62	2.41	4.64	38.88	10.36	1.67
塔吉克斯坦	4.16	2.91	1.22	4.61	0.08	1.89	1.77
泰国	2.56	2.08	1.96	2.24	3.56	0.98	1.45
坦桑尼亚	0.36	0.65	0.09	0.16	0.14	0.04	0.30
突尼斯	3.04	7.22	2.87	2.22	1.20	0.90	1.09
土耳其	3.41	17.66	3.69	9.46	6.69	4.42	4.82
土库曼斯坦	—	—	—	—	—	0	0
危地马拉	0.81	1.86	0.39	0.60	0.28	0.40	0.23
委内瑞拉	0	63.23	—	—	—	9.20	9.27
乌干达	0.46	1.61	0.71	1.14	1.71	0.73	0.86
乌克兰	2.00	3.16	4.78	4.88	1.80	1.55	1.20
乌拉圭	1.22	5.67	4.99	4.67	1.54	1.10	1.06

续表

国家	年份						
	2017	2018	2019	2020	2021	2022	2023
乌兹别克斯坦	39.63	2.04	5.37	3.33	0.60	0.53	0.38
西班牙	4.50	3.00	1.11	3.79	1.25	0.99	1.24
希腊	4.50	3.00	1.11	3.79	1.25	0.99	1.24
新加坡	1.90	1.81	0.73	2.09	0.80	0.50	0.76
新西兰	2.13	3.85	2.67	4.89	1.30	1.59	2.07
匈牙利	4.61	4.70	2.81	3.02	1.69	2.00	2.21
牙买加	—	—	—	—	—	1.23	0.64
亚美尼亚	0.60	0.35	0.94	2.16	3.03	1.41	1.14
伊拉克	3.40	5.56	0	0	0	0.59	0.65
伊朗	4.50	3.00	1.11	3.79	1.25	0.53	0.38
以色列	2.59	2.67	1.74	2.68	0.94	1.41	1.53
意大利	4.50	3.00	1.11	3.79	1.25	0.99	1.24
印度	1.86	4.62	1.30	2.00	0.87	0.60	0.53
印度尼西亚	0.69	3.71	0.73	3.99	1.18	0.53	0.38
英国	2.84	3.47	2.44	2.68	0.92	1.11	1.16
约旦	0	0	0	0	0	1.11	1.16
越南	0.44	0.54	0.43	0.13	0.11	0.53	0.38
赞比亚	3.60	8.55	5.95	11.40	10.02	2.82	2.39
智利	2.25	5.11	5.16	3.87	3.69	1.72	2.04

数据来源：IFS，CEIC。

表12　　　　　　　　　　是否为经济协定成员国

国家	年份						
	2018	2019	2020	2021	2022	2023	2024
阿尔巴尼亚	0	0	0	0	0	0	0
阿尔及利亚	0	0	0	0	0	0	0
阿根廷	0	0	0	0	0	0	0

续表

国家	年份						
	2018	2019	2020	2021	2022	2023	2024
阿联酋	0	0	0	0	0	0	0
阿曼	0	0	0	0	0	0	0
阿塞拜疆	0	0	0	0	0	0	0
埃及	0	0	0	0	0	0	0
埃塞俄比亚	0	0	0	0	0	0	0
爱尔兰	0.25	0.25	0.25	0.25	0.25	0.25	0.25
爱沙尼亚	0.25	0.25	0.25	0.25	0.25	0.25	0.25
安哥拉	0	0	0	0	0	0	0
奥地利	0.25	0.25	0.25	0.25	0.25	0.25	0.25
澳大利亚	0.25	0.25	0.50	0.50	0.50	0.50	0.50
巴布亚新几内亚	0	0	0	0	0	0	0
巴基斯坦	0	0	0	0	0	0	0
巴拉圭	0	0	0	0	0	0	0
巴林	0	0	0	0	0	0	0
巴拿马	0	0	0	0	0	0	0
巴西	0	0	0	0	0	0	0
白俄罗斯	0	0	0	0	0	0	0
保加利亚	0.25	0.25	0.25	0.25	0.25	0.25	0.25
比利时	0.25	0.25	0.25	0.25	0.25	0.25	0.25
冰岛	0	0	0	0	0	0	0
波兰	0.25	0.25	0.25	0.25	0.25	0.25	0.25
玻利维亚	0	0	0	0	0	0	0
博茨瓦纳	0	0	0	0	0	0	0
布基纳法索	0	0	0	0	0	0	0
丹麦	0.25	0.25	0.25	0.25	0.25	0.25	0.25
德国	0.25	0.25	0.25	0.25	0.25	0.25	0.25
多哥	0	0	0	0	0	0	0

续表

国家	年份						
	2018	2019	2020	2021	2022	2023	2024
俄罗斯	0	0	0	0	0	0	0
厄瓜多尔	0	0	0	0	0	0	0
法国	0.25	0.25	0.25	0.25	0.25	0.25	0.25
菲律宾	0	0	0	0.25	0.25	0.25	0.25
芬兰	0.25	0.25	0.25	0.25	0.25	0.25	0.25
哥伦比亚	0	0	0	0	0	0	0
哥斯达黎加	0	0	0	0	0	0	0
哈萨克斯坦	0	0	0	0	0	0	0
韩国	0	0	0	0.25	0.25	0.25	0.25
荷兰	0.25	0.25	0.25	0.25	0.25	0.25	0.25
洪都拉斯	0	0	0	0	0	0	0
吉尔吉斯斯坦	0	0	0	0	0	0	0
几内亚	0	0	0	0	0	0	0
加拿大	0.50	0.50	0.50	0.25	0.50	0.50	0.50
加纳	0	0	0	0	0	0	0
柬埔寨	0	0	0.25	0.25	0.25	0.25	0.25
捷克	0.25	0.25	0.25	0.25	0.25	0.25	0.25
喀麦隆	0	0	0	0	0	0	0
卡塔尔	0	0	0	0	0	0	0
科威特	0	0	0	0	0	0	0
克罗地亚	0.25	0.25	0.25	0.25	0.25	0.25	0.25
肯尼亚	0	0	0	0	0	0	0
拉脱维亚	0.25	0.25	0.25	0.25	0.25	0.25	0.25
老挝	0	0	0.25	0.25	0.25	0.25	0.25
黎巴嫩	0	0	0	0	0	0	0
立陶宛	0.25	0.25	0.25	0.25	0.25	0.25	0.25
卢森堡	0.25	0.25	0.25	0.25	0.25	0.25	0.25

续表

国家	年份						
	2018	2019	2020	2021	2022	2023	2024
罗马尼亚	0.25	0.25	0.25	0.25	0.25	0.25	0.25
马达加斯加	0	0	0	0	0	0	0
马耳他	0.25	0.25	0.25	0.25	0.25	0.25	0.25
马来西亚	0.25	0.25	0.25	0.50	0.50	0.50	0.50
马里	0	0	0	0	0	0	0
美国	0.25	0.25	0.25	0	0.25	0.25	0.25
蒙古国	0	0	0	0	0	0	0
孟加拉国	0	0	0	0	0	0	0
秘鲁	0.25	0.25	0.25	0.25	0.25	0.25	0.25
缅甸	0	0	0	0.25	0.25	0.25	0.25
摩尔多瓦	0	0	0	0	0	0	0
摩洛哥	0	0	0	0	0	0	0
莫桑比克	0	0	0	0	0	0	0
墨西哥	0.50	0.50	0.50	0.25	0.50	0.50	0.50
纳米比亚	0	0	0	0	0	0	0
南非	0	0	0	0	0	0	0
尼加拉瓜	0	0	0	0	0	0	0
尼日尔	0	0	0	0	0	0	0
尼日利亚	0	0	0	0	0	0	0
挪威	0	0	0	0	0	0	0
葡萄牙	0.25	0.25	0.25	0.25	0.25	0.25	0.25
日本	0.25	0.25	0.50	0.50	0.50	0.50	0.50
瑞典	0.25	0.25	0.25	0.25	0.25	0.25	0.25
瑞士	0	0	0	0	0	0	0
萨尔瓦多	0	0	0	0	0	0	0
塞尔维亚	0	0	0	0	0	0	0
塞内加尔	0	0	0	0	0	0	0

续表

国家	年份						
	2018	2019	2020	2021	2022	2023	2024
塞浦路斯	0.25	0.25	0.25	0.25	0.25	0.25	0.25
沙特阿拉伯	0	0	0	0	0	0	0
斯里兰卡	0	0	0	0	0	0	0
斯洛文尼亚	0.25	0.25	0.25	0.25	0.25	0.25	0.25
斯洛伐克	0.25	0.25	0.25	0.25	0.25	0.25	0.25
苏丹	0	0	0	0	0	0	0
塔吉克斯坦	0	0	0	0	0	0	0
泰国	0	0	0.25	0.25	0.25	0.25	0.25
坦桑尼亚	0	0	0	0	0	0	0
突尼斯	0	0	0	0	0	0	0
土耳其	0	0	0	0	0	0	0
土库曼斯坦	0	0	0	0	0	0	0
危地马拉	0	0	0	0	0	0	0
委内瑞拉	0	0	0	0	0	0	0
乌干达	0	0	0	0	0	0	0
乌克兰	0	0	0	0	0	0	0
乌拉圭	0	0	0	0	0	0	0
乌兹别克斯坦	0	0	0	0	0	0	0
西班牙	0.25	0.25	0.25	0.25	0.25	0.25	0.25
希腊	0.25	0.25	0.25	0.25	0.25	0.25	0.25
新加坡	0.25	0.25	0.50	0.50	0.50	0.50	0.50
新西兰	0.25	0.25	0.50	0.50	0.50	0.50	0.50
匈牙利	0.25	0.25	0.25	0.25	0.25	0.25	0.25
牙买加	0	0	0	0	0	0	0
亚美尼亚	0	0	0	0	0	0	0
伊拉克	0	0	0	0	0	0	0
伊朗	0	0	0	0	0	0	0

续表

国家	\multicolumn{7}{c}{年份}
	2018	2019	2020	2021	2022	2023	2024
以色列	0	0	0	0	0	0	0
意大利	0.25	0.25	0.25	0.25	0.25	0.25	0.25
印度	0	0	0	0	0	0	0
印度尼西亚	0	0	0	0.25	0.25	0.25	0.25
英国	0	0	0	0	0	0	0
约旦	0	0	0	0	0	0	0
越南	0.25	0.25	0.50	0.50	0.50	0.50	0.50
赞比亚	0	0	0	0	0	0	0
智利	0.25	0.25	0.25	0.25	0.25	0.25	0.25

注：设定的四个经济组织中，加入一个赋0.25分，加入两个赋0.50分，依此类推。

数据来源：根据相关资料整理。

表13　　　　　　　　　公共债务/GDP　　　　　　　　（单位：%）

国家	年份						
	2018	2019	2020	2021	2022	2023	2024
阿尔巴尼亚	69.51	67.79	77.57	81.48	70.28	62.94	64.18
阿尔及利亚	37.82	45.77	55.61	58.48	62.75	55.12	58.75
阿根廷	85.25	88.73	102.79	96.50	76.02	89.51	79.92
阿联酋	20.91	27.09	39.36	37.32	30.74	29.40	28.65
阿曼	51.25	60.53	81.16	68.20	45.37	38.21	33.99
阿塞拜疆	18.69	17.66	21.37	28.88	20.66	21.41	22.66
埃及	92.48	84.21	89.84	91.36	89.15	92.68	88.09
埃塞俄比亚	61.11	57.92	55.43	57.11	46.37	37.91	31.19
爱尔兰	63.15	57.28	58.52	57.35	36.72	42.69	39.00
爱沙尼亚	8.24	8.56	18.46	19.96	18.32	21.60	23.96
安哥拉	93.00	113.55	136.54	103.71	56.56	84.87	77.14

续表

国家	2018	2019	2020	2021	2022	2023	2024
奥地利	74.04	70.51	83.16	84.20	78.53	74.76	74.00
澳大利亚	41.64	46.61	57.33	62.06	56.73	51.92	55.58
巴布亚新几内亚	—	—	—	—	49.91	49.47	49.12
巴基斯坦	72.08	85.30	87.56	83.42	77.75	76.57	72.24
巴拉圭	22.33	25.78	36.65	38.42	39.32	40.86	42.91
巴林	94.98	102.12	129.72	123.35	119.50	121.17	119.01
巴拿马	37.32	42.20	66.28	62.19	55.63	52.84	52.31
巴西	85.64	87.66	98.94	90.55	88.19	88.08	90.27
白俄罗斯	47.52	41.00	48.05	44.86	34.98	44.10	44.16
保加利亚	20.11	18.40	23.57	24.96	22.82	21.41	22.93
比利时	—	—	—	—	103.93	105.98	106.77
冰岛	63.13	66.14	77.08	75.81	68.23	61.19	54.64
波兰	48.82	45.60	57.47	55.51	48.70	49.83	52.22
玻利维亚	53.85	59.14	78.83	82.75	82.58	80.78	81.38
博茨瓦纳	15.67	16.25	19.46	22.77	21.26	21.41	22.66
布基纳法索	37.98	42.02	46.54	48.18	59.56	61.18	61.25
丹麦	34.00	33.57	42.13	38.76	31.75	30.14	29.01
德国	61.59	59.24	69.06	72.50	71.11	65.86	64.04
多哥	57.00	52.35	60.28	62.88	66.05	67.20	67.62
俄罗斯	13.62	13.79	19.28	17.94	16.19	21.41	22.66
厄瓜多尔	49.09	51.41	61.19	60.95	58.91	55.45	53.82
法国	97.95	97.62	115.08	115.83	111.83	110.03	110.50
菲律宾	37.13	36.97	51.68	59.11	59.27	57.56	57.70
芬兰	59.78	59.51	69.55	72.22	66.67	73.63	76.50
哥伦比亚	53.58	52.35	65.38	66.73	61.11	54.97	55.05
哥斯达黎加	51.84	56.73	67.51	71.20	67.56	62.97	61.83

续表

国家	2018	2019	2020	2021	2022	2023	2024
哈萨克斯坦	20.26	19.94	26.33	25.18	23.28	23.38	23.57
韩国	40.02	42.13	47.88	51.30	54.08	54.27	55.59
荷兰	52.43	47.43	52.49	58.06	48.28	49.52	48.62
洪都拉斯	39.72	43.33	51.34	58.85	58.40	46.29	46.59
吉尔吉斯斯坦	54.82	51.60	68.04	67.56	60.38	47.02	46.13
几内亚	39.27	38.37	43.78	47.47	39.03	31.65	31.49
加拿大	88.83	86.82	117.46	109.88	102.20	106.38	103.34
加纳	62.00	62.59	78.92	83.54	90.74	84.91	81.49
柬埔寨	28.46	28.59	34.24	36.96	36.75	35.32	35.53
捷克	32.07	30.05	37.81	45.01	41.47	45.38	44.41
喀麦隆	39.60	42.31	45.79	45.80	46.75	41.95	39.65
卡塔尔	52.18	62.28	72.10	59.01	46.92	41.35	38.26
科威特	15.10	11.64	11.71	7.91	7.13	21.41	22.66
克罗地亚	74.25	72.83	88.74	87.02	72.58	63.81	61.84
肯尼亚	57.34	58.98	67.57	69.73	69.38	70.22	68.33
拉脱维亚	37.11	36.97	43.47	47.55	45.98	40.56	39.53
老挝	59.65	61.12	68.18	70.92	107.15	121.75	118.75
黎巴嫩	154.02	171.11	150.43	198.10	193.10	155.81	127.50
立陶宛	33.68	35.90	47.13	47.43	42.24	36.11	34.41
卢森堡	20.95	22.01	24.82	26.26	25.43	27.55	29.32
罗马尼亚	36.47	36.82	49.80	51.12	49.65	51.05	52.67
马达加斯加	40.39	38.54	46.02	48.82	53.82	54.03	53.54
马耳他	43.45	40.59	53.30	63.02	56.98	54.10	55.21
马来西亚	55.65	57.07	67.43	70.68	69.56	66.91	66.86
马里	36.11	40.55	47.43	50.98	55.87	51.80	52.59
美国	107.06	108.46	133.92	133.28	122.10	123.29	126.86

续表

国家	2018	2019	2020	2021	2022	2023	2024
蒙古国	74.28	68.44	76.95	77.71	84.37	69.94	72.02
孟加拉国	34.57	35.69	38.91	39.94	37.50	39.37	39.74
秘鲁	26.15	27.08	35.07	35.00	34.79	33.91	33.96
缅甸	40.42	38.75	39.30	58.36	62.51	57.54	59.28
摩尔多瓦	31.23	28.29	34.78	38.14	36.04	35.05	38.44
摩洛哥	65.20	65.07	75.37	75.79	70.30	69.68	69.06
莫桑比克	107.15	105.43	128.45	133.57	102.44	89.66	92.45
墨西哥	53.65	53.32	61.03	59.77	56.82	52.67	54.75
纳米比亚	50.37	59.62	65.31	69.92	71.80	67.58	66.78
南非	51.59	56.30	69.45	68.83	67.99	73.67	75.79
尼加拉瓜	37.69	41.69	47.92	49.53	47.00	41.51	40.23
尼日尔	36.91	39.80	44.97	48.56	57.14	48.67	46.35
尼日利亚	27.69	29.17	35.00	35.71	37.35	38.79	41.31
挪威	39.66	40.88	41.40	42.70	40.31	37.40	36.34
葡萄牙	121.48	116.61	135.19	130.79	114.74	108.35	104.04
日本	232.51	235.45	254.13	256.86	263.92	155.81	135.36
瑞典	38.91	34.87	37.35	39.64	33.49	32.30	32.58
瑞士	39.23	39.79	42.38	42.69	40.27	39.46	37.72
萨尔瓦多	—	—	—	—	80.31	72.97	73.35
塞尔维亚	—	—	—	—	54.41	51.28	49.63
塞内加尔	61.52	63.84	68.68	71.87	77.28	81.02	72.08
塞浦路斯	99.18	94.04	119.14	111.04	93.63	78.58	70.85
沙特阿拉伯	18.98	22.79	32.54	29.68	24.75	24.08	22.66
斯里兰卡	84.21	86.80	101.24	109.25	130.53	116.50	119.20
斯洛文尼亚	70.29	65.59	79.78	74.429	60.51	56.68	56.52
斯洛伐克	—	—	—	—	69.53	68.47	66.46

续表

国家	年份						
	2018	2019	2020	2021	2022	2023	2024
苏丹	186.74	200.35	272.92	209.93	189.54	155.81	135.36
塔吉克斯坦	47.82	44.07	51.31	49.34	39.39	33.51	32.86
泰国	41.95	41.04	49.63	58.04	61.45	61.44	62.92
坦桑尼亚	40.54	39.04	39.15	39.69	39.50	42.58	41.85
突尼斯	80.08	74.17	89.74	90.20	88.76	77.83	77.09
土耳其	30.17	32.66	39.77	37.77	37.48	34.41	31.92
土库曼斯坦	31.48	32.20	32.25	27.03	8.42	21.41	22.66
危地马拉	26.47	26.48	31.53	32.06	30.09	28.34	27.94
委内瑞拉	180.79	232.79	304.13	317.00	285.10	155.81	135.36
乌干达	34.75	37.04	44.10	49.08	52.15	48.30	47.67
乌克兰	60.42	50.49	60.78	54.39	99.30	88.15	98.56
乌拉圭	58.57	60.46	68.06	67.47	61.24	61.61	61.40
乌兹别克斯坦	19.47	28.27	36.44	38.88	34.10	35.12	34.77
西班牙	97.51	95.54	119.92	120.22	113.57	107.28	104.71
希腊	189.89	184.91	211.22	206.69	177.59	155.81	135.36
新加坡	109.75	129.01	154.90	137.86	141.11	155.81	135.36
新西兰	28.05	32.03	43.64	51.97	56.60	46.05	49.88
匈牙利	69.12	65.49	80.45	76.58	74.83	68.71	65.75
牙买加	—	—	—	—	86.23	72.34	68.40
亚美尼亚	51.23	50.09	63.48	62.15	52.35	47.94	48.68
伊拉克	47.83	45.14	84.21	59.41	34.17	49.25	54.61
伊朗	38.47	47.86	39.53	33.60	47.04	30.55	30.53
以色列	60.36	59.50	71.98	73.25	61.47	58.18	56.78
意大利	134.40	134.56	155.81	154.75	147.21	143.73	135.36
印度	70.44	74.09	89.61	90.60	83.40	81.89	82.30
印度尼西亚	30.42	30.56	36.62	41.40	40.89	39.03	38.62

续表

国家	年份						
	2018	2019	2020	2021	2022	2023	2024
英国	85.78	85.24	104.47	108.50	86.99	104.14	105.91
约旦	75.06	78.02	87.98	90.89	90.99	93.76	91.89
越南	43.71	43.58	46.30	47.90	40.21	33.96	32.72
赞比亚	80.36	97.38	128.70	101.01	121.80	121.90	117.30
智利	25.62	28.20	32.54	34.40	36.15	38.42	41.17

数据来源：WEO、WDI。

表14　　　　　　　　　　　　外债/GDP　　　　　　　　　　（单位：%）

国家	年份						
	2017	2018	2019	2020	2021	2022	2023
阿尔巴尼亚	75.28	65.15	62.97	70.93	60.55	54.61	48.57
阿尔及利亚	3.36	3.26	3.21	3.58	4.53	17.60	17.90
阿根廷	36.80	54.83	62.70	70.87	50.61	43.84	44.68
阿联酋	59.61	55.50	57.97	72.11	76.42	64.32	60.86
阿曼	71.26	84.38	92.84	119.71	68.94	49.72	48.73
阿塞拜疆	37.44	34.41	32.88	40.35	28.98	19.08	20.57
埃及	35.90	40.00	37.95	35.59	33.85	34.28	43.26
埃塞俄比亚	32.08	32.98	29.49	27.71	30.24	23.60	18.35
爱尔兰	716.20	707.18	714.80	701.32	296.51	352.92	370.71
爱沙尼亚	87.04	74.37	74.07	96.70	81.04	85.77	87.39
安哥拉	41.74	51.17	58.15	104.15	89.49	53.01	65.98
奥地利	164.59	144.09	154.26	178.91	157.47	150.72	147.59
澳大利亚	116.49	104.55	108.82	124.55	108.43	91.76	87.16
巴布亚新几内亚	—	—	—	—	—	21.83	53.17
巴基斯坦	28.21	29.69	36.33	44.36	37.46	33.88	35.54
巴拉圭	40.85	39.28	43.23	27.27	55.00	29.46	30.21
巴林	177.71	163.58	185.15	234.72	246.80	211.66	229.03
巴拿马	147.59	152.28	156.76	201.88	177.65	171.75	145.65

续表

国家	2017	2018	2019	2020	2021	2022	2023
巴西	26.36	29.06	30.27	44.40	37.71	35.47	34.09
白俄罗斯	72.33	64.58	63.24	69.78	61.07	54.64	48.28
保加利亚	69.51	60.55	59.08	70.37	55.95	52.96	50.39
比利时	—	—	—	—	—	242.80	239.15
冰岛	89.55	74.73	77.48	88.91	82.59	75.12	72.17
波兰	72.68	61.70	59.56	63.19	53.84	53.62	50.37
玻利维亚	34.63	32.88	35.08	38.72	39.85	34.99	33.33
博茨瓦纳	10.00	9.55	8.52	10.13	11.25	17.60	17.90
布基纳法索	22.18	20.46	22.90	26.08	53.92	25.63	25.80
丹麦	164.84	138.21	143.57	170.83	144.72	125.62	120.66
德国	156.10	141.23	145.62	177.15	162.08	158.18	151.29
多哥	28.84	26.91	30.54	33.62	41.13	42.09	38.35
俄罗斯	32.99	27.35	29.05	31.58	27.07	17.60	17.90
厄瓜多尔	39.57	41.61	47.89	57.81	54.88	54.04	51.49
法国	223.69	208.93	230.45	284.41	245.33	248.59	245.08
菲律宾	22.38	22.77	22.19	27.28	27.01	27.52	27.96
芬兰	191.85	209.80	224.87	240.73	199.05	217.32	217.59
哥伦比亚	40.38	39.82	43.03	57.01	54.70	53.51	53.86
哥斯达黎加	42.33	45.51	46.63	51.73	52.45	53.23	45.90
哈萨克斯坦	95.21	87.71	85.71	96.56	81.05	71.21	61.08
韩国	25.43	25.65	28.53	33.43	31.30	39.95	38.24
荷兰	549.10	474.50	460.61	477.75	394.48	352.92	370.71
洪都拉斯	37.78	38.09	38.93	46.82	41.18	40.14	41.41
吉尔吉斯斯坦	105.56	98.79	94.00	112.92	106.16	83.48	85.79
几内亚	21.59	20.21	21.21	24.62	29.12	28.10	25.14
加拿大	118.28	114.58	127.69	149.36	132.93	123.16	134.03
加纳	37.94	35.72	40.10	36.74	45.71	51.15	51.55
柬埔寨	51.47	55.03	56.55	69.63	76.08	77.66	75.73
捷克	93.73	78.88	77.20	82.42	72.29	67.78	60.64

续表

国家	年份						
	2017	2018	2019	2020	2021	2022	2023
喀麦隆	28.59	28.08	32.85	35.95	34.59	31.10	34.47
卡塔尔	106.52	101.03	112.83	139.65	101.59	78.59	77.99
科威特	44.99	41.84	43.90	55.58	48.14	38.14	41.97
克罗地亚	94.14	79.45	74.49	87.89	79.01	75.33	78.52
肯尼亚	33.18	34.96	35.83	35.69	36.62	33.72	36.15
拉脱维亚	150.55	119.64	118.10	134.69	72.29	101.67	96.83
老挝	87.20	85.65	91.53	90.70	92.68	107.27	123.04
黎巴嫩	139.57	145.02	142.30	218.99	369.99	316.95	370.71
立陶宛	87.96	75.95	70.45	82.24	74.74	69.04	71.94
卢森堡	6767.74	5880.53	5752.88	5557.60	4601.11	352.92	370.71
罗马尼亚	55.08	47.43	49.33	62.06	54.81	50.94	52.77
马达加斯加	25.67	27.40	28.65	25.61	37.43	26.41	28.64
马耳他	813.74	677.07	646.86	742.19	606.23	352.92	370.71
马来西亚	68.32	62.13	63.29	70.85	69.33	63.73	60.94
马里	27.95	27.39	30.04	34.96	33.73	34.21	34.44
美国	97.54	95.48	96.26	102.48	101.38	96.77	93.74
蒙古国	244.59	226.44	224.64	246.34	222.04	194.48	181.80
孟加拉国	18.72	19.03	18.84	21.53	21.96	20.97	22.41
秘鲁	32.04	29.94	28.16	36.38	38.71	37.30	35.33
缅甸	16.02	15.55	13.92	17.43	21.37	23.66	18.89
摩尔多瓦	72.27	65.04	62.97	70.15	62.74	65.93	71.26
摩洛哥	46.50	42.64	45.81	58.06	45.79	49.49	46.92
莫桑比克	121.18	126.73	133.11	148.34	398.17	319.49	289.21
墨西哥	38.10	37.13	37.01	42.86	46.68	41.17	32.58
纳米比亚	64.38	60.82	65.68	76.50	72.17	71.60	68.58
南非	50.57	46.74	53.56	56.43	40.59	40.55	39.62
尼加拉瓜	83.39	89.46	92.70	95.68	102.52	95.14	86.65
尼日尔	27.21	24.81	27.92	29.65	33.32	32.87	30.66
尼日利亚	11.49	12.71	12.24	15.19	17.26	17.60	21.92

续表

国家	2017	2018	2019	2020	2021	2022	2023
挪威	164.35	145.29	164.95	199.20	150.70	132.38	143.56
葡萄牙	213.88	189.90	192.28	218.08	185.17	170.17	162.30
日本	73.91	81.06	83.87	91.87	94.05	103.76	105.52
瑞典	189.31	167.90	169.68	186.03	161.66	165.34	170.02
瑞士	282.46	252.44	271.54	303.78	296.51	277.76	244.96
萨尔瓦多	—	—	—	—	—	63.22	56.97
塞尔维亚	—	—	—	—	—	71.50	65.17
塞内加尔	42.38	51.45	58.27	63.56	104.67	102.87	95.26
塞浦路斯	1094.68	874.39	873.70	981.64	686.23	352.92	370.71
沙特阿拉伯	18.17	19.19	23.18	33.99	34.23	24.06	26.45
斯里兰卡	58.07	60.16	66.80	60.98	63.60	66.37	67.12
斯洛伐克	—	—	—	—	—	104.32	82.40
斯洛文尼亚	106.88	89.04	91.82	110.90	93.15	91.96	91.18
苏丹	48.21	62.36	69.04	233.75	127.24	133.16	174.62
塔吉克斯坦	79.99	76.94	79.88	80.65	80.57	60.51	54.04
泰国	35.53	33.93	33.09	37.99	41.70	40.43	38.96
坦桑尼亚	34.32	32.44	32.03	32.34	40.52	39.74	38.06
突尼斯	85.48	88.30	96.35	104.86	88.83	90.88	82.57
土耳其	53.20	57.33	57.95	60.15	53.27	50.62	48.72
土库曼斯坦	2.07	2.23	1.25	1.44	7.80	17.60	17.90
危地马拉	33.42	31.97	34.52	32.10	30.76	26.28	22.74
委内瑞拉	114.45	170.53	262.78	342.03	320.61	197.87	197.17
乌干达	37.97	37.42	39.72	47.01	44.73	44.11	44.39
乌克兰	109.82	92.37	80.52	80.57	67.92	81.59	88.70
乌拉圭	64.03	64.24	72.81	86.59	80.62	74.84	74.19
乌兹别克斯坦	28.38	34.81	37.67	62.95	53.04	64.47	32.24
西班牙	178.90	163.12	170.54	213.86	184.97	177.46	170.44
希腊	242.12	223.27	245.78	321.07	290.45	266.41	250.06
新加坡	435.81	405.21	422.42	491.79	199.32	352.92	364.39

续表

国家	年份						
	2017	2018	2019	2020	2021	2022	2023
新西兰	93.60	90.13	92.35	99.30	43.10	84.76	82.40
匈牙利	107.71	96.91	96.54	162.37	143.10	149.06	141.63
牙买加	—	—	—	—	—	83.04	96.35
亚美尼亚	88.73	86.10	86.94	102.02	99.21	78.19	68.22
伊拉克	41.29	38.70	38.27	50.43	40.48	34.48	35.43
伊朗	1.53	1.96	1.87	2.29	0.65	17.60	17.90
以色列	25.11	25.35	26.58	32.44	33.16	29.70	29.23
意大利	129.78	116.96	125.32	150.45	132.45	132.20	126.17
印度	19.28	19.30	19.51	21.52	19.29	18.08	17.90
印度尼西亚	34.71	36.54	35.89	43.24	35.08	30.08	28.52
英国	325.08	294.57	312.39	359.98	306.81	285.64	265.14
约旦	73.01	74.90	75.69	82.08	93.33	81.94	79.89
越南	46.43	43.67	44.66	39.81	37.20	32.94	31.29
赞比亚	67.18	72.23	117.30	151.14	152.84	109.42	113.67
智利	65.14	61.52	70.69	82.60	75.45	77.59	66.81

数据来源：QEDS、WDI、WEO、CEIC。

表15 短期外债/总外债 （单位:%）

国家	年份						
	2017	2018	2019	2020	2021	2022	2023
阿尔巴尼亚	19.89	6.72	6.57	6.38	8.63	9.77	10.36
阿尔及利亚	36.81	40.62	41.25	34.36	21.64	24.46	27.58
阿根廷	22.89	23.69	23.38	14.87	17.85	17.19	18.42
阿联酋	26.21	23.62	21.57	19.75	18.52	20.83	22.18
阿曼	8.09	5.93	4.87	4.47	8.70	11.55	12.08
阿塞拜疆	4.41	3.51	3.89	5.82	3.23	1.33	3.14
埃及	13.43	10.70	10.02	9.26	8.97	18.56	18.56
埃塞俄比亚	2.42	2.70	1.70	1.73	1.76	3.06	2.96

续表

国家	年份						
	2017	2018	2019	2020	2021	2022	2023
爱尔兰	21.12	22.03	24.16	24.71	11.95	37.99	38.77
爱沙尼亚	38.45	27.48	32.36	31.55	34.14	32.93	24.17
安哥拉	7.26	4.47	5.43	2.78	9.10	9.74	10.12
奥地利	24.62	26.42	25.26	25.16	28.48	33.44	36.06
澳大利亚	23.37	22.42	21.82	19.56	8.87	27.46	25.58
巴布亚新几内亚	—	—	—	—	—	1.55	2.69
巴基斯坦	9.74	8.17	8.36	6.17	6.89	6.91	5.79
巴拉圭	29.01	29.37	28.76	23.46	21.80	21.15	21.12
巴林	36.33	29.90	28.98	22.83	27.75	32.79	28.81
巴拿马	41.88	39.35	35.18	33.38	35.19	42.28	35.29
巴西	7.69	10.04	11.72	10.79	12.99	9.95	9.71
白俄罗斯	24.34	24.24	25.03	23.98	24.88	25.46	24.94
保加利亚	22.86	23.71	24.23	15.33	18.84	20.00	18.16
比利时	—	—	—	—	—	38.52	41.75
冰岛	6.74	7.26	6.89	7.40	8.31	10.96	12.42
波兰	13.37	14.01	15.86	16.15	16.87	17.59	16.64
玻利维亚	2.13	2.56	2.12	1.38	4.68	1.58	2.69
博茨瓦纳	6.19	14.08	8.89	13.63	7.87	6.23	7.21
布基纳法索	0	0	0	0	1.76	1.33	2.69
丹麦	34.47	34.37	30.46	34.18	32.49	30.28	29.93
德国	36.22	37.30	35.64	37.09	41.19	42.00	39.56
多哥	14.56	14.57	14.73	12.58	11.83	12.48	11.05
俄罗斯	9.85	10.57	11.82	12.28	17.91	17.94	25.86
厄瓜多尔	2.23	2.40	1.65	1.68	2.48	3.61	3.71
法国	40.01	41.46	41.42	43.41	44.90	46.97	45.17
菲律宾	19.53	20.35	20.58	14.43	14.18	14.94	16.99
芬兰	33.81	33.29	33.85	31.97	31.84	38.31	37.43

续表

国家	年份						
	2017	2018	2019	2020	2021	2022	2023
哥伦比亚	10.46	11.31	11.32	9.00	9.17	10.56	10.63
哥斯达黎加	9.66	11.59	10.17	12.50	13.86	14.87	15.19
哈萨克斯坦	4.48	5.13	5.55	6.07	7.95	10.18	12.31
韩国	28.14	28.47	28.78	29.24	29.07	25.03	21.87
荷兰	23.14	23.76	24.06	25.47	26.77	27.50	28.09
洪都拉斯	5.64	7.66	7.95	5.29	8.64	7.77	6.49
吉尔吉斯斯坦	4.38	5.62	6.14	6.01	5.96	9.98	15.61
几内亚	5.51	6.53	7.27	9.54	4.80	8.15	7.31
加拿大	30.69	33.28	36.73	36.84	37.78	39.78	42.52
加纳	14.88	15.57	17.21	7.95	14.23	13.85	11.60
柬埔寨	15.47	17.87	22.19	21.48	22.16	20.60	16.97
捷克	47.35	48.54	47.27	44.42	44.11	44.68	35.00
喀麦隆	3.14	0.44	9.84	2.44	3.32	1.33	4.13
卡塔尔	7.13	7.01	6.01	5.18	6.29	7.37	7.21
科威特	53.64	53.74	48.93	41.32	42.19	41.13	39.29
克罗地亚	16.36	18.19	16.75	17.32	23.25	28.23	36.81
肯尼亚	10.14	8.30	7.63	5.82	6.00	6.41	6.00
拉脱维亚	53.85	44.86	40.46	44.69	43.44	47.27	46.78
老挝	5.07	2.63	3.50	2.88	5.28	5.07	5.07
黎巴嫩	11.82	6.96	6.71	6.50	19.22	25.45	25.74
立陶宛	44.64	46.91	31.79	28.94	38.18	47.27	46.78
卢森堡	19.75	21.19	21.68	25.54	28.95	26.08	24.64
罗马尼亚	12.80	14.23	13.29	11.50	11.93	14.78	14.06
马达加斯加	5.23	7.26	6.92	11.55	4.34	7.41	7.33
马耳他	30.89	30.32	26.90	24.49	23.34	14.01	7.59
马来西亚	39.25	43.34	40.85	38.15	40.10	42.08	43.96
马里	2.18	2.39	2.12	1.37	1.32	1.52	2.69

续表

国家	2017	2018	2019	2020	2021	2022	2023
美国	28.73	30.90	31.10	33.61	34.16	32.51	31.64
蒙古国	11.50	10.78	9.41	3.95	3.46	5.75	3.59
孟加拉国	21.39	16.27	16.15	15.75	19.78	19.20	14.39
秘鲁	12.88	14.99	13.34	13.99	11.76	11.54	12.61
缅甸	0.90	0.98	0.59	0.47	0.23	1.33	2.69
摩尔多瓦	23.35	26.79	26.18	25.85	30.36	25.89	27.08
摩洛哥	14.15	14.44	15.91	12.46	13.88	15.36	13.49
莫桑比克	6.80	6.54	8.09	6.88	2.83	3.09	3.06
墨西哥	11.99	13.67	13.50	10.74	8.34	9.41	11.42
纳米比亚	8.97	10.24	9.98	8.74	4.16	11.56	10.11
南非	18.98	21.31	18.63	16.31	21.35	20.76	20.18
尼加拉瓜	6.79	5.28	3.67	3.23	7.48	3.07	2.91
尼日尔	2.30	2.13	2.57	2.47	0.88	1.33	3.29
尼日利亚	0	0	0	0	0	1.33	2.69
挪威	36.56	36.75	35.65	35.89	37.92	43.31	44.80
葡萄牙	37.80	40.65	38.21	38.45	38.74	40.12	42.51
日本	71.89	72.26	69.78	71.08	68.12	47.27	46.78
瑞典	32.97	32.59	32.26	32.45	31.75	36.26	35.80
瑞士	55.13	54.56	51.33	55.45	54.22	47.27	46.78
萨尔瓦多	—	—	—	—	—	11.53	10.74
塞尔维亚	—	—	—	—	—	4.85	4.70
塞内加尔	0	0	0	0	9.65	12.19	10.46
塞浦路斯	20.30	17.96	22.22	20.12	20.21	15.64	14.87
沙特阿拉伯	22.70	18.80	24.29	17.85	19.18	16.41	13.61
斯里兰卡	15.18	15.29	14.75	16.65	15.24	15.35	12.97
斯洛伐克	—	—	—	—	—	44.73	35.11
斯洛文尼亚	20.98	21.95	24.04	23.80	30.78	36.28	37.45

续表

国家	2017	2018	2019	2020	2021	2022	2023
苏丹	24.61	25.12	24.37	58.13	39.58	41.16	41.70
塔吉克斯坦	13.48	14.75	20.85	16.90	12.62	10.12	12.16
泰国	38.06	33.06	29.56	33.95	35.18	34.11	34.99
坦桑尼亚	11.20	9.74	9.26	9.58	12.51	15.36	15.40
突尼斯	22.06	23.08	28.57	25.84	32.42	32.47	31.01
土耳其	24.30	21.66	23.12	26.32	27.83	32.32	36.86
土库曼斯坦	4.81	3.75	3.88	2.52	3.05	3.00	6.72
危地马拉	4.54	6.45	5.35	4.94	5.51	1.87	6.49
委内瑞拉	28.83	30.27	30.46	27.57	31.50	28.51	28.29
乌干达	3.76	3.67	6.44	6.51	9.22	7.98	7.31
乌克兰	14.84	13.12	13.34	13.73	16.42	6.22	4.19
乌拉圭	15.78	14.72	14.30	13.97	16.08	14.44	12.61
乌兹别克斯坦	4.29	4.78	2.53	6.52	9.66	12.69	6.50
西班牙	39.85	39.53	37.20	39.57	40.87	44.29	42.88
希腊	26.26	19.32	23.97	30.12	29.61	32.29	34.67
新加坡	72.42	72.14	70.09	68.00	31.77	47.27	46.78
新西兰	22.42	23.57	24.58	26.30	42.90	25.01	21.90
匈牙利	9.35	9.27	9.03	8.30	10.17	11.78	12.78
牙买加	—	—	—	—	—	15.65	15.92
亚美尼亚	8.44	10.39	13.43	12.42	11.03	21.25	28.09
伊拉克	9.94	12.20	14.37	13.22	24.24	17.08	15.68
伊朗	61.58	37.30	33.07	32.46	23.38	27.72	28.72
以色列	37.18	36.42	35.89	33.15	37.73	39.14	34.21
意大利	37.73	41.54	35.59	38.50	40.43	45.84	44.32
印度	19.01	19.94	18.93	18.36	18.70	20.90	19.98
印度尼西亚	13.24	12.62	11.01	9.54	11.67	8.45	7.57
英国	64.62	64.56	64.15	64.47	65.25	47.27	46.78

续表

国家	2017	2018	2019	2020	2021	2022	2023
约旦	40.31	43.11	44.22	44.32	36.91	43.37	41.82
越南	21.06	18.30	20.85	11.11	24.40	25.07	23.40
赞比亚	5.18	3.28	3.06	4.98	3.89	6.33	6.84
智利	9.49	9.60	9.83	7.80	8.74	10.54	9.17

数据来源：QEDS、WDI、EIU、CEIC。

表16　　　　　　　　　　　　财政余额/GDP　　　　　　　　　　（单位：%）

国家	2018	2019	2020	2021	2022	2023	2024
阿尔巴尼亚	-1.35	-1.96	-6.86	-6.69	-4.08	-2.51	-2.83
阿尔及利亚	-4.43	-5.58	-6.25	-9.25	-12.31	-7.64	-7.60
阿根廷	-5.44	-4.40	-8.63	-4.60	-3.50	-3.99	-3.73
阿联酋	1.90	0.59	-5.64	-0.54	7.66	2.55	2.31
阿曼	-7.71	-5.57	-18.67	-2.57	5.50	2.55	2.31
阿塞拜疆	5.47	9.08	-6.50	-1.84	17.13	0.98	-0.80
埃及	-9.44	-7.99	-7.87	-7.33	-6.22	-4.62	-7.60
埃塞俄比亚	-3.03	-2.53	-2.76	-2.98	-3.06	-2.73	-2.00
爱尔兰	0.02	0.30	-5.03	-5.35	0.36	1.69	1.84
爱沙尼亚	-0.51	0.52	-4.86	-2.93	-2.85	-3.89	-3.21
安哥拉	2.29	0.78	-1.89	3.22	2.72	-1.94	0.97
奥地利	0.17	0.61	-8.77	-5.79	-2.70	-2.38	-1.96
澳大利亚	-1.26	-4.36	-8.73	-8.46	-3.42	-1.43	-2.23
巴布亚新几内亚	—	—	—	—	-5.52	-4.34	-3.99
巴基斯坦	-6.42	-8.96	-8.04	-7.07	-7.81	-7.64	-7.60
巴拉圭	-1.65	-3.80	-7.15	-5.21	-4.95	-4.24	-2.15
巴林	-11.85	-9.00	-17.88	-8.00	-4.66	-5.02	-3.20
巴拿马	-3.19	-3.57	-10.05	-7.39	-4.03	-3.10	-2.03
巴西	-7.10	-5.88	-13.37	-6.16	-5.82	-7.12	-6.03
白俄罗斯	1.80	0.91	-2.92	-3.88	-4.32	-0.68	0.55

续表

国家	年份						
	2018	2019	2020	2021	2022	2023	2024
保加利亚	0.12	-0.96	-2.98	-3.68	-3.25	-2.82	-3.21
比利时	—	—	—	—	-4.69	-4.88	-4.79
冰岛	0.91	-1.52	-8.64	-8.67	-5.44	-0.87	-1.23
波兰	-0.24	-0.69	-6.95	-4.25	-4.12	-5.27	-4.71
玻利维亚	-8.14	-7.22	-12.73	-9.19	-8.50	-5.73	-5.67
博茨瓦纳	-5.07	-8.58	-9.93	-5.03	-1.51	-1.90	-1.07
布基纳法索	-4.39	-3.41	-5.70	-5.60	-6.07	-6.64	-5.64
丹麦	0.76	4.06	-0.60	-1.88	1.17	1.83	0.93
德国	1.91	1.47	-4.31	-6.84	-3.32	-2.89	-1.65
多哥	-0.58	1.61	-6.88	-6.02	-6.12	-6.58	-4.74
俄罗斯	2.92	1.94	-4.01	-0.56	-2.30	-3.68	-2.55
厄瓜多尔	-2.06	-2.74	-6.14	-2.32	0.87	-1.04	-0.78
法国	-2.29	-3.07	-9.21	-8.93	-5.10	-4.86	-4.49
菲律宾	-1.55	-1.66	-5.74	-7.62	-5.44	-4.83	-4.30
芬兰	-0.85	-1.00	-5.47	-4.59	-2.08	-2.61	-2.53
哥伦比亚	-4.67	-3.48	-6.95	-8.44	-6.39	-3.48	-2.40
哥斯达黎加	-5.73	-6.77	-8.62	-6.39	-4.34	-3.47	-3.14
哈萨克斯坦	2.58	-0.57	-7.03	-2.97	-2.03	-0.88	-1.08
韩国	2.56	0.37	-2.24	-2.93	-1.80	-1.23	-0.89
荷兰	1.37	2.48	-4.29	-6.14	-0.75	-2.07	-1.94
洪都拉斯	0.20	0.09	-4.65	-4.16	-3.27	-1.85	-1.68
吉尔吉斯斯坦	-0.59	-0.13	-3.27	-3.67	-3.31	-1.78	-3.31
几内亚	-1.09	-0.48	-2.87	-2.35	-1.92	-2.29	-2.35
加拿大	0.28	0.54	-10.88	-7.49	-2.15	-0.73	-0.64
加纳	-6.79	-7.20	-15.70	-14.50	-9.19	-4.60	-4.11
柬埔寨	0.66	2.96	-3.45	-3.75	-4.54	-4.50	-3.03
捷克	0.91	0.31	-6.11	-8.03	-4.01	-4.08	-2.25
喀麦隆	-2.49	-3.30	-3.26	-2.75	-2.02	-0.76	-0.60
卡塔尔	5.92	4.93	1.32	2.78	12.52	2.55	2.31
科威特	9.19	4.97	-8.34	-1.47	14.11	2.55	2.31

续表

国家	年份						
	2018	2019	2020	2021	2022	2023	2024
克罗地亚	0.23	0.30	-7.42	-4.11	-2.78	-0.76	-1.75
肯尼亚	-7.02	-7.35	-8.06	-8.01	-6.96	-4.71	-4.09
拉脱维亚	-0.74	-0.38	-3.92	-8.61	-5.97	-3.69	-1.82
老挝	-4.66	-4.39	-5.52	-5.49	-5.14	-3.37	-3.50
黎巴嫩	-11.22	-10.30	-3.23	-2.00	-5.91	-1.70	-2.50
立陶宛	0.60	0.27	-7.35	-5.23	-1.99	-1.77	-1.40
卢森堡	3.02	2.37	-4.08	-1.34	-1.12	-2.83	-1.91
罗马尼亚	-2.82	-4.57	-9.64	-6.70	-6.42	-6.27	-6.01
马达加斯加	-1.34	-1.42	-4.28	-6.43	-6.48	-3.87	-3.42
马耳他	1.86	0.36	-9.93	-11.64	-5.55	-5.25	-3.92
马来西亚	-2.65	-2.22	-5.18	-5.89	-4.91	-4.69	-4.36
马里	-4.74	-1.68	-5.39	-5.50	-5.00	-4.85	-4.45
美国	-5.44	-5.73	-14.85	-10.82	-4.03	-7.64	-7.38
蒙古国	2.97	0.81	-9.76	-5.60	-0.38	-0.74	-2.83
孟加拉国	-4.64	-5.43	-5.54	-5.94	-5.10	-4.46	-4.50
秘鲁	-2.00	-1.37	-8.34	-5.44	-2.27	-2.21	-1.79
缅甸	-3.40	-3.91	-5.61	-7.79	-7.85	-4.45	-4.64
摩尔多瓦	-0.84	-1.44	-5.15	-4.33	-6.19	-6.00	-4.60
摩洛哥	-3.70	-3.82	-7.57	-6.49	-5.32	-4.90	-4.22
莫桑比克	-5.59	-0.15	-5.12	-7.34	-3.35	-2.83	-2.19
墨西哥	-2.20	-2.33	-4.48	-4.25	-3.78	-3.90	-5.40
纳米比亚	-5.09	-5.52	-9.42	-9.79	-8.11	-4.17	-4.01
南非	-3.75	-4.77	-10.81	-8.44	-4.90	-6.36	-6.50
尼加拉瓜	-3.02	-0.30	-2.22	-2.95	-2.92	0.77	0.43
尼日尔	-3.00	-3.56	-5.34	-6.60	-6.59	-4.86	-4.10
尼日利亚	-4.32	-4.69	-5.78	-6.11	-6.24	-5.35	-4.51
挪威	7.79	6.40	-6.13	-5.95	20.31	2.55	2.31
葡萄牙	-0.35	0.08	-5.75	-4.81	-1.86	-0.24	-0.06
日本	-2.70	-3.11	-10.28	-9.00	-7.87	-5.61	-3.67
瑞典	0.83	0.51	-3.07	-2.63	0.10	-0.41	-0.63

续表

国家	2018	2019	2020	2021	2022	2023	2024
瑞士	1.27	1.32	-2.82	-2.08	-0.14	0.11	0.40
萨尔瓦多	—	—	—	—	-4.79	-3.97	-3.99
塞尔维亚	—	—	—	—	-2.76	-1.82	-1.83
塞内加尔	-3.66	-3.87	-6.37	-5.40	-6.17	-4.98	-3.90
塞浦路斯	-3.46	1.46	-5.73	-5.12	-0.50	1.88	1.66
沙特阿拉伯	-5.87	-4.45	-11.31	-3.05	5.49	-0.27	0.27
斯里兰卡	-5.32	-7.97	-12.76	-10.51	-9.79	-7.60	-7.60
斯洛伐克	—	—	—	—	-4.01	-5.50	-6.00
斯洛文尼亚	0.74	0.43	-8.30	-7.01	-3.13	-3.53	-2.74
苏丹	-7.93	-10.82	-5.93	-2.88	-2.24	-4.19	-2.70
塔吉克斯坦	-2.78	-2.10	-4.41	-2.70	-2.50	-2.54	-2.46
泰国	0.06	-0.82	-4.70	-6.91	-5.58	-2.89	-2.72
坦桑尼亚	-1.93	-1.72	-1.80	-3.27	-3.12	-3.32	-2.58
突尼斯	-4.54	-3.85	-9.81	-8.25	-4.19	-5.21	-3.24
土耳其	-3.79	-5.61	-5.29	-4.92	-6.58	-5.43	-3.66
土库曼斯坦	-0.22	-0.39	-0.16	-0.33	0.61	0.87	0.39
危地马拉	-1.88	-2.24	-4.92	-2.27	-1.89	-1.77	-1.78
委内瑞拉	-31.00	-10.00	-5.05	-7.20	-5.23	-4.70	-4.20
乌干达	-3.02	-4.83	-7.57	-5.94	-5.53	-4.18	-2.75
乌克兰	-2.15	-1.97	-6.02	-4.50	-3.96	-7.64	-7.60
乌拉圭	-1.87	-2.75	-4.66	-4.21	-2.86	-3.23	-2.65
乌兹别克斯坦	1.67	-0.25	-3.14	-3.52	-3.96	-4.56	-3.86
西班牙	-2.49	-2.86	-10.97	-8.63	-4.93	-3.92	-2.96
希腊	0.81	0.23	-10.51	-10.25	-4.41	-1.64	-0.77
新加坡	3.69	3.88	-8.88	-0.23	1.37	2.55	2.31
新西兰	1.14	-2.27	-5.98	-7.38	-4.70	-3.41	-3.53
匈牙利	-2.10	-2.08	-8.11	-6.60	-4.89	-5.48	-3.84
牙买加	—	—	—	—	0.27	0.28	0.29
亚美尼亚	-1.75	-0.98	-5.40	-4.04	-2.28	-2.69	-2.66
伊拉克	7.80	0.84	-12.81	-1.55	11.06	-7.64	-7.60

续表

国家	\multicolumn{7}{c}{年份}
	2018	2019	2020	2021	2022	2023	2024
伊朗	-1.85	-5.08	-5.72	-6.45	-4.20	-5.45	-5.74
以色列	-3.53	-3.91	-11.40	-6.81	0.09	-1.62	-2.05
意大利	-2.18	-1.56	-9.50	-10.24	-5.45	-4.99	-4.00
印度	-6.38	-7.39	-12.78	-11.27	-9.89	-7.64	-7.60
印度尼西亚	-1.75	-2.23	-5.87	-6.12	-3.86	-2.22	-2.16
英国	-2.23	-2.31	-12.53	-11.89	-4.28	-4.46	-3.91
约旦	-4.66	-6.01	-8.92	-7.69	-5.86	-7.00	-6.63
越南	-1.03	-3.31	-3.91	-4.72	-4.69	-1.33	-1.74
赞比亚	-8.26	-9.41	-12.92	-8.53	-9.51	-5.99	-4.63
智利	-1.47	-2.72	-7.14	-7.90	0.91	-1.65	-1.35

数据来源：WEO、WDI、EIU。

表17　　　　　　　　　外债/外汇储备　　　　　　　（单位:%）

国家	年份						
	2017	2018	2019	2020	2021	2022	2023
阿尔巴尼亚	273.13	253.45	255.76	217.90	196.86	197.88	188.75
阿尔及利亚	5.43	6.53	7.65	8.73	16.02	73.10	70.85
阿根廷	428.46	428.86	621.65	688.88	621.02	617.19	1116.27
阿联酋	241.23	235.38	225.99	241.86	244.66	235.60	186.21
阿曼	312.64	387.21	425.33	505.48	300.05	323.82	316.01
阿塞拜疆	229.04	243.19	224.91	225.22	190.57	133.04	108.49
埃及	232.75	239.01	258.03	331.50	364.33	506.87	516.30
埃塞俄比亚	861.36	697.02	945.23	982.42	1661.27	2418.58	2003.83
爱尔兰	55023.70	52266.25	49751.75	58677.77	50772.13	5508.05	5699.50
爱沙尼亚	6782.00	3015.78	1634.11	1502.59	1271.81	1468.52	1680.51
安哥拉	291.70	335.39	318.32	470.84	432.57	476.62	434.90
奥地利	3174.88	2827.02	2906.62	2521.52	2212.38	2146.19	2347.72
澳大利亚	2326.30	2774.90	2593.05	3851.20	3065.36	2711.46	2470.43

续表

国家	年份						
	2017	2018	2019	2020	2021	2022	2023
巴布亚新几内亚	—	—	—	—	—	163.73	413.41
巴基斯坦	466.15	790.15	608.95	632.31	571.80	1278.58	935.34
巴拉圭	202.21	205.24	212.35	104.62	221.10	129.14	139.30
巴林	2233.03	2638.63	1825.31	3230.82	2451.87	1967.41	2207.60
巴拿马	3395.97	4661.00	3058.15	1111.64	1359.15	1911.39	2599.66
巴西	145.19	148.80	159.38	179.58	167.44	209.77	216.08
白俄罗斯	541.12	541.63	433.58	563.02	494.40	502.25	403.56
保加利亚	144.45	139.68	145.16	128.44	114.76	115.14	126.41
比利时	—	—	—	—	—	3406.40	3635.96
冰岛	337.23	310.04	283.73	300.77	298.66	358.09	323.96
波兰	338.98	309.57	277.33	243.74	220.19	222.20	236.45
玻利维亚	126.78	148.36	222.21	270.72	341.23	413.31	490.27
博茨瓦纳	23.25	26.77	25.37	32.35	41.27	73.10	70.85
布基纳法索	189.72	207.90	213.72	289.62	537.78	1760.75	1693.76
丹麦	727.33	695.53	751.83	832.74	700.95	524.49	517.04
德国	2864.36	2824.60	2509.27	2518.42	2336.27	2191.53	2240.65
多哥	190.89	257.24	164.18	152.93	147.29	162.14	158.10
俄罗斯	119.63	96.80	88.47	78.28	76.34	73.10	70.85
厄瓜多尔	1896.67	2081.58	1759.22	869.55	737.66	734.96	874.49
法国	3713.90	3511.49	3316.59	3301.23	2970.12	2853.81	3021.83
菲律宾	90.17	99.75	93.46	89.53	97.82	115.86	122.88
芬兰	4656.16	5616.87	5293.83	4839.53	3537.49	3836.75	4785.25
哥伦比亚	267.34	277.73	263.99	264.11	296.44	324.28	365.36
哥斯达黎加	358.27	378.21	333.70	440.06	488.18	425.46	343.96
哈萨克斯坦	517.13	506.83	538.72	460.62	464.70	457.89	419.88
韩国	105.92	109.47	115.09	123.01	122.38	157.13	159.51
荷兰	11890.25	11284.88	9643.92	8072.92	6201.61	5508.05	5699.50

续表

国家	年份						
	2017	2018	2019	2020	2021	2022	2023
洪都拉斯	185.67	192.21	170.04	137.07	135.37	150.45	159.34
吉尔吉斯斯坦	373.50	378.82	343.35	310.70	304.37	348.19	441.34
几内亚	236.38	198.87	202.22	257.52	246.31	278.30	325.90
加拿大	2251.68	2348.18	2604.80	2708.71	2479.15	2464.13	2637.46
加纳	318.26	370.65	356.45	337.14	369.91	592.40	665.60
柬埔寨	93.55	92.42	81.60	82.57	98.80	125.72	124.48
捷克	138.69	137.35	129.18	121.15	117.33	140.68	151.76
喀麦隆	313.12	314.05	340.32	356.11	359.83	265.66	311.28
卡塔尔	1142.71	609.00	499.98	497.61	432.52	392.07	361.49
科威特	147.58	143.35	136.71	111.28	144.50	127.51	143.26
克罗地亚	277.57	243.93	217.89	211.52	188.96	178.78	209.43
肯尼亚	357.63	375.88	375.36	425.22	426.44	481.02	479.40
拉脱维亚	991.50	941.57	897.84	853.11	875.38	938.43	962.99
老挝	1305.79	1568.41	1564.11	1246.35	1141.47	1349.60	1327.91
黎巴嫩	133.85	152.17	141.70	172.25	190.85	212.32	212.26
立陶宛	941.71	706.71	757.02	948.37	877.98	905.83	1051.20
卢森堡	493455.80	443974.20	387778.80	342662.70	136686.60	5508.05	5699.50
罗马尼亚	262.81	271.35	293.60	296.08	300.10	274.98	267.55
马达加斯加	211.36	214.43	240.11	177.42	229.02	185.20	174.86
马耳他	12915.73	9822.63	10497.27	11567.23	9165.19	5508.05	5699.50
马来西亚	213.65	220.83	222.13	221.07	221.24	226.22	241.91
马里	662.85	511.38	442.62	355.83	306.86	622.95	652.24
美国	4217.52	4370.98	3984.66	3410.43	3255.41	3486.91	3645.62
蒙古国	926.39	836.22	720.54	711.99	776.02	981.17	812.77
孟加拉国	140.02	162.77	174.60	161.60	198.10	285.96	410.29
秘鲁	105.93	110.67	94.82	98.10	111.36	126.27	129.44
缅甸	206.35	189.23	190.83	173.09	237.26	301.14	302.36

续表

国家	年份						
	2017	2018	2019	2020	2021	2022	2023
摩尔多瓦	249.28	248.76	246.31	220.89	219.82	214.41	227.83
摩洛哥	195.31	205.69	208.11	182.26	183.50	200.51	195.13
莫桑比克	476.62	577.53	523.52	508.35	1661.57	2082.70	1789.67
墨西哥	252.57	257.39	256.83	232.58	291.59	289.50	291.40
纳米比亚	341.32	387.05	402.77	377.00	321.37	321.84	304.92
南非	348.95	333.06	341.47	309.78	295.22	271.30	233.69
尼加拉瓜	416.86	515.33	487.64	376.00	354.73	338.52	289.15
尼日尔	234.45	295.87	228.06	235.49	269.32	339.75	633.05
尼日利亚	106.65	117.77	143.03	178.68	189.44	226.08	264.14
挪威	992.20	1005.46	1000.33	958.16	862.26	1064.21	1089.03
葡萄牙	1811.21	1844.15	1845.65	1710.04	1423.17	1331.17	1391.98
日本	285.68	315.95	321.50	346.87	330.00	357.65	352.77
瑞典	1646.82	1538.58	1623.16	1717.86	1656.06	1520.41	1579.16
瑞士	245.19	236.08	232.16	210.40	213.68	246.14	240.20
萨尔瓦多	—	—	—	—	—	761.67	877.04
塞尔维亚	—	—	—	—	—	219.56	167.42
塞内加尔	465.01	482.32	456.70	499.58	686.82	725.29	669.63
塞浦路斯	28028.96	23945.75	21092.18	18885.32	11815.13	5508.05	5699.50
沙特阿拉伯	24.59	29.67	35.70	50.30	62.65	73.10	70.85
斯里兰卡	637.83	764.50	733.44	868.85	1707.66	2579.84	1161.02
斯洛文尼亚	5821.53	5166.04	4898.52	4472.96	1567.69	1172.70	1067.82
斯洛伐克	—	—	—	—	—	2437.28	2723.21
苏丹	12195.88	14154.07	13493.51	311400.40	4490.62	5508.05	5699.50
塔吉克斯坦	466.64	465.28	452.21	293.66	281.99	165.02	157.87
泰国	79.80	83.50	80.36	73.92	85.77	92.51	87.83
坦桑尼亚	310.83	366.16	351.75	423.31	446.13	591.59	591.31
突尼斯	553.75	620.27	476.83	419.36	480.75	520.55	569.03

续表

国家	年份						
	2017	2018	2019	2020	2021	2022	2023
土耳其	423.15	479.58	416.04	463.15	397.55	370.58	431.38
土库曼斯坦	8.03	6.13	3.95	4.19	27.05	73.10	70.85
危地马拉	203.52	186.02	179.86	134.90	126.32	122.28	107.89
委内瑞拉	1684.69	1832.06	2250.50	2530.92	1747.77	1836.45	1912.34
乌干达	313.71	366.68	438.52	456.39	443.48	597.18	596.00
乌克兰	653.88	581.23	489.79	431.34	438.41	459.41	385.71
乌拉圭	257.71	266.40	307.37	285.77	281.82	352.15	347.96
乌兹别克斯坦	59.82	64.78	74.24	104.08	104.46	144.92	78.04
西班牙	3376.96	3279.25	3172.04	3367.57	2861.22	2669.43	2849.14
希腊	6205.27	6245.69	5922.35	5086.02	4350.18	4842.43	5025.15
新加坡	524.50	519.99	554.33	451.92	189.35	622.14	532.83
新西兰	936.77	1082.21	1083.47	1532.86	660.51	1424.62	1275.58
匈牙利	550.03	494.34	497.39	608.64	599.95	650.99	681.13
牙买加	—	—	—	—	—	312.36	370.49
亚美尼亚	442.00	474.73	417.15	493.25	427.83	371.09	257.37
伊拉克	159.90	126.77	124.89	128.89	130.32	92.81	86.51
伊朗	6.43	5.70	5.60	6.64	15.18	73.10	70.85
以色列	78.45	81.56	83.32	75.38	76.08	80.27	83.67
意大利	1684.62	1608.16	1432.19	1347.65	1223.52	1183.45	1271.36
印度	123.73	130.58	120.95	95.57	96.73	107.86	110.71
印度尼西亚	272.31	314.05	311.63	337.00	287.41	289.14	349.95
英国	5726.56	4869.70	5080.83	5419.64	5036.48	4971.99	4991.37
约旦	194.31	220.92	219.01	211.78	222.34	214.37	220.84
越南	211.92	192.96	149.36	113.76	123.87	154.69	153.40
赞比亚	834.78	1211.10	1887.41	2426.33	1182.85	1096.68	1119.22
智利	462.91	459.98	485.13	533.58	465.62	596.70	541.29

数据来源：WDI、QEDS、EIU、CEIC。

表18　　　　　　　　　经常账户余额/GDP　　　　　　　　（单位：%）

国家	2018	2019	2020	2021	2022	2023	2024
阿尔巴尼亚	-6.76	-7.63	-8.89	-8.64	-8.64	-5.96	-5.89
阿尔及利亚	-9.65	-9.91	-12.68	-7.63	6.21	2.92	0.98
阿根廷	-5.17	-0.82	0.85	0.99	-0.32	-0.60	1.15
阿联酋	9.59	8.48	3.08	9.67	14.72	8.16	7.68
阿曼	-5.37	-5.45	-13.67	-5.75	6.17	5.09	5.39
阿塞拜疆	12.84	9.06	-0.53	7.82	31.68	13.65	12.53
埃及	-2.38	-3.60	-3.07	-3.88	-3.63	-1.71	-2.41
埃塞俄比亚	-6.53	-5.33	-4.60	-2.87	-4.28	-2.39	-2.02
爱尔兰	4.91	-19.85	-2.65	11.11	12.22	7.75	7.23
爱沙尼亚	0.92	1.99	-0.59	-1.81	-0.23	1.84	2.59
安哥拉	7.30	6.08	1.49	7.34	11.33	3.07	3.74
奥地利	1.26	2.84	2.50	1.61	-2.62	0.07	0.03
澳大利亚	-2.09	0.71	2.66	3.56	2.12	0.62	-0.71
巴布亚新几内亚	—	—	—	—	21.95	13.65	12.53
巴基斯坦	-6.13	-4.85	-1.70	-0.61	-4.60	-0.70	-1.80
巴拉圭	0.05	-1.15	2.20	3.49	-3.83	0.60	0.08
巴林	-6.47	-2.07	-9.34	-2.90	8.57	6.64	6.99
巴拿马	-7.65	-4.99	2.33	-3.69	-3.69	-3.63	-3.23
巴西	-2.68	-3.46	-1.79	-0.52	-1.45	-1.91	-1.80
白俄罗斯	0.04	-1.93	-0.42	0.39	-1.47	2.74	1.99
保加利亚	0.95	1.83	-0.66	0.52	-0.93	0	0.07
比利时	—	—	—	—	-2.21	-2.71	-1.94
冰岛	3.54	5.83	0.91	1.00	-1.97	-0.65	-0.42
波兰	-1.28	0.49	3.45	2.26	-4.02	1.00	0.33
玻利维亚	-4.49	-3.37	-0.48	-2.22	-1.40	-2.72	-3.26
博茨瓦纳	0.69	-8.42	-10.58	-4.04	1.99	0.83	1.46
布基纳法索	-4.14	-3.28	-0.15	-2.53	-3.45	-5.07	-5.16

续表

国家	2018	2019	2020	2021	2022	2023	2024
丹麦	7.28	8.75	8.24	6.96	8.22	11.40	9.85
德国	7.84	7.45	6.95	6.80	4.19	6.00	6.58
多哥	-2.60	-0.77	-1.48	-2.68	-4.80	-3.06	-2.71
俄罗斯	7.00	3.87	2.44	5.74	12.16	3.39	3.98
厄瓜多尔	-1.24	-0.06	2.50	1.71	2.35	1.47	1.60
法国	-0.83	-0.29	-1.90	-1.67	-1.26	-1.23	-1.29
菲律宾	-2.56	-0.81	3.59	0.39	-4.39	-2.97	-2.58
芬兰	-1.85	-0.31	0.76	-0.10	-0.77	-1.72	-0.94
哥伦比亚	-4.09	-4.49	-3.43	-4.38	-5.14	-4.90	-4.30
哥斯达黎加	-3.22	-2.15	-2.18	-2.96	-4.81	-2.77	-2.28
哈萨克斯坦	-0.08	-4.02	-3.66	-0.87	2.98	-1.52	-0.68
韩国	4.49	3.61	4.60	4.46	3.19	1.33	1.71
荷兰	10.84	9.37	6.98	7.90	7.47	7.60	7.58
洪都拉斯	-5.73	-1.37	3.00	-3.03	-4.55	-5.21	-4.95
吉尔吉斯斯坦	-12.05	-12.10	4.51	-7.70	-12.48	-11.54	-6.12
几内亚	-19.54	-11.46	-13.66	-8.50	-7.00	-8.88	-8.10
加拿大	-2.34	-2.05	-1.82	0.52	0.53	-0.99	-0.96
加纳	-3.04	-2.74	-3.11	-2.23	-5.25	-2.49	-2.79
柬埔寨	-11.77	-15.01	-12.13	-21.32	-31.32	-10.99	-8.00
捷克	0.45	0.33	3.57	1.57	-4.30	0.50	1.71
喀麦隆	-3.64	-4.35	-3.68	-2.83	-2.29	-2.58	-2.42
卡塔尔	9.08	2.41	-2.40	8.20	21.17	13.65	12.53
科威特	14.40	16.26	16.72	15.51	29.05	13.65	12.53
克罗地亚	1.82	3.04	-0.36	-0.10	2.17	-0.24	-0.42
肯尼亚	-5.47	-5.53	-4.42	-5.04	-5.93	-4.87	-4.90
拉脱维亚	-0.29	-0.65	2.95	-1.03	-3.29	-2.97	-2.36
老挝	-12.96	-9.11	-4.45	-6.24	-2.54	-2.57	-6.10

续表

国家	年份						
	2018	2019	2020	2021	2022	2023	2024
黎巴嫩	-28.45	-27.57	-17.79	-26.70	-32.20	-11.54	-8.10
立陶宛	0.30	3.34	8.34	6.69	-1.60	0.03	0.94
卢森堡	4.76	4.57	4.29	4.70	4.26	3.68	4.03
罗马尼亚	-4.65	-4.89	-5.24	-5.71	-8.44	-7.29	-7.11
马达加斯加	0.72	-2.29	-5.32	-5.83	-5.40	-3.93	-4.76
马耳他	6.07	5.54	-3.50	-2.39	-3.10	-2.97	-2.91
马来西亚	2.23	3.50	4.24	3.81	1.60	2.70	2.82
马里	-4.90	-7.46	-0.22	-5.28	-7.86	-6.50	-5.71
美国	-2.14	-2.21	-2.95	-3.47	-3.94	-2.95	-2.80
蒙古国	-16.80	-15.44	-5.14	-8.52	-20.31	-10.91	-8.10
孟加拉国	-3.50	-1.69	-1.46	-1.07	-4.05	-0.75	-0.81
秘鲁	-1.74	-0.93	0.77	0.40	-3.04	-1.92	-2.12
缅甸	-4.71	-2.83	-3.44	-0.81	-1.73	-1.58	-1.53
摩尔多瓦	-10.35	-9.35	-6.68	-8.45	-12.83	-11.54	-8.10
摩洛哥	-5.27	-3.68	-1.47	-3.07	-4.33	-3.07	-3.21
莫桑比克	-30.31	-19.64	-27.18	-33.98	-45.89	-11.54	-8.10
墨西哥	-2.05	-0.31	2.43	0.04	-1.23	-1.47	-1.43
纳米比亚	-3.44	-1.75	2.36	-7.29	-7.97	-7.12	-6.36
南非	-3.23	-2.73	1.96	2.88	1.20	-2.50	-2.77
尼加拉瓜	-1.80	5.97	7.59	4.15	-3.17	2.12	0.22
尼日尔	-12.65	-12.57	-13.47	-15.39	-15.65	-11.54	-3.89
尼日利亚	1.48	-3.26	-3.95	-3.22	-0.19	0.72	0.60
挪威	7.95	2.85	1.97	7.18	19.41	13.65	12.53
葡萄牙	0.55	0.44	-1.11	-1.68	-1.12	1.31	1.13
日本	3.53	3.44	3.26	3.47	1.35	3.34	3.66
瑞典	2.63	5.46	5.71	4.80	3.82	5.35	5.36
瑞士	6.67	6.71	3.79	7.21	6.20	8.01	8.02

续表

国家	年份						
	2018	2019	2020	2021	2022	2023	2024
萨尔瓦多	—	—	—	—	-8.87	-4.55	-4.47
塞尔维亚	—	—	—	—	-8.35	-2.35	-3.23
塞内加尔	-8.81	-8.14	-10.19	-12.19	-12.97	-11.54	-7.87
塞浦路斯	-3.93	-6.31	-11.88	-9.31	-8.48	-8.56	-7.90
沙特阿拉伯	9.15	4.82	-2.81	3.87	15.98	5.95	5.40
斯里兰卡	-3.18	-2.20	-1.34	-3.17	-3.39	-1.60	-2.60
斯洛伐克	—	—	—	—	-3.66	-2.67	-3.96
斯洛文尼亚	5.96	5.99	7.38	6.38	-0.08	4.44	3.83
苏丹	-13.99	-15.63	-17.46	-10.07	-6.44	-0.95	-7.44
塔吉克斯坦	-5.05	-2.28	4.20	1.94	3.85	-3.68	-2.41
泰国	5.61	7.02	3.51	-0.49	-0.48	-0.17	1.87
坦桑尼亚	-3.06	-2.54	-1.78	-3.24	-4.43	-5.15	-4.17
突尼斯	-11.07	-8.39	-6.80	-7.32	-5.66	-5.77	-5.44
土耳其	-2.79	0.89	-5.18	-2.42	-9.07	-4.20	-2.99
土库曼斯坦	4.28	1.07	-2.64	0.56	2.46	3.39	1.79
危地马拉	0.85	2.33	5.48	4.26	1.12	2.38	1.75
委内瑞拉	8.75	7.77	-4.29	0.29	3.96	2.20	3.40
乌干达	-5.66	-6.36	-9.61	-8.89	-8.03	-7.09	-8.10
乌克兰	-3.27	-2.73	4.01	-0.69	6.59	-5.69	-7.16
乌拉圭	-0.52	1.34	-0.66	-1.29	-1.16	-3.74	-3.35
乌兹别克斯坦	-6.83	-5.62	-5.02	-6.05	-3.32	-4.27	-4.60
西班牙	1.93	2.14	0.69	0.41	-0.17	2.10	2.01
希腊	-3.57	-2.23	-7.42	-7.41	-6.72	-6.93	-5.97
新加坡	15.41	14.26	17.59	15.88	12.78	13.65	12.53
新西兰	-3.97	-2.92	-0.83	-3.29	-7.71	-7.89	-6.53
匈牙利	0.30	-0.45	-0.10	0.60	-6.70	-0.94	-1.57
牙买加	—	—	—	—	-6.02	-1.24	-1.69

续表

国家	年份						
	2018	2019	2020	2021	2022	2023	2024
亚美尼亚	-7.03	-7.36	-3.79	-2.88	-5.51	-1.36	-2.27
伊拉克	4.29	0.47	-10.79	6.16	16.30	-1.94	-4.32
伊朗	5.86	0.65	-0.09	1.29	1.62	3.44	3.67
以色列	2.84	3.35	5.44	4.46	2.49	4.21	4.01
意大利	2.51	3.21	3.55	3.72	-0.17	0.70	0.87
印度	-2.12	-0.86	0.90	-1.03	-3.48	-1.79	-1.81
印度尼西亚	-2.94	-2.70	-0.42	-0.27	2.18	-0.26	-0.64
英国	-3.68	-3.09	-3.71	-3.37	-4.81	-3.66	-3.66
约旦	-6.90	-2.13	-7.98	-8.93	-6.72	-7.55	-5.43
越南	1.90	3.81	3.65	1.82	0.27	0.24	0.71
赞比亚	-1.30	0.56	10.38	13.52	-1.79	3.77	7.06
智利	-3.93	-3.72	1.37	-2.51	-6.69	-3.48	-3.64

数据来源：WEO、EIU。

表19　　　　　　　　　　　　　贸易条件

国家	年份						
	2016	2017	2018	2019	2020	2021	2022
阿尔巴尼亚	0.94	0.95	0.94	0.93	0.96	0.99	0.99
阿尔及利亚	1.55	1.77	2.09	1.84	1.32	2.01	2.72
阿根廷	1.55	1.51	1.53	1.51	1.52	1.57	1.57
阿联酋	1.42	1.53	1.65	1.59	1.54	1.33	1.59
阿曼	1.05	1.19	1.38	1.29	1.05	2.41	2.44
阿塞拜疆	1.03	1.24	1.51	1.34	0.93	0.95	1.01
埃及	1.48	1.49	1.53	1.51	1.51	2.54	2.62
埃塞俄比亚	1.47	1.42	1.28	1.26	1.33	0.82	0.84
爱尔兰	0.98	0.95	0.91	0.91	1.37	0.96	0.94
爱沙尼亚	0.96	0.95	0.95	0.95	0.98	0.44	0.45

续表

国家	2016	2017	2018	2019	2020	2021	2022
安哥拉	1.19	1.48	1.84	1.72	1.11	0.44	0.49
奥地利	0.89	0.87	0.86	0.86	0.87	0.86	0.83
澳大利亚	1.48	1.72	1.76	1.93	1.94	2.08	2.30
巴布亚新几内亚	—	—	—	—	1.74	2.90	2.90
巴基斯坦	0.53	0.53	0.52	0.54	0.57	0.48	0.47
巴拉圭	1.28	1.26	1.23	1.19	1.26	1.00	1.01
巴林	1.28	1.38	1.42	1.39	1.27	1.00	1.01
巴拿马	1.56	1.70	1.57	1.57	1.70	0.60	0.62
巴西	1.10	1.16	1.14	1.14	1.16	1.69	1.57
白俄罗斯	0.93	0.98	1.01	1.00	0.97	0.98	0.95
保加利亚	1.13	1.11	1.10	1.11	1.15	0.75	0.73
比利时	—	—	—	—	0.96	0.96	0.98
冰岛	0.93	0.92	0.89	0.90	0.80	0.92	0.88
波兰	1.00	0.99	0.98	0.99	1.01	1.13	1.09
玻利维亚	0.92	1.04	1.03	1.05	1.07	1.70	2.08
博茨瓦纳	0.92	0.88	0.85	0.86	0.85	1.54	1.43
布基纳法索	1.41	1.40	1.34	1.42	1.72	1.00	1.00
丹麦	1.01	1.00	1.00	1.04	1.04	1.01	1.09
德国	1.02	1.00	0.99	1.00	1.02	0.97	0.88
多哥	1.22	1.19	1.18	1.19	1.19	1.00	0.99
俄罗斯	1.13	1.28	1.50	1.51	1.23	1.70	1.99
厄瓜多尔	1.13	1.22	1.33	1.30	1.15	0.49	0.49
法国	0.91	0.89	0.88	0.89	0.90	1.08	1.11
菲律宾	0.84	0.83	0.80	0.81	0.82	0.91	0.88
芬兰	0.92	0.91	0.90	0.89	0.90	0.70	0.69
哥伦比亚	1.09	1.28	1.40	1.38	1.16	1.55	1.83
哥斯达黎加	1.00	1.00	1.00	1.01	1.01	0.95	0.88

续表

国家	年份						
	2016	2017	2018	2019	2020	2021	2022
哈萨克斯坦	1.34	1.60	1.88	1.73	1.32	1.35	1.59
韩国	0.60	0.59	0.56	0.54	0.56	0.44	0.45
荷兰	0.94	0.93	0.94	0.94	0.94	1.02	0.99
洪都拉斯	1.23	1.34	1.65	1.65	1.68	0.44	0.45
吉尔吉斯斯坦	1.31	1.34	1.29	1.34	1.52	0.99	0.95
几内亚	1.03	1.10	1.08	1.09	1.14	1.02	1.02
加拿大	1.02	1.06	1.08	1.07	1.00	1.20	1.27
加纳	1.84	1.84	1.98	2.00	1.90	1.04	0.98
柬埔寨	0.77	0.73	0.69	0.71	0.74	1.00	0.99
捷克	1.05	1.03	1.04	1.05	1.06	1.09	1.05
喀麦隆	1.36	1.42	1.52	1.45	1.25	1.96	2.40
卡塔尔	1.15	1.40	1.71	1.34	1.01	2.90	2.90
科威特	1.18	1.42	1.72	1.59	1.05	2.90	2.90
克罗地亚	0.99	0.98	0.97	0.97	0.96	1.13	1.04
肯尼亚	1.02	1.07	1.01	1.00	1.06	0.92	1.04
拉脱维亚	1.07	1.06	1.08	1.08	1.09	1.09	1.07
老挝	0.96	1.02	0.99	0.96	1.06	1.09	1.09
黎巴嫩	1.11	1.09	1.07	1.08	1.21	0.67	0.45
立陶宛	0.99	0.99	0.98	0.99	1.01	1.00	0.98
卢森堡	0.74	0.73	0.71	0.70	0.70	1.00	1.00
罗马尼亚	1.09	1.07	1.07	1.07	1.09	0.98	0.97
马达加斯加	0.83	0.74	0.65	0.64	0.64	1.00	1.00
马耳他	1.41	1.37	1.38	1.40	1.54	1.00	0.99
马来西亚	1.05	1.06	1.06	1.07	1.07	1.20	1.21
马里	1.75	1.72	1.62	1.74	2.08	1.01	1.01
美国	1.00	1.00	1.00	1.00	1.00	1.03	1.07
蒙古国	1.51	1.86	1.90	1.88	1.73	1.03	1.02

续表

国家	2016	2017	2018	2019	2020	2021	2022
孟加拉国	0.70	0.66	0.63	0.65	0.68	0.95	0.94
秘鲁	1.63	1.75	1.75	1.72	1.86	2.00	1.79
缅甸	0.93	0.97	0.98	0.91	0.87	1.04	1.07
摩尔多瓦	0.74	0.74	0.72	0.71	0.81	0.72	0.60
摩洛哥	1.18	1.11	1.08	1.08	1.13	1.18	0.99
莫桑比克	0.90	1.00	1.02	0.94	0.90	1.01	1.00
墨西哥	0.88	0.92	0.94	0.95	0.91	0.85	0.81
纳米比亚	1.28	1.29	1.30	1.32	1.34	2.90	2.90
南非	1.45	1.51	1.46	1.53	1.65	1.86	1.79
尼加拉瓜	1.82	1.94	2.32	2.39	2.78	1.00	0.90
尼日尔	1.56	1.54	1.70	1.67	1.70	1.01	1.00
尼日利亚	1.19	1.41	1.67	1.53	1.15	0.46	0.64
挪威	1.10	1.19	1.32	1.13	0.89	2.22	2.90
葡萄牙	0.97	0.95	0.95	0.95	0.95	1.02	1.04
日本	0.72	0.69	0.65	0.66	0.71	0.60	0.50
瑞典	0.92	0.90	0.90	0.92	0.92	1.02	0.97
瑞士	1.10	1.10	1.11	1.14	1.13	1.04	0.97
萨尔瓦多	—	—	—	—	0.98	0.76	0.67
塞尔维亚	—	—	—	—	1.16	1.12	1.05
塞内加尔	1.14	1.15	1.15	1.17	1.14	1.46	1.76
塞浦路斯	0.90	0.91	0.93	0.91	0.82	0.75	0.76
沙特阿拉伯	0.82	1.04	1.15	1.09	0.86	1.65	1.88
斯里兰卡	1.15	1.16	1.16	1.14	1.17	2.90	2.58
斯洛文尼亚	0.96	0.95	0.94	0.95	0.96	1.00	1.00
斯洛伐克	—	—	—	—	1.00	0.95	0.95
苏丹	1.74	1.95	1.93	2.37	2.08	2.90	2.90
塔吉克斯坦	0.89	0.97	0.96	0.91	0.93	1.00	0.99

续表

国家	2016	2017	2018	2019	2020	2021	2022
泰国	1.05	1.03	1.00	1.01	1.02	0.76	0.70
坦桑尼亚	1.69	1.64	1.59	1.64	2.00	2.86	2.40
突尼斯	1.06	1.02	1.01	1.00	1.04	1.00	1.05
土耳其	1.03	0.97	0.94	0.94	0.97	0.82	0.71
土库曼斯坦	1.20	1.51	1.89	1.29	0.86	1.05	1.13
危地马拉	1.71	1.84	2.18	2.16	2.36	1.00	0.99
委内瑞拉	1.85	2.05	2.17	2.00	1.44	2.31	1.71
乌干达	1.24	1.21	1.11	1.15	1.25	0.44	0.45
乌克兰	0.83	0.85	0.84	0.84	0.89	2.46	2.44
乌拉圭	1.21	1.20	1.14	1.18	1.26	1.13	1.31
乌兹别克斯坦	1.50	1.59	1.70	1.63	1.88	0.44	0.45
西班牙	0.93	0.92	0.90	0.91	0.94	1.03	0.97
希腊	0.89	0.89	0.89	0.87	0.86	0.95	1.12
新加坡	0.86	0.84	0.83	0.83	0.80	0.66	0.67
新西兰	1.35	1.48	1.47	1.49	1.52	1.48	1.44
匈牙利	1.02	1.03	1.02	1.04	1.07	0.92	0.88
牙买加	—	—	—	—	0.83	0.53	0.50
亚美尼亚	1.23	1.32	1.31	1.33	1.40	0.98	0.91
伊拉克	1.04	1.34	1.69	1.57	0.92	0.94	1.04
伊朗	1.23	1.45	1.68	1.60	0.96	0.90	0.93
以色列	1.14	1.10	1.06	1.09	1.07	1.20	1.16
意大利	1.05	1.02	1.01	1.03	1.08	1.03	0.92
印度	1.08	1.04	0.99	1.00	1.05	1.32	1.25
印度尼西亚	1.17	1.20	1.18	1.18	1.13	1.21	1.23
英国	0.99	1.00	0.99	1.00	0.91	1.19	1.10
约旦	0.72	0.74	0.78	0.76	0.76	0.93	0.87
越南	1.37	1.37	1.36	1.36	1.37	1.42	1.46

续表

国家	2016	2017	2018	2019	2020	2021	2022
赞比亚	1.59	1.75	1.67	1.63	1.72	0.78	0.63
智利	1.94	2.14	2.09	2.07	2.24	2.55	2.33

数据来源：WDI、EIU、CEIC。

表20　　　　　　　　银行不良贷款/贷款总额　　　　　　（单位:%）

国家	2017	2018	2019	2020	2021	2022	2023
阿尔巴尼亚	13.23	11.08	8.37	8.11	5.39	5.39	4.79
阿尔及利亚	12.96	12.70	12.71	12.73	13.77	14.07	13.70
阿根廷	1.83	3.11	5.75	3.86	4.29	4.29	3.09
阿联酋	5.30	5.61	6.46	8.15	7.29	7.29	6.39
阿曼	2.40	2.80	3.40	4.20	1.92	4.20	4.40
阿塞拜疆	13.80	12.20	8.30	10.02	1.88	1.88	2.56
埃及	4.90	4.30	4.20	3.90	3.50	3.50	3.40
埃塞俄比亚	3.30	3.20	3.50	3.39	5.41	5.41	4.73
爱尔兰	11.46	5.73	3.36	3.54	7.33	2.48	1.61
爱沙尼亚	0.70	0.45	0.36	0.35	1.09	1.09	0.80
安哥拉	25.84	23.24	22.82	23.25	15.00	14.07	13.70
奥地利	2.37	1.88	1.63	1.78	2.03	2.08	1.99
澳大利亚	0.86	0.90	0.96	1.11	0.91	0.91	0.72
巴布亚新几内亚	—	—	—	—	—	6.16	4.78
巴基斯坦	8.43	7.97	8.58	9.19	7.89	7.89	7.31
巴拉圭	2.81	2.51	2.56	2.41	2.27	2.27	2.94
巴林	5.50	5.59	5.59	5.58	5.50	3.20	3.00
巴拿马	1.42	1.74	1.96	2.01	2.25	2.25	2.53
巴西	3.59	3.05	3.11	2.24	2.24	2.08	2.64
白俄罗斯	12.85	5.01	4.63	4.83	5.30	5.30	4.91

续表

国家	年份						
	2017	2018	2019	2020	2021	2022	2023
保加利亚	10.43	7.80	6.62	5.80	5.80	5.94	4.63
比利时	—	—	—	—	—	2.03	1.84
冰岛	2.86	2.51	2.93	2.90	2.06	2.06	1.40
波兰	3.94	3.85	3.80	3.71	2.87	2.85	2.44
玻利维亚	1.70	1.73	1.87	1.51	1.51	1.54	2.13
博茨瓦纳	5.28	5.43	4.79	4.32	4.24	4.24	3.75
布基纳法索	11.52	9.93	9.61	8.70	5.41	7.63	6.43
丹麦	2.29	1.71	1.72	1.82	1.25	1.24	1.07
德国	1.50	1.24	1.05	1.15	1.13	1.35	1.36
多哥	11.52	9.93	9.61	8.70	6.37	7.63	6.43
俄罗斯	10.00	10.12	9.29	8.76	9.15	6.72	6.10
厄瓜多尔	3.31	2.95	3.15	3.11	3.73	3.73	3.73
法国	3.12	2.75	2.47	2.71	2.42	2.42	2.08
菲律宾	1.58	1.67	1.97	3.53	3.96	3.96	3.13
芬兰	1.67	1.43	1.39	1.43	1.47	1.47	1.35
哥伦比亚	4.18	4.40	4.17	4.80	3.95	3.03	2.47
哥斯达黎加	2.05	2.12	2.40	2.43	2.43	2.26	2.11
哈萨克斯坦	9.31	7.39	8.14	8.03	7.68	3.31	3.37
韩国	0.35	0.25	0.25	0.26	0.32	0.66	1.20
荷兰	2.31	1.96	1.86	1.89	1.76	1.73	1.61
洪都拉斯	2.36	2.15	2.26	3.07	2.69	2.69	2.38
吉尔吉斯斯坦	7.37	7.30	7.73	10.09	10.82	10.82	12.45
几内亚	10.68	11.56	9.90	9.38	9.21	9.21	9.37
加拿大	0.45	0.51	0.50	0.53	0.38	0.66	0.71
加纳	21.59	18.19	13.94	14.80	15.12	14.07	13.70
柬埔寨	2.07	1.99	1.55	1.82	1.74	1.74	2.71
捷克	3.74	3.14	2.70	2.96	3.45	1.70	1.46

续表

国家	年份						
	2017	2018	2019	2020	2021	2022	2023
喀麦隆	10.84	12.39	12.81	12.49	14.07	14.07	13.03
卡塔尔	1.70	3.00	2.20	2.30	1.29	2.12	1.84
科威特	1.95	1.62	1.78	1.75	1.92	1.36	1.41
克罗地亚	11.20	9.71	6.99	7.18	7.37	5.70	4.33
肯尼亚	9.95	11.69	12.01	14.14	13.14	10.89	11.11
拉脱维亚	5.51	5.29	5.00	3.09	2.47	2.47	1.76
老挝	3.07	3.12	3.04	3.16	2.10	2.18	2.16
黎巴嫩	5.67	10.26	15.19	12.76	8.81	—	—
立陶宛	3.18	2.27	1.04	1.63	0.51	0.66	0.71
卢森堡	0.79	0.90	0.74	1.03	0.79	1.25	1.59
罗马尼亚	6.41	4.96	4.09	3.83	3.35	3.35	2.65
马达加斯加	7.67	7.27	7.21	7.63	9.11	9.11	7.68
马耳他	4.07	3.36	3.21	3.66	3.44	3.44	3.70
马来西亚	1.55	1.47	1.52	1.57	1.68	1.68	1.72
马里	11.52	9.93	9.61	8.70	5.82	7.63	6.43
美国	1.13	0.91	0.86	1.07	0.81	0.81	0.72
蒙古国	10.05	8.77	7.41	6.12	5.39	1.88	1.66
孟加拉国	8.90	9.89	8.90	7.74	7.97	7.97	8.16
秘鲁	4.70	3.27	3.37	4.13	3.91	3.91	4.12
缅甸	2.07	1.99	1.55	1.82	1.74	1.74	2.71
摩尔多瓦	18.38	12.49	8.49	7.38	6.13	6.13	6.44
摩洛哥	7.54	7.49	7.62	8.35	14.30	9.06	8.68
莫桑比克	12.64	11.12	10.16	10.69	10.60	10.60	8.97
墨西哥	2.09	2.05	2.09	2.43	2.15	2.05	2.09
纳米比亚	2.59	3.58	4.56	6.39	6.37	6.37	5.52
南非	2.84	3.73	3.89	5.18	4.45	4.45	4.50
尼加拉瓜	1.04	2.43	3.10	3.70	2.45	2.45	1.54

续表

国家	年份							
	2017	2018	2019	2020	2021	2022	2023
尼日尔	12.64	11.12	10.16	11.30	13.65	5.19	5.14
尼日利亚	14.81	11.67	6.06	6.02	10.27	4.93	4.01
挪威	1.00	0.75	0.80	0.74	0.73	0.66	0.71
葡萄牙	13.27	9.43	6.18	4.86	35.44	3.68	2.90
日本	1.30	1.10	1.10	1.10	0.74	1.25	1.20
瑞典	1.12	0.49	0.58	0.51	0.42	0.66	0.71
瑞士	0.64	0.66	0.65	0.75	0.66	0.66	0.71
萨尔瓦多	—	—	—	—	—	1.83	1.80
塞尔维亚	—	—	—	—	—	3.57	3.01
塞内加尔	11.98	10.95	8.91	11.63	6.37	5.82	4.98
塞浦路斯	31.39	19.52	17.09	15.02	9.00	9.00	7.66
沙特阿拉伯	1.61	1.95	1.86	2.18	1.86	1.86	1.78
斯里兰卡	2.50	3.42	4.70	4.93	3.64	4.47	11.47
斯洛文尼亚	3.20	6.01	3.36	3.02	2.12	2.12	1.86
斯洛伐克	—	—	—	—	—	2.06	1.75
苏丹	3.30	3.20	3.50	3.39	5.82	7.63	6.43
塔吉克斯坦	9.31	7.39	8.14	8.03	13.65	13.65	12.00
泰国	3.07	3.08	3.13	3.23	3.11	3.11	2.84
坦桑尼亚	11.52	9.93	9.61	8.70	7.63	7.63	6.43
突尼斯	13.40	13.70	14.50	14.15	2.98	14.07	13.70
土耳其	2.84	3.69	5.02	3.89	14.30	2.98	1.98
土库曼斯坦	9.31	7.39	8.14	8.03	7.68	3.31	3.37
危地马拉	2.32	2.18	2.20	1.83	1.73	1.73	1.25
委内瑞拉	8.42	7.03	8.45	8.02	1.51	6.74	2.98
乌干达	5.51	3.34	4.75	5.22	5.19	5.19	5.14
乌克兰	54.54	52.85	48.36	41.00	31.72	14.07	13.70
乌拉圭	2.37	2.26	1.95	1.63	1.67	5.19	1.39

续表

国家	年份						
	2017	2018	2019	2020	2021	2022	2023
乌兹别克斯坦	1.20	1.28	1.50	2.06	5.13	5.13	3.53
西班牙	4.46	3.69	3.15	2.85	2.92	2.92	3.06
希腊	45.57	41.99	36.45	26.98	9.16	9.16	6.53
新加坡	1.40	1.31	1.31	1.32	1.29	2.12	1.84
新西兰	0.86	0.90	0.96	1.11	0.91	0.91	0.72
匈牙利	4.17	2.47	1.51	0.93	3.66	3.66	3.85
牙买加	—	—	—	—	—	2.90	2.50
亚美尼亚	5.43	4.75	5.51	6.55	5.79	1.83	2.40
伊拉克	14.84	17.55	16.18	16.46	2.48	7.10	13.70
伊朗	10.00	10.30	10.00	9.00	15.07	5.78	7.80
以色列	1.29	1.23	1.39	1.48	1.13	1.13	0.71
意大利	14.38	8.39	6.75	4.36	3.35	3.35	2.80
印度	9.98	9.46	9.23	7.94	6.54	6.54	4.81
印度尼西亚	2.56	2.29	2.43	2.75	2.64	2.64	2.15
英国	0.73	1.07	1.08	1.22	0.97	0.97	0.97
约旦	5.30	5.61	6.46	8.15	5.36	6.70	6.25
越南	1.82	1.80	1.50	1.62	2.10	1.60	2.03
赞比亚	11.98	10.95	8.91	11.63	5.82	5.82	4.98
智利	1.92	1.87	2.06	1.55	1.23	1.23	1.67

数据来源：WDI、CEIC。

表 21　　扮演国际储备货币的重要程度

国家	年份						
	2017	2018	2019	2020	2021	2022	2023
阿尔巴尼亚	0	0	0	0	0	0	0
阿尔及利亚	0	0	0	0	0	0	0
阿根廷	0	0	0	0	0	0	0

续表

国家	\multicolumn{7}{c}{年份}
	2017	2018	2019	2020	2021	2022	2023
阿联酋	0	0	0	0	0	0	0
阿曼	0	0	0	0	0	0	0
阿塞拜疆	0	0	0	0	0	0	0
埃及	0	0	0	0	0	0	0
埃塞俄比亚	0	0	0	0	0	0	0
爱尔兰	0.4	0.4	0.4	0.4	0.4	0.4	0.4
爱沙尼亚	0.2	0.2	0.2	0.2	0.2	0.2	0.2
安哥拉	0	0	0	0	0	0	0
奥地利	0.4	0.4	0.4	0.4	0.4	0.4	0.4
澳大利亚	0.6	0.6	0.6	0.6	0.6	0.6	0.6
巴布亚新几内亚	—	—	—	—	—	0	0
巴基斯坦	0	0	0	0	0	0	0
巴拉圭	0	0	0	0	0	0	0
巴林	0	0	0	0	0	0	0
巴拿马	0	0	0	0	0	0	0
巴西	0.1	0.1	0.1	0.1	0.1	0.1	0.1
白俄罗斯	0	0	0	0	0	0	0
保加利亚	0.2	0.2	0.2	0.2	0.2	0.2	0.2
比利时	—	—	—	—	—	0.4	0.4
冰岛	0.4	0.4	0.4	0.4	0.4	0.4	0.4
波兰	0.4	0.4	0.4	0.4	0.4	0.4	0.4
玻利维亚	0	0	0	0	0	0	0
博茨瓦纳	0	0	0	0	0	0	0
布基纳法索	0	0	0	0	0	0	0
丹麦	0.4	0.4	0.4	0.4	0.4	0.4	0.4
德国	0.8	0.8	0.8	0.8	0.8	0.8	0.8
多哥	0	0	0	0	0	0	0

续表

国家	年份						
	2017	2018	2019	2020	2021	2022	2023
俄罗斯	0.1	0.1	0.1	0.1	0.1	0.1	0.1
厄瓜多尔	0	0	0	0	0	0	0
法国	0.8	0.8	0.8	0.8	0.8	0.8	0.8
菲律宾	0	0	0	0	0	0	0
芬兰	0.4	0.4	0.4	0.4	0.4	0.4	0.4
哥伦比亚	0	0	0	0	0	0	0
哥斯达黎加	0	0	0	0	0	0	0
哈萨克斯坦	0	0	0	0	0	0	0
韩国	0.2	0.2	0.2	0.2	0.2	0.2	0.2
荷兰	0.4	0.4	0.4	0.4	0.4	0.4	0.4
洪都拉斯	0	0	0	0	0	0	0
吉尔吉斯斯坦	0	0	0	0	0	0	0
几内亚	0	0	0	0	0	0	0
加拿大	0.6	0.6	0.6	0.6	0.6	0.6	0.6
加纳	0	0	0	0	0	0	0
柬埔寨	0	0	0	0	0	0	0
捷克	0.2	0.2	0.2	0.2	0.2	0.2	0.2
喀麦隆	0	0	0	0	0	0	0
卡塔尔	0	0	0	0	0	0	0
科威特	0	0	0	0	0	0	0
克罗地亚	0.2	0.2	0.2	0.2	0.2	0.2	0.2
肯尼亚	0	0	0	0	0	0	0
拉脱维亚	0.2	0.2	0.2	0.2	0.2	0.2	0.2
老挝	0	0	0	0	0	0	0
黎巴嫩	0	0	0	0	0	0	0
立陶宛	0.2	0.2	0.2	0.2	0.2	0.2	0.2
卢森堡	0.4	0.4	0.4	0.4	0.4	0.4	0.4

续表

国家	年份						
	2017	2018	2019	2020	2021	2022	2023
罗马尼亚	0.2	0.2	0.2	0.2	0.2	0.2	0.2
马达加斯加	0	0	0	0	0	0	0
马耳他	0.2	0.2	0.2	0.2	0.2	0.2	0.2
马来西亚	0	0	0	0	0	0	0
马里	0	0	0	0	0	0	0
美国	1.0	1.0	1.0	1.0	1.0	1.0	1.0
蒙古国	0	0	0	0	0	0	0
孟加拉国	0	0	0	0	0	0	0
秘鲁	0	0	0	0	0	0	0
缅甸	0	0	0	0	0	0	0
摩尔多瓦	0	0	0	0	0	0	0
摩洛哥	0	0	0	0	0	0	0
莫桑比克	0	0	0	0	0	0	0
墨西哥	0	0	0	0	0	0	0
纳米比亚	0	0	0	0	0	0	0
南非	0.1	0.1	0.1	0.1	0.1	0.1	0.1
尼加拉瓜	0	0	0	0	0	0	0
尼日尔	0	0	0	0	0	0	0
尼日利亚	0	0	0	0	0	0	0
挪威	0.4	0.4	0.4	0.4	0.4	0.4	0.4
葡萄牙	0.2	0.2	0.2	0.2	0.2	0.2	0.2
日本	0.6	0.6	0.6	0.6	0.6	0.6	0.6
瑞典	0.4	0.4	0.4	0.4	0.4	0.4	0.4
瑞士	0.6	0.6	0.6	0.6	0.6	0.6	0.6
萨尔瓦多	—	—	—	—	—	0	0
塞尔维亚	—	—	—	—	—	0	0
塞内加尔	0	0	0	0	0	0	0

续表

国家	年份						
	2017	2018	2019	2020	2021	2022	2023
塞浦路斯	0.2	0.2	0.2	0.2	0.2	0.2	0.2
沙特阿拉伯	0	0	0	0	0	0	0
斯里兰卡	0	0	0	0	0	0	0
斯洛文尼亚	0.2	0.2	0.2	0.2	0.2	0.2	0.2
斯洛伐克	—	—	—	—	—	0.2	0.2
苏丹	0	0	0	0	0	0	0
塔吉克斯坦	0	0	0	0	0	0	0
泰国	0	0	0	0	0	0	0
坦桑尼亚	0	0	0	0	0	0	0
突尼斯	0	0	0	0	0	0	0
土耳其	0.1	0.1	0.1	0.1	0.1	0.1	0.1
土库曼斯坦	0	0	0	0	0	0	0
危地马拉	0	0	0	0	0	0	0
委内瑞拉	0	0	0	0	0	0	0
乌干达	0	0	0	0	0	0	0
乌克兰	0	0	0	0	0	0	0
乌拉圭	0	0	0	0	0	0	0
乌兹别克斯坦	0	0	0	0	0	0	0
西班牙	0.2	0.2	0.2	0.2	0.2	0.2	0.2
希腊	0.4	0.4	0.4	0.4	0.4	0.4	0.4
新加坡	0.2	0.2	0.2	0.2	0.2	0.2	0.2
新西兰	0.4	0.4	0.4	0.4	0.4	0.4	0.4
匈牙利	0.2	0.2	0.2	0.2	0.2	0.2	0.2
牙买加	—	—	—	—	—	0	0
亚美尼亚	0	0	0	0	0	0	0
伊拉克	0	0	0	0	0	0	0
伊朗	0	0	0	0	0	0	0

续表

国家	年份						
	2017	2018	2019	2020	2021	2022	2023
以色列	0	0	0	0	0	0	0
意大利	0.4	0.4	0.4	0.4	0.4	0.4	0.4
印度	0.1	0.1	0.1	0.1	0.1	0.1	0.1
印度尼西亚	0	0	0	0	0	0	0
英国	0.8	0.8	0.8	0.8	0.8	0.8	0.8
约旦	0	0	0	0	0	0	0
越南	0	0	0	0	0	0	0
赞比亚	0	0	0	0	0	0	0
智利	0	0	0	0	0	0	0

数据来源：德尔菲法。

表22　　　　　　　　　　　　内部冲突

国家	年份						
	2017	2018	2019	2020	2021	2022	2023
阿尔巴尼亚	3.0	3.0	3.0	3.0	3.5	4.0	4.0
阿尔及利亚	6.5	6.0	6.0	6.0	5.5	5.0	5.0
阿根廷	4.0	4.0	4.0	4.0	4.0	4.0	4.0
阿联酋	1.0	1.0	1.0	1.0	1.0	1.0	1.0
阿曼	1.5	2.0	2.5	3.0	3.0	3.0	3.0
阿塞拜疆	4.0	4.0	4.0	4.0	4.0	4.0	4.0
埃及	7.0	7.0	7.0	7.0	7.0	7.0	7.0
埃塞俄比亚	8.0	8.0	7.0	6.0	7.5	9.0	9.0
爱尔兰	3.0	3.0	3.0	3.0	3.0	3.0	3.0
爱沙尼亚	3.0	3.0	3.0	3.0	3.0	3.0	3.0
安哥拉	4.0	4.0	4.0	4.0	4.0	4.0	4.0
奥地利	3.0	3.0	3.0	3.0	3.0	3.0	3.0
澳大利亚	3.0	3.0	3.0	3.0	3.0	3.0	3.0

续表

国家	2017	2018	2019	2020	2021	2022	2023
巴布亚新几内亚	6.5	6.0	6.0	6.0	6.0	6.0	6.0
巴基斯坦	9.0	9.0	8.5	8.0	8.0	8.0	8.0
巴拉圭	4.0	4.0	4.0	4.0	4.0	4.0	4.0
巴林	7.5	8.0	7.5	7.0	7.0	7.0	7.0
巴拿马	3.0	3.0	3.0	3.0	2.5	2.0	2.0
巴西	4.0	5.0	5.0	5.0	5.0	5.0	5.0
白俄罗斯	3.0	3.0	3.0	3.0	4.5	6.0	6.0
保加利亚	4.0	4.0	4.0	4.0	4.0	4.0	4.0
比利时	3.0	3.0	3.0	3.0	3.0	3.0	3.0
冰岛	3.0	3.0	3.0	3.0	3.0	3.0	3.0
波兰	2.0	2.0	2.5	3.0	3.0	3.0	3.0
玻利维亚	5.0	5.0	5.0	5.0	5.5	6.0	6.0
博茨瓦纳	2.0	2.0	1.5	1.0	1.0	1.0	1.0
布基纳法索	6.0	6.0	6.5	7.0	7.0	7.0	7.0
丹麦	3.0	3.0	3.0	3.0	3.0	3.0	3.0
德国	3.0	3.0	3.0	3.0	3.0	3.0	3.0
多哥	4.5	4.0	4.5	5.0	5.0	5.0	5.0
俄罗斯	4.0	4.0	4.0	4.0	4.0	4.0	4.0
厄瓜多尔	4.0	4.0	3.5	3.0	3.5	4.0	4.0
法国	3.0	3.0	3.0	3.0	3.0	3.0	3.0
菲律宾	6.0	6.0	6.0	6.0	6.0	6.0	6.0
芬兰	3.0	3.0	3.0	3.0	3.0	3.0	3.0
哥伦比亚	6.5	6.0	6.0	6.0	6.5	7.0	7.0
哥斯达黎加	1.0	1.0	1.0	1.0	1.0	1.0	1.0
哈萨克斯坦	3.5	4.0	4.0	4.0	4.5	5.0	5.0
韩国	2.5	3.0	2.5	2.0	2.0	2.0	2.0
荷兰	3.0	3.0	3.0	3.0	3.0	3.0	3.0

续表

国家	年份						
	2017	2018	2019	2020	2021	2022	2023
洪都拉斯	5.0	5.0	5.5	6.0	6.0	6.0	6.0
吉尔吉斯斯坦	5.5	5.0	4.5	4.0	4.5	5.0	5.0
几内亚	6.5	6.0	6.0	6.0	6.5	7.0	7.0
加拿大	3.0	3.0	3.0	3.0	3.0	3.0	3.0
加纳	4.0	4.0	4.0	4.0	4.0	4.0	4.0
柬埔寨	5.0	5.0	5.0	5.0	5.0	5.0	5.0
捷克	1.0	1.0	1.0	1.0	1.0	1.0	1.0
喀麦隆	7.0	7.0	7.5	8.0	7.5	7.0	7.0
卡塔尔	2.0	2.0	2.0	2.0	2.0	2.0	2.0
科威特	4.5	5.0	4.5	4.0	4.0	4.0	4.0
克罗地亚	2.0	2.0	2.0	2.0	2.0	2.0	2.0
肯尼亚	7.0	7.0	6.5	6.0	5.5	5.0	5.0
拉脱维亚	4.0	4.0	4.0	4.0	3.5	3.0	3.0
老挝	3.0	3.0	3.0	3.0	3.0	3.0	3.0
黎巴嫩	7.0	7.0	6.5	6.0	6.5	7.0	7.0
立陶宛	1.0	1.0	1.0	1.0	1.0	1.0	1.0
卢森堡	4.0	4.0	4.0	4.0	4.0	4.0	4.0
罗马尼亚	3.0	3.0	3.0	3.0	3.0	3.0	3.0
马达加斯加	5.0	5.0	5.0	5.0	5.0	5.0	5.0
马耳他	4.5	5.0	4.5	4.0	4.0	4.0	4.0
马来西亚	5.0	5.0	5.0	5.0	5.0	5.0	5.0
马里	6.0	6.0	6.5	7.0	8.0	9.0	9.0
美国	3.0	3.0	3.0	3.0	3.0	3.0	3.0
蒙古国	3.0	3.0	2.5	2.0	1.5	1.0	1.0
孟加拉国	7.5	7.0	7.0	7.0	7.0	7.0	7.0
秘鲁	5.0	5.0	5.0	5.0	5.0	5.0	5.0
缅甸	8.5	9.0	9.0	9.0	9.0	9.0	9.0

续表

国家	年份						
	2017	2018	2019	2020	2021	2022	2023
摩尔多瓦	4.0	4.0	4.0	4.0	4.0	4.0	4.0
摩洛哥	4.0	4.0	4.0	4.0	4.0	4.0	4.0
莫桑比克	6.0	7.0	6.0	5.0	6.0	7.0	7.0
墨西哥	7.0	7.0	7.0	7.0	7.0	7.0	7.0
纳米比亚	4.0	4.0	4.0	4.0	4.0	4.0	4.0
南非	4.5	4.0	4.0	4.0	4.0	4.0	4.0
尼加拉瓜	4.0	4.0	5.0	6.0	5.5	5.0	5.0
尼日尔	5.0	5.0	5.0	5.0	5.5	6.0	6.0
尼日利亚	9.0	9.0	9.0	9.0	9.0	9.0	9.0
挪威	3.0	3.0	3.0	3.0	3.0	3.0	3.0
葡萄牙	1.0	1.0	1.0	1.0	1.0	1.0	1.0
日本	2.5	3.0	2.5	2.0	2.0	2.0	2.0
瑞典	3.0	3.0	3.0	3.0	3.0	3.0	3.0
瑞士	3.0	3.0	3.0	3.0	3.0	3.0	3.0
萨尔瓦多	4.0	4.0	4.0	4.0	4.0	4.0	4.0
塞尔维亚	3.0	3.0	3.5	4.0	4.0	4.0	4.0
塞内加尔	4.0	4.0	4.0	4.0	4.0	4.0	4.0
塞浦路斯	4.5	5.0	4.5	4.0	4.0	4.0	4.0
沙特阿拉伯	4.0	4.0	4.0	4.0	4.0	4.0	4.0
斯里兰卡	6.0	5.0	5.0	5.0	5.5	6.0	6.0
斯洛伐克	1.0	1.0	1.0	1.0	1.0	1.0	1.0
斯洛文尼亚	2.0	2.0	2.0	2.0	2.5	3.0	3.0
苏丹	9.0	9.0	9.5	10.0	10.0	10.0	10.0
塔吉克斯坦	5.0	5.0	5.0	5.0	5.0	5.0	5.0
泰国	7.0	7.0	7.0	7.0	7.5	8.0	8.0
坦桑尼亚	5.0	5.0	4.5	4.0	4.0	4.0	4.0
突尼斯	5.5	5.0	5.0	5.0	5.5	6.0	6.0

续表

国家	\multicolumn{7}{c}{年份}
	2017	2018	2019	2020	2021	2022	2023
土耳其	5.5	7.0	7.0	7.0	7.0	7.0	7.0
土库曼斯坦	3.0	3.0	3.0	3.0	3.0	3.0	3.0
危地马拉	6.0	6.0	6.0	6.0	6.0	6.0	6.0
委内瑞拉	6.0	6.0	7.0	8.0	7.5	7.0	7.0
乌干达	6.0	6.0	6.0	6.0	6.0	6.0	6.0
乌克兰	9.0	9.0	9.0	9.0	9.0	9.0	9.0
乌拉圭	1.0	1.0	1.0	1.0	1.0	1.0	1.0
乌兹别克斯坦	4.5	4.0	3.5	3.0	3.0	3.0	3.0
西班牙	1.0	1.0	1.0	1.0	1.0	1.0	1.0
希腊	1.0	1.0	1.0	1.0	1.0	1.0	1.0
新加坡	3.0	3.0	3.0	3.0	3.0	3.0	3.0
新西兰	3.0	3.0	3.0	3.0	3.0	3.0	3.0
匈牙利	3.0	3.0	3.5	4.0	4.0	4.0	4.0
牙买加	4.0	4.0	4.0	4.0	4.0	4.0	4.0
亚美尼亚	3.0	3.0	3.0	3.0	3.5	4.0	4.0
伊拉克	10.0	10.0	9.5	9.0	8.5	8.0	8.0
伊朗	4.5	5.0	5.0	5.0	5.0	5.0	5.0
以色列	1.0	1.0	1.0	1.0	1.0	1.0	1.0
意大利	3.0	3.0	3.0	3.0	3.0	3.0	3.0
印度	6.0	6.0	6.0	6.0	6.0	6.0	6.0
印度尼西亚	5.5	6.0	5.5	5.0	5.0	5.0	5.0
英国	3.0	3.0	3.0	3.0	3.0	3.0	3.0
约旦	5.0	5.0	5.0	5.0	5.0	5.0	5.0
越南	3.5	3.0	3.0	3.0	3.0	3.0	3.0
赞比亚	4.0	4.0	4.0	4.0	4.0	4.0	4.0
智利	3.0	3.0	3.0	3.0	4.0	5.0	5.0

数据来源：BTI。

表23　　　　　　　　　　　　　　环境政策

国家	2017	2018	2019	2020	2021	2022	2023
阿尔巴尼亚	5.0	5.0	5.0	5.0	5.0	5.0	5.0
阿尔及利亚	4.5	5.0	5.5	6.0	6.0	6.0	6.0
阿根廷	5.5	6.0	5.5	5.0	5.0	5.0	5.0
阿联酋	6.0	6.0	6.0	6.0	6.5	7.0	7.0
阿曼	5.0	5.0	5.0	5.0	5.5	6.0	6.0
阿塞拜疆	5.0	5.0	4.5	4.0	4.5	5.0	5.0
埃及	4.0	4.0	4.0	4.0	4.0	4.0	4.0
埃塞俄比亚	2.5	2.0	2.5	3.0	3.5	4.0	4.0
爱尔兰	8.0	8.0	7.5	7.0	7.0	7.0	7.0
爱沙尼亚	9.0	9.0	9.0	9.0	9.0	9.0	9.0
安哥拉	3.0	3.0	3.0	3.0	3.0	3.0	3.0
奥地利	8.0	8.0	7.5	7.0	7.0	7.0	7.0
澳大利亚	8.0	8.0	7.5	7.0	7.0	7.0	7.0
巴布亚新几内亚	4.0	4.0	4.5	5.0	5.0	5.0	5.0
巴基斯坦	3.0	3.0	3.0	3.0	3.0	3.0	3.0
巴拉圭	4.0	4.0	4.0	4.0	4.0	4.0	4.0
巴林	4.0	4.0	4.5	5.0	5.0	5.0	5.0
巴拿马	6.0	6.0	5.5	5.0	5.0	5.0	5.0
巴西	6.0	6.0	5.5	5.0	4.5	4.0	4.0
白俄罗斯	6.0	6.0	6.0	6.0	6.0	6.0	6.0
保加利亚	7.0	7.0	7.0	7.0	7.0	7.0	7.0
比利时	8.0	8.0	7.5	7.0	7.0	7.0	7.0
冰岛	8.0	8.0	7.5	7.0	7.0	7.0	7.0
波兰	6.5	6.0	6.0	6.0	6.5	7.0	7.0
玻利维亚	5.0	5.0	5.0	5.0	5.0	5.0	5.0
博茨瓦纳	7.0	7.0	7.5	8.0	7.0	6.0	6.0
布基纳法索	4.5	4.0	4.0	4.0	4.0	4.0	4.0

续表

国家	年份						
	2017	2018	2019	2020	2021	2022	2023
丹麦	8.0	8.0	7.5	7.0	7.0	7.0	7.0
德国	8.0	8.0	7.5	7.0	7.0	7.0	7.0
多哥	3.5	4.0	4.0	4.0	4.0	4.0	4.0
俄罗斯	4.0	4.0	4.0	4.0	4.0	4.0	4.0
厄瓜多尔	5.0	5.0	5.0	5.0	4.5	4.0	4.0
法国	8.0	8.0	7.5	7.0	7.0	7.0	7.0
菲律宾	6.5	7.0	7.0	7.0	6.5	6.0	6.0
芬兰	8.0	8.0	7.5	7.0	7.0	7.0	7.0
哥伦比亚	5.0	5.0	5.0	5.0	5.0	5.0	5.0
哥斯达黎加	7.5	8.0	8.0	8.0	7.5	7.0	7.0
哈萨克斯坦	4.0	4.0	4.5	5.0	5.0	5.0	5.0
韩国	7.0	7.0	7.0	7.0	7.0	7.0	7.0
荷兰	8.0	8.0	7.5	7.0	7.0	7.0	7.0
洪都拉斯	4.0	4.0	4.0	4.0	4.0	4.0	4.0
吉尔吉斯斯坦	3.0	3.0	3.0	3.0	3.0	3.0	3.0
几内亚	4.5	5.0	4.5	4.0	3.5	3.0	3.0
加拿大	8.0	8.0	7.5	7.0	7.0	7.0	7.0
加纳	5.0	5.0	4.5	4.0	4.0	4.0	4.0
柬埔寨	2.0	2.0	2.0	2.0	2.0	2.0	2.0
捷克	8.5	9.0	9.0	9.0	9.0	9.0	9.0
喀麦隆	4.0	4.0	4.0	4.0	4.0	4.0	4.0
卡塔尔	5.5	6.0	6.0	6.0	5.5	5.0	5.0
科威特	4.0	4.0	4.0	4.0	4.0	4.0	4.0
克罗地亚	7.0	7.0	7.0	7.0	7.5	8.0	8.0
肯尼亚	4.0	4.0	4.0	4.0	4.0	4.0	4.0
拉脱维亚	9.0	9.0	9.0	9.0	9.0	9.0	9.0
老挝	3.0	3.0	3.0	3.0	3.0	3.0	3.0

续表

国家	2017	2018	2019	2020	2021	2022	2023
黎巴嫩	3.0	2.0	2.0	2.0	2.0	2.0	2.0
立陶宛	9.0	9.0	9.0	9.0	9.0	9.0	9.0
卢森堡	5.5	6.0	6.0	6.0	6.5	7.0	7.0
罗马尼亚	7.0	7.0	7.0	7.0	7.0	7.0	7.0
马达加斯加	5.0	5.0	5.0	5.0	5.0	5.0	5.0
马耳他	4.0	4.0	4.0	4.0	4.0	4.0	4.0
马来西亚	5.5	5.0	5.0	5.0	5.0	5.0	5.0
马里	3.5	3.0	3.0	3.0	3.0	3.0	3.0
美国	8.0	8.0	7.5	7.0	7.0	7.0	7.0
蒙古国	5.0	5.0	5.0	5.0	5.0	5.0	5.0
孟加拉国	5.5	5.0	5.5	6.0	6.0	6.0	6.0
秘鲁	6.5	6.0	6.0	6.0	6.0	6.0	6.0
缅甸	3.0	3.0	3.0	3.0	3.0	3.0	3.0
摩尔多瓦	5.0	5.0	5.0	5.0	5.0	5.0	5.0
摩洛哥	5.5	6.0	6.0	6.0	6.5	7.0	7.0
莫桑比克	4.0	4.0	4.5	5.0	5.0	5.0	5.0
墨西哥	5.0	5.0	5.0	5.0	4.5	4.0	4.0
纳米比亚	6.0	6.0	5.5	5.0	4.5	4.0	4.0
南非	7.0	7.0	7.0	7.0	6.5	6.0	6.0
尼加拉瓜	4.0	4.0	4.0	4.0	4.0	4.0	4.0
尼日尔	3.0	3.0	3.0	3.0	3.0	3.0	3.0
尼日利亚	3.0	3.0	3.0	3.0	3.0	3.0	3.0
挪威	8.0	8.0	7.5	7.0	7.0	7.0	7.0
葡萄牙	8.5	9.0	9.0	9.0	9.0	9.0	9.0
日本	8.0	8.0	7.5	7.0	7.0	7.0	7.0
瑞典	8.0	8.0	7.5	7.0	7.0	7.0	7.0
瑞士	8.0	8.0	7.5	7.0	7.0	7.0	7.0

续表

国家	年份						
	2017	2018	2019	2020	2021	2022	2023
萨尔瓦多	5.0	5.0	5.0	5.0	5.0	5.0	5.0
塞尔维亚	7.0	7.0	6.5	6.0	5.5	5.0	5.0
塞内加尔	5.0	5.0	5.0	5.0	4.5	4.0	4.0
塞浦路斯	4.0	4.0	4.0	4.0	4.0	4.0	4.0
沙特阿拉伯	3.5	3.0	3.0	3.0	4.0	5.0	5.0
斯里兰卡	4.0	4.0	4.0	4.0	4.0	4.0	4.0
斯洛伐克	8.5	9.0	9.0	9.0	9.0	9.0	9.0
斯洛文尼亚	9.5	10.0	9.5	9.0	8.5	8.0	8.0
苏丹	2.0	2.0	1.5	1.0	1.5	2.0	2.0
塔吉克斯坦	3.0	3.0	3.0	3.0	3.0	3.0	3.0
泰国	6.0	6.0	6.0	6.0	6.0	6.0	6.0
坦桑尼亚	3.0	3.0	3.5	4.0	4.5	5.0	5.0
突尼斯	6.0	6.0	6.0	6.0	6.0	6.0	6.0
土耳其	4.0	4.0	4.0	4.0	4.0	4.0	4.0
土库曼斯坦	3.0	3.0	3.0	3.0	3.0	3.0	3.0
危地马拉	3.0	3.0	3.0	3.0	3.0	3.0	3.0
委内瑞拉	3.0	3.0	2.5	2.0	2.0	2.0	2.0
乌干达	5.0	5.0	5.0	5.0	5.0	5.0	5.0
乌克兰	4.5	5.0	5.0	5.0	5.5	6.0	6.0
乌拉圭	8.0	8.0	8.0	8.0	8.0	8.0	8.0
乌兹别克斯坦	5.0	5.0	5.0	5.0	5.0	5.0	5.0
西班牙	8.5	9.0	9.0	9.0	9.0	9.0	9.0
希腊	8.5	9.0	9.0	9.0	9.0	9.0	9.0
新加坡	8.0	8.0	7.5	7.0	7.0	7.0	7.0
新西兰	8.0	8.0	7.5	7.0	7.0	7.0	7.0
匈牙利	6.5	6.0	5.5	5.0	5.0	5.0	5.0
牙买加	5.0	5.0	5.0	5.0	5.0	5.0	5.0

续表

国家	年份						
	2017	2018	2019	2020	2021	2022	2023
亚美尼亚	5.0	5.0	5.0	5.0	5.0	5.0	5.0
伊拉克	2.0	2.0	2.0	2.0	2.0	2.0	2.0
伊朗	3.0	3.0	2.5	2.0	2.0	2.0	2.0
以色列	6.0	6.0	6.0	6.0	6.5	7.0	7.0
意大利	8.0	8.0	7.5	7.0	7.0	7.0	7.0
印度	5.0	5.0	4.5	4.0	4.0	4.0	4.0
印度尼西亚	3.5	3.0	3.0	3.0	3.0	3.0	3.0
英国	8.0	8.0	7.5	7.0	7.0	7.0	7.0
约旦	5.0	5.0	5.0	5.0	5.0	5.0	5.0
越南	5.0	4.0	4.5	5.0	5.0	5.0	5.0
赞比亚	3.0	3.0	3.0	3.0	3.0	3.0	3.0
智利	8.0	8.0	8.0	8.0	8.5	9.0	9.0

数据来源：BTI。

表 24　　　　　　　　　　资本和人员流动的限制

国家	年份						
	2015	2016	2017	2018	2019	2020	2021
阿尔巴尼亚	5.89	6.10	6.35	6.15	6.18	5.87	5.80
阿尔及利亚	1.79	1.88	1.80	1.80	1.79	1.79	1.66
阿根廷	3.34	3.82	5.27	7.20	5.12	1.31	1.42
阿联酋	7.19	7.17	7.28	7.28	7.70	5.73	5.73
阿曼	6.64	6.64	6.70	6.70	4.95	4.82	4.82
阿塞拜疆	3.71	3.81	4.03	4.03	4.14	3.45	4.14
埃及	4.07	4.07	5.96	5.96	5.96	3.46	3.46
埃塞俄比亚	1.81	1.75	1.75	1.75	4.04	1.69	1.78
爱尔兰	9.12	8.89	8.80	8.80	8.86	6.67	8.89
爱沙尼亚	8.02	8.01	8.31	8.31	8.26	7.32	6.07

续表

国家	年份						
	2015	2016	2017	2018	2019	2020	2021
安哥拉	1.48	1.48	2.10	1.91	2.19	1.88	2.00
奥地利	7.35	7.32	7.59	7.59	7.57	6.63	7.59
澳大利亚	5.69	5.79	5.79	5.79	5.79	5.23	5.12
巴布亚新几内亚	7.51	6.53	6.18	6.33	6.58	4.17	4.17
巴基斯坦	2.68	2.77	2.72	2.72	2.72	2.58	2.58
巴拉圭	5.87	5.86	5.95	5.95	5.78	4.17	4.07
巴林	5.79	5.79	7.45	7.45	7.50	7.50	7.50
巴拿马	9.45	9.40	9.40	9.40	9.40	6.90	6.90
巴西	5.36	5.36	5.72	5.71	5.81	3.31	3.31
白俄罗斯	0.89	1.54	1.40	1.40	1.65	2.65	0.77
保加利亚	7.68	7.74	8.04	7.73	7.63	6.40	7.00
比利时	7.55	7.63	7.96	7.96	7.88	6.94	5.69
冰岛	4.02	4.98	6.68	6.30	6.45	6.37	7.33
波兰	6.41	6.36	6.74	6.74	6.61	5.67	6.63
玻利维亚	5.34	5.34	5.34	5.34	5.34	2.84	2.84
博茨瓦纳	6.56	6.52	6.52	6.52	6.52	4.02	3.80
布基纳法索	4.14	4.14	4.17	4.17	4.20	2.34	2.34
丹麦	8.33	8.35	8.68	8.68	8.60	7.66	6.41
德国	7.18	7.32	7.60	7.60	7.57	6.64	5.39
多哥	2.34	2.34	3.65	3.65	3.65	3.21	3.21
俄罗斯	5.31	5.17	4.81	4.54	4.22	2.87	2.18
厄瓜多尔	5.89	5.82	5.82	5.82	5.44	2.94	3.06
法国	7.87	7.93	8.07	8.07	8.18	7.25	5.99
菲律宾	5.22	5.18	5.18	5.18	5.18	2.67	2.67
芬兰	7.38	7.41	7.72	7.72	7.66	5.87	5.48
哥伦比亚	5.97	5.88	5.91	5.91	5.96	3.67	3.47
哥斯达黎加	8.50	8.55	8.46	7.89	7.89	7.03	8.30

续表

国家	年份						
	2015	2016	2017	2018	2019	2020	2021
哈萨克斯坦	3.11	3.08	4.35	4.35	5.86	3.87	2.90
韩国	7.52	8.16	8.16	8.16	8.16	5.66	5.55
荷兰	8.74	8.73	8.74	9.09	8.98	8.05	6.79
洪都拉斯	4.95	4.93	4.99	4.99	4.99	2.77	2.61
吉尔吉斯斯坦	4.27	5.04	4.99	4.99	4.85	3.78	4.99
几内亚	1.71	2.21	2.87	2.87	2.92	2.26	1.84
加拿大	7.92	7.93	6.58	6.39	6.39	6.55	6.55
加纳	3.01	3.03	4.48	4.48	4.54	3.02	3.02
柬埔寨	6.36	6.76	6.76	6.76	6.76	4.26	4.26
捷克	7.39	7.45	7.81	7.81	7.70	6.76	7.72
喀麦隆	2.54	2.52	2.69	2.69	2.72	2.55	2.55
卡塔尔	6.36	6.34	7.78	7.78	7.82	5.32	5.32
科威特	5.50	5.46	5.29	5.68	5.68	4.10	5.51
克罗地亚	6.37	6.48	6.82	6.82	6.76	5.50	6.46
肯尼亚	4.74	4.79	4.79	4.79	4.82	3.85	3.85
拉脱维亚	7.65	7.61	7.81	7.81	7.86	6.93	7.89
老挝	4.43	4.38	4.35	4.35	4.35	1.85	1.89
黎巴嫩	4.57	4.52	4.70	4.70	4.49	2.20	2.28
立陶宛	7.09	7.23	7.62	7.70	7.77	6.84	7.80
卢森堡	6.94	6.91	8.04	8.04	7.74	7.00	5.74
罗马尼亚	7.94	7.96	8.10	8.10	8.21	7.20	7.01
马达加斯加	6.02	4.82	4.82	4.82	4.82	2.32	2.32
马耳他	8.25	8.30	8.52	8.72	8.74	7.81	6.56
马来西亚	5.97	5.92	5.92	5.92	5.92	4.06	3.42
马里	4.66	4.70	2.89	2.89	2.89	2.20	2.20
美国	5.61	5.75	5.77	5.58	5.77	5.61	5.61
蒙古国	4.72	4.73	4.48	4.67	4.54	4.09	5.01

续表

国家	年份						
	2015	2016	2017	2018	2019	2020	2021
孟加拉国	3.99	4.05	4.64	4.64	4.64	2.14	2.14
秘鲁	8.68	8.61	8.87	8.87	8.87	6.37	6.24
缅甸	0.99	0.99	1.33	1.33	1.55	1.50	1.16
摩尔多瓦	3.86	3.89	4.11	4.11	4.75	2.25	4.75
摩洛哥	4.30	4.34	4.37	4.37	4.40	2.49	2.49
莫桑比克	2.11	2.06	4.34	4.34	4.34	1.84	1.93
墨西哥	6.17	6.15	6.07	6.07	6.32	6.12	5.99
纳米比亚	3.25	3.23	3.26	3.26	4.29	1.79	1.79
南非	4.95	4.79	4.73	4.73	4.87	2.71	2.78
尼加拉瓜	6.77	6.82	6.82	6.82	6.82	4.32	4.32
尼日尔	2.07	2.07	2.15	2.15	2.17	1.65	1.65
尼日利亚	4.41	4.40	4.31	4.31	4.31	3.79	3.62
挪威	7.79	7.67	8.06	8.06	7.92	6.99	7.95
葡萄牙	7.66	7.73	8.00	8.00	8.36	7.43	6.17
日本	8.47	8.54	8.48	8.48	8.48	6.77	6.77
瑞典	7.50	7.41	7.76	7.76	7.65	6.72	7.68
瑞士	7.37	7.42	7.78	7.78	7.67	6.74	7.70
萨尔瓦多	6.56	6.53	6.58	6.01	6.36	4.18	6.27
塞尔维亚	4.86	5.02	5.38	5.38	5.71	3.28	5.82
塞内加尔	3.86	3.88	5.19	5.19	5.19	2.69	2.64
塞浦路斯	7.47	7.68	8.04	7.92	7.95	6.82	5.77
沙特阿拉伯	3.47	3.54	3.51	3.51	4.68	3.21	3.23
斯里兰卡	2.24	2.13	2.22	2.21	2.21	2.13	2.13
斯洛伐克	7.70	7.70	7.98	7.98	7.95	5.69	6.69
斯洛文尼亚	6.26	6.39	6.67	6.67	6.64	4.45	6.67
苏丹	1.53	3.07	4.01	4.01	4.01	3.79	4.09
塔吉克斯坦	1.70	1.70	2.54	2.61	3.47	3.27	3.27

续表

国家	2015	2016	2017	2018	2019	2020	2021
泰国	4.44	4.48	4.48	4.48	4.96	3.28	3.40
坦桑尼亚	4.68	4.58	4.96	4.96	4.96	4.96	2.46
突尼斯	4.66	4.68	4.79	4.79	4.79	2.33	2.33
土耳其	5.85	5.85	5.85	5.49	5.49	5.49	3.30
土库曼斯坦	1.70	1.70	2.54	2.61	3.47	3.27	3.27
危地马拉	8.29	8.23	7.87	7.87	7.87	5.66	5.66
委内瑞拉	2.39	2.38	2.16	2.16	2.05	0.39	0.51
乌干达	8.02	7.96	7.96	7.96	7.96	5.46	5.46
乌克兰	2.54	2.56	3.38	3.38	3.52	1.72	1.59
乌拉圭	8.13	8.05	8.38	8.38	8.49	6.11	6.22
乌兹别克斯坦	1.70	1.70	2.54	2.61	3.47	3.27	3.27
西班牙	7.24	7.30	7.52	7.52	7.55	6.62	5.36
希腊	4.94	4.94	5.14	5.14	5.51	5.73	7.10
新加坡	9.03	9.05	9.05	9.05	9.05	6.55	6.55
新西兰	8.27	8.28	7.98	7.98	7.98	6.34	6.34
匈牙利	7.43	7.43	7.68	7.68	7.68	5.49	7.71
牙买加	7.16	7.15	6.16	6.16	6.16	3.34	5.84
亚美尼亚	7.54	7.09	7.09	7.09	7.28	4.79	7.29
伊拉克	—	2.31	3.70	3.70	4.03	3.70	3.70
伊朗	1.40	1.50	3.18	3.18	3.18	0.68	0.68
以色列	8.54	8.62	8.66	8.66	8.66	6.16	8.66
意大利	8.07	8.05	8.41	8.41	8.30	7.36	6.11
印度	2.28	2.27	2.30	2.30	2.38	2.18	2.46
印度尼西亚	4.96	4.95	5.37	5.37	5.37	2.87	2.87
英国	8.26	8.21	8.07	8.07	7.96	5.94	7.96
约旦	7.92	7.86	7.86	7.86	7.86	5.36	5.36
越南	2.85	2.80	2.89	2.89	2.83	2.61	2.89

续表

国家	年份						
	2015	2016	2017	2018	2019	2020	2021
赞比亚	7.28	7.23	7.23	7.23	7.23	4.54	4.54
智利	7.31	7.36	7.50	7.30	7.25	4.90	4.78

数据来源：EFW。

表25　　劳动力市场管制

国家	年份						
	2015	2016	2017	2018	2019	2020	2021
阿尔巴尼亚	7.19	7.21	7.26	7.12	7.12	7.12	7.12
阿尔及利亚	5.10	5.16	5.22	5.27	5.27	5.27	5.17
阿根廷	5.51	5.75	5.77	5.78	5.78	5.78	5.80
阿联酋	7.05	7.02	6.89	6.90	6.90	6.90	6.90
阿曼	6.03	6.18	6.18	6.22	6.22	6.22	6.13
阿塞拜疆	6.18	5.86	6.24	6.37	6.37	6.37	6.37
埃及	4.27	4.16	4.45	4.59	4.59	4.59	4.59
埃塞俄比亚	6.97	6.99	7.00	6.74	6.74	6.74	6.74
爱尔兰	8.08	8.06	8.12	8.11	8.11	8.11	8.11
爱沙尼亚	6.28	6.26	6.21	6.22	6.22	6.22	6.31
安哥拉	4.15	4.15	4.60	4.57	4.57	4.57	4.57
奥地利	6.14	6.15	6.15	6.17	6.17	6.17	6.17
澳大利亚	7.41	7.42	7.51	7.55	7.55	7.49	7.43
巴布亚新几内亚	8.16	8.38	7.82	7.82	7.82	7.82	7.82
巴基斯坦	4.87	4.87	4.92	4.96	4.96	4.96	4.96
巴拉圭	4.88	5.11	5.07	5.18	5.18	5.18	5.18
巴林	8.17	5.43	7.35	7.40	7.40	7.40	7.40
巴拿马	5.33	5.33	5.27	5.27	5.27	5.27	5.27
巴西	5.04	5.05	5.10	5.14	5.14	5.14	5.14
白俄罗斯	6.94	6.53	6.27	6.27	6.27	6.27	6.17

续表

国家	年份						
	2015	2016	2017	2018	2019	2020	2021
保加利亚	6.98	7.00	7.11	7.14	7.14	7.14	7.14
比利时	7.44	7.52	7.59	7.59	7.59	7.59	7.59
冰岛	7.85	7.85	7.83	7.82	7.82	7.82	7.82
波兰	7.69	7.24	7.25	7.24	7.24	7.24	7.24
玻利维亚	4.07	4.07	3.97	3.96	3.96	3.96	3.96
博茨瓦纳	5.56	5.55	5.55	5.48	5.48	5.48	5.48
布基纳法索	6.96	6.96	6.92	6.99	6.99	6.99	6.99
丹麦	7.42	7.42	7.33	7.33	7.33	7.33	7.33
德国	6.98	7.08	7.13	7.10	7.10	7.10	7.10
多哥	4.87	4.87	4.89	4.89	4.89	4.89	4.89
俄罗斯	6.02	5.87	5.88	6.18	6.18	6.18	5.92
厄瓜多尔	5.15	5.07	5.10	5.07	5.07	5.07	5.07
法国	6.39	6.37	6.33	6.32	6.32	6.32	6.45
菲律宾	6.53	6.55	6.75	6.75	6.75	6.75	6.75
芬兰	6.25	6.27	6.29	6.35	6.35	6.35	6.35
哥伦比亚	5.88	5.77	5.75	5.81	5.81	5.81	5.81
哥斯达黎加	6.55	6.59	6.63	6.57	6.57	6.57	6.57
哈萨克斯坦	7.03	6.81	6.95	7.16	7.16	7.16	7.16
韩国	4.70	4.71	4.71	4.67	4.67	4.67	4.67
荷兰	7.29	7.34	7.40	7.39	7.39	7.39	7.39
洪都拉斯	5.32	5.26	5.24	5.24	5.24	5.24	5.24
吉尔吉斯斯坦	6.38	6.12	6.35	6.42	6.42	6.42	6.42
几内亚	5.11	5.3	5.37	5.20	5.63	5.63	5.43
加拿大	7.77	7.79	7.84	7.83	7.83	7.83	7.83
加纳	5.65	5.62	5.64	5.68	5.68	5.68	5.68
柬埔寨	5.86	5.88	5.90	5.90	5.90	5.90	6.00
捷克	7.76	7.64	7.65	7.65	7.65	7.65	7.71

续表

国家	2015	2016	2017	2018	2019	2020	2021
喀麦隆	6.98	7.04	7.02	7.01	7.01	7.01	7.01
卡塔尔	5.56	5.54	5.47	5.18	5.18	5.18	5.27
科威特	6.08	6.01	4.96	4.99	4.99	4.99	4.99
克罗地亚	6.50	6.47	6.53	6.56	6.56	6.56	6.40
肯尼亚	7.95	7.87	6.90	6.95	6.95	6.95	6.95
拉脱维亚	7.66	7.66	7.61	7.59	7.59	7.59	7.59
老挝	4.46	4.42	4.39	4.38	4.38	4.38	4.47
黎巴嫩	6.88	7.47	7.44	7.44	7.44	7.44	7.44
立陶宛	6.26	6.27	6.75	6.66	6.66	6.66	6.60
卢森堡	7.38	7.42	7.39	7.37	7.37	7.37	7.37
罗马尼亚	8.12	8.11	7.88	7.87	7.87	7.87	7.87
马达加斯加	4.92	4.92	4.77	5.12	5.12	5.12	5.12
马耳他	7.97	8.05	8.00	7.96	7.96	7.96	7.96
马来西亚	7.18	7.19	7.26	7.23	7.23	7.23	7.23
马里	5.25	5.24	5.22	5.36	5.36	5.36	5.36
美国	9.36	9.33	9.19	9.14	9.14	9.14	9.14
蒙古国	6.69	6.52	6.65	6.55	6.55	6.55	6.46
孟加拉国	6.45	6.44	6.38	6.37	6.37	6.37	6.37
秘鲁	7.41	7.39	7.36	7.34	7.34	7.34	7.28
缅甸	5.66	5.66	4.23	4.33	4.33	4.33	4.33
摩尔多瓦	5.42	5.22	5.19	5.48	5.48	5.48	5.48
摩洛哥	5.76	5.62	5.96	5.93	4.93	4.93	4.93
莫桑比克	2.84	2.84	2.81	2.86	2.86	2.86	2.86
墨西哥	5.91	5.88	5.89	5.91	5.91	5.91	5.91
纳米比亚	6.48	6.48	6.52	6.50	6.50	6.50	6.52
南非	6.63	6.77	6.76	6.69	6.69	6.69	6.69
尼加拉瓜	6.24	5.90	5.84	5.84	5.84	5.84	5.74

续表

国家	年份						
	2015	2016	2017	2018	2019	2020	2021
尼日尔	4.73	4.73	4.78	4.78	4.78	4.78	4.78
尼日利亚	8.43	8.44	8.45	8.49	8.49	8.49	8.49
挪威	5.69	5.66	5.83	5.83	5.83	5.83	5.83
葡萄牙	6.62	6.61	6.57	6.54	6.54	6.54	6.54
日本	7.97	7.93	7.91	7.91	7.91	7.91	7.91
瑞典	7.03	7.08	6.99	6.22	6.22	6.22	6.49
瑞士	7.42	7.43	7.46	7.40	6.68	6.68	6.68
萨尔瓦多	5.02	4.86	4.80	4.84	4.84	4.84	4.84
塞尔维亚	7.43	7.43	7.41	7.40	7.40	7.09	7.09
塞内加尔	4.67	4.67	4.68	4.72	4.72	4.72	4.72
塞浦路斯	6.32	6.45	6.39	6.41	6.41	6.41	6.41
沙特阿拉伯	6.33	6.08	6.13	6.15	6.15	6.15	5.96
斯里兰卡	5.53	5.54	5.66	5.58	5.58	5.58	5.58
斯洛伐克	7.38	7.29	7.25	7.27	7.27	7.27	7.27
斯洛文尼亚	6.42	6.46	6.52	6.54	6.54	6.54	6.67
苏丹	4.59	3.94	3.70	3.70	3.70	3.70	3.70
塔吉克斯坦	5.52	5.71	5.74	5.75	5.75	5.75	5.75
泰国	4.72	4.74	4.73	4.73	4.73	4.73	4.79
坦桑尼亚	6.42	6.36	6.30	6.33	6.33	6.33	6.33
突尼斯	5.11	5.08	5.07	5.17	5.17	5.17	5.17
土耳其	4.27	4.42	4.53	5.08	5.08	5.08	5.08
土库曼斯坦	5.52	5.71	5.74	5.75	5.75	5.75	5.75
危地马拉	4.39	4.35	4.33	4.33	5.33	5.33	5.33
委内瑞拉	3.36	3.36	3.20	2.23	2.23	2.23	2.27
乌干达	8.14	8.15	8.17	8.11	8.11	8.11	8.11
乌克兰	5.40	5.16	5.19	5.33	5.33	5.33	5.33
乌拉圭	5.60	5.91	5.89	5.83	5.83	5.83	5.83

续表

国家	年份						
	2015	2016	2017	2018	2019	2020	2021
乌兹别克斯坦	5.52	5.71	5.74	5.75	5.75	5.75	5.75
西班牙	6.51	6.47	6.51	6.57	6.57	6.57	6.57
希腊	5.06	5.15	5.16	5.14	5.14	5.14	5.24
新加坡	6.98	7.41	7.44	7.43	7.43	7.43	7.37
新西兰	9.02	9.02	8.83	8.84	8.84	8.84	8.78
匈牙利	7.06	6.77	6.78	6.77	6.77	6.77	6.77
牙买加	7.41	7.45	7.40	7.38	7.38	7.38	7.38
亚美尼亚	6.27	6.26	6.44	6.50	6.50	6.50	6.50
伊拉克	7.00	6.50	5.74	5.74	5.74	5.74	5.74
伊朗	4.20	4.13	4.08	4.07	4.07	4.07	4.07
以色列	4.83	4.86	4.86	4.86	4.86	4.86	4.95
意大利	7.14	7.16	7.13	7.12	7.12	7.12	7.12
印度	5.99	5.95	6.09	5.93	5.93	5.93	6.11
印度尼西亚	4.46	4.51	4.62	4.06	4.60	4.60	4.64
英国	8.38	8.37	8.37	8.31	8.31	8.31	8.23
约旦	7.62	7.51	7.56	7.58	7.58	7.58	7.58
越南	4.99	4.96	5.03	5.08	5.08	5.08	5.13
赞比亚	4.23	4.23	4.35	4.32	4.32	4.32	4.32
智利	5.56	5.56	5.47	5.40	5.40	5.40	5.33

数据来源：EFW。

表 26　　　　　　　　　　　　商业管制

国家	年份						
	2015	2016	2017	2018	2019	2020	2021
阿尔巴尼亚	5.50	5.49	5.63	5.54	5.54	5.31	5.31
阿尔及利亚	3.45	3.76	3.58	3.87	3.44	3.44	3.74
阿根廷	4.31	5.07	5.16	5.10	4.88	5.01	4.86

续表

国家	年份						
	2015	2016	2017	2018	2019	2020	2021
阿联酋	8.30	7.42	7.32	7.33	7.44	7.53	7.62
阿曼	6.50	6.50	6.45	6.70	6.59	6.48	6.50
阿塞拜疆	4.96	5.11	5.06	5.34	5.39	5.40	5.60
埃及	3.47	3.29	3.09	3.51	3.51	3.62	3.82
埃塞俄比亚	4.03	4.05	4.18	4.73	4.74	4.71	4.36
爱尔兰	8.53	8.29	8.02	8.04	8.04	7.54	7.29
爱沙尼亚	8.42	8.51	8.70	8.64	8.42	8.37	8.30
安哥拉	2.92	2.87	3.19	3.69	3.68	3.85	4.29
奥地利	7.29	7.22	7.47	7.28	7.06	6.63	6.83
澳大利亚	7.89	7.90	7.88	7.67	7.61	7.44	7.24
巴布亚新几内亚	3.29	3.31	4.51	3.18	3.24	4.22	4.28
巴基斯坦	3.89	3.87	3.87	4.36	4.12	4.03	4.27
巴拉圭	4.78	4.73	4.88	4.83	4.77	4.77	4.78
巴林	6.53	6.58	6.50	6.59	6.59	6.48	6.58
巴拿马	5.84	5.69	5.54	5.31	5.31	5.20	5.03
巴西	3.36	3.43	3.50	3.37	3.45	3.45	3.56
白俄罗斯	6.05	5.89	5.06	4.66	4.66	5.29	4.17
保加利亚	4.92	5.03	4.75	5.00	5.11	4.95	4.69
比利时	7.11	7.09	7.22	7.05	7.05	6.89	6.88
冰岛	7.44	7.40	7.77	7.42	7.50	7.13	7.38
波兰	6.01	6.24	5.97	6.02	6.02	5.91	5.73
玻利维亚	2.15	2.26	2.46	2.28	2.49	2.47	2.71
博茨瓦纳	5.69	5.78	5.92	5.76	5.98	5.86	5.41
布基纳法索	4.40	4.96	4.74	4.74	4.74	4.74	4.73
丹麦	7.34	7.31	7.29	7.29	7.46	7.04	7.10
德国	8.11	8.38	8.30	8.11	8.00	7.28	7.56
多哥	4.32	4.69	4.82	3.59	3.59	4.69	5.63

续表

国家	年份						
	2015	2016	2017	2018	2019	2020	2021
俄罗斯	3.92	4.14	3.85	3.69	4.19	4.13	3.95
厄瓜多尔	3.31	3.43	3.12	3.36	3.48	3.48	3.68
法国	6.91	6.85	6.98	7.08	7.03	6.92	6.78
菲律宾	4.87	4.70	4.42	4.51	4.57	4.68	4.62
芬兰	7.83	7.92	8.07	8.09	7.97	7.80	7.63
哥伦比亚	5.39	5.29	4.88	4.89	4.69	4.62	4.50
哥斯达黎加	5.74	5.73	6.09	5.83	5.83	5.83	5.80
哈萨克斯坦	5.52	5.21	5.18	5.40	5.45	5.46	5.08
韩国	7.23	7.23	7.63	7.49	7.13	7.13	7.23
荷兰	7.36	7.50	7.78	7.44	7.59	6.81	6.89
洪都拉斯	4.62	4.32	4.75	4.55	4.42	4.54	4.49
吉尔吉斯斯坦	4.76	4.71	4.58	5.21	5.00	4.83	4.98
几内亚	3.64	3.83	3.52	3.55	3.57	3.57	3.54
加拿大	7.55	7.52	7.78	7.50	7.04	6.93	6.81
加纳	4.82	4.87	5.07	4.76	4.75	4.83	4.72
柬埔寨	3.76	3.92	3.76	4.13	4.13	4.24	4.33
捷克	5.88	5.78	5.94	6.00	6.09	5.32	5.47
喀麦隆	2.77	3.16	3.08	3.39	3.39	3.39	3.40
卡塔尔	7.10	7.00	6.35	7.01	7.01	6.87	7.00
科威特	3.97	4.25	4.30	4.50	4.79	4.79	5.02
克罗地亚	5.11	4.94	5.32	5.17	5.17	5.20	5.19
肯尼亚	5.17	5.39	4.86	5.66	5.58	5.61	5.60
拉脱维亚	7.46	7.21	7.38	7.42	7.34	7.12	7.41
老挝	2.91	2.90	3.15	3.41	3.55	3.75	3.59
黎巴嫩	3.34	3.26	3.22	3.38	3.33	3.26	3.25
立陶宛	6.82	6.80	7.09	6.98	6.86	6.64	6.66
卢森堡	7.78	7.73	7.80	7.78	7.78	7.61	7.80

续表

国家	2015	2016	2017	2018	2019	2020	2021
罗马尼亚	5.57	5.67	5.62	5.66	5.88	5.76	5.81
马达加斯加	3.65	3.65	3.22	3.81	4.18	4.07	4.06
马耳他	6.06	6.04	6.76	6.57	6.57	6.63	6.44
马来西亚	7.23	7.14	7.18	7.38	7.51	7.26	7.04
马里	4.67	4.41	4.75	4.41	4.40	4.40	4.30
美国	7.07	7.35	7.54	7.22	6.88	6.81	6.76
蒙古国	5.35	5.83	5.80	5.61	5.62	5.74	5.68
孟加拉国	3.51	3.29	2.96	3.18	2.93	2.93	3.01
秘鲁	5.36	5.38	5.40	5.27	5.05	5.05	4.92
缅甸	4.20	5.23	4.53	4.74	4.86	6.39	5.10
摩尔多瓦	5.50	5.28	5.58	5.92	6.08	5.92	5.74
摩洛哥	4.99	5.33	5.39	5.48	5.54	5.54	5.41
莫桑比克	4.26	4.16	4.27	4.12	4.30	4.30	4.46
墨西哥	4.80	4.79	4.75	4.66	4.66	4.66	3.94
纳米比亚	5.39	5.37	5.02	5.25	5.32	5.32	5.31
南非	5.37	5.38	4.87	4.92	4.92	5.15	5.37
尼加拉瓜	3.80	4.05	3.81	3.51	3.51	3.61	3.50
尼日尔	4.58	5.55	5.58	4.22	4.11	5.50	5.58
尼日利亚	1.95	2.90	3.46	3.09	3.14	3.20	3.45
挪威	7.36	7.31	7.44	7.29	7.29	7.01	7.28
葡萄牙	6.48	6.48	6.72	6.57	6.56	5.88	5.92
日本	7.06	7.14	7.43	7.22	7.10	7.10	7.09
瑞典	7.58	7.48	7.52	7.24	7.24	7.13	7.32
瑞士	8.07	8.06	8.15	8.13	8.02	7.68	7.96
萨尔瓦多	4.32	4.44	4.33	4.45	4.61	4.61	4.19
塞尔维亚	4.76	4.82	4.91	5.04	5.13	5.08	5.02
塞内加尔	4.10	4.42	4.72	4.84	4.79	4.93	4.96

续表

国家	2015	2016	2017	2018	2019	2020	2021
塞浦路斯	7.58	7.53	7.80	7.64	7.70	7.31	7.46
沙特阿拉伯	5.97	5.89	5.57	5.61	5.72	5.95	6.00
斯里兰卡	4.74	5.05	4.88	5.01	4.82	4.67	4.63
斯洛伐克	5.61	5.80	5.82	5.84	5.90	5.64	5.92
斯洛文尼亚	6.91	6.74	6.77	6.69	6.85	6.22	6.29
苏丹	4.44	3.77	4.30	3.07	3.60	4.52	3.85
塔吉克斯坦	3.86	3.92	3.97	4.03	4.20	4.07	3.89
泰国	5.56	5.48	5.07	5.47	5.36	5.36	5.25
坦桑尼亚	4.45	4.26	4.20	4.34	4.34	4.28	4.41
突尼斯	5.08	5.08	5.68	5.46	5.46	5.52	5.27
土耳其	4.70	4.83	4.48	4.25	4.19	4.23	4.20
土库曼斯坦	3.86	3.92	3.97	4.03	4.20	4.07	3.89
危地马拉	5.15	4.97	4.78	4.82	4.76	4.76	4.56
委内瑞拉	0.98	1.08	0.69	0.76	0.61	0.52	0.80
乌干达	4.63	4.56	4.71	4.77	4.77	4.65	4.48
乌克兰	4.01	4.12	4.14	4.46	4.41	4.19	4.10
乌拉圭	6.23	6.91	7.10	6.94	6.94	6.69	6.59
乌兹别克斯坦	3.86	3.92	3.97	4.03	4.20	4.07	3.89
西班牙	6.51	6.70	6.78	6.70	6.60	6.12	6.18
希腊	5.10	5.12	5.45	5.36	5.10	4.88	5.44
新加坡	9.21	9.23	9.20	9.11	9.11	8.90	9.06
新西兰	8.45	8.59	8.64	8.46	8.29	8.13	7.99
匈牙利	5.90	6.02	5.98	5.72	5.90	5.50	5.33
牙买加	5.21	5.21	5.24	5.32	5.32	5.37	5.41
亚美尼亚	5.14	5.19	5.32	5.77	5.93	5.64	5.56
伊拉克	2.98	2.42	2.41	1.60	1.54	2.83	2.99
伊朗	3.61	3.84	3.85	3.28	3.28	3.28	2.86

续表

国家	2015	2016	2017	2018	2019	2020	2021
以色列	7.32	7.30	7.03	7.15	7.15	7.15	7.16
意大利	5.23	5.25	5.42	5.27	5.27	5.05	4.76
印度	4.90	5.05	4.86	4.88	5.44	5.42	5.54
印度尼西亚	5.20	5.35	5.28	5.15	5.42	5.53	5.78
英国	7.53	7.49	7.09	7.04	7.15	6.87	6.69
约旦	5.13	5.07	5.57	5.40	5.57	5.62	6.18
越南	4.17	4.51	4.67	4.76	4.62	4.68	4.55
赞比亚	4.26	4.06	4.32	4.21	4.04	4.04	4.06
智利	6.60	6.47	6.36	6.51	6.27	6.16	6.22

数据来源：EFW。

表27　　　　　　　　　　　教育水平

国家	2017	2018	2019	2020	2021	2022	2023
阿尔巴尼亚	5.0	5.0	4.5	4.0	4.5	5.0	5.0
阿尔及利亚	4.0	4.0	4.0	4.0	4.0	4.0	4.0
阿根廷	6.0	6.0	6.0	6.0	6.0	6.0	6.0
阿联酋	9.0	9.0	9.0	9.0	8.5	8.0	8.0
阿曼	5.0	5.0	5.0	5.0	5.0	5.0	5.0
阿塞拜疆	4.0	4.0	4.0	4.0	4.5	5.0	5.0
埃及	4.0	4.0	4.0	4.0	4.0	4.0	4.0
埃塞俄比亚	4.0	4.0	4.5	5.0	4.5	4.0	4.0
爱尔兰	10.0	10.0	10.0	10.0	10.0	10.0	10.0
爱沙尼亚	9.0	9.0	9.0	9.0	9.0	9.0	9.0
安哥拉	3.0	3.0	3.0	3.0	3.0	3.0	3.0
奥地利	10.0	10.0	10.0	10.0	10.0	10.0	10.0
澳大利亚	10.0	10.0	10.0	10.0	10.0	10.0	10.0

续表

国家	年份						
	2017	2018	2019	2020	2021	2022	2023
巴布亚新几内亚	3.0	3.0	3.0	3.0	3.0	3.0	3.0
巴基斯坦	3.0	3.0	3.0	3.0	3.0	3.0	3.0
巴拉圭	5.0	5.0	5.0	5.0	5.0	5.0	5.0
巴林	7.0	7.0	7.0	7.0	7.0	7.0	7.0
巴拿马	5.0	5.0	5.0	5.0	5.0	5.0	5.0
巴西	7.0	7.0	7.0	7.0	6.5	6.0	6.0
白俄罗斯	5.0	5.0	5.0	5.0	5.5	6.0	6.0
保加利亚	6.0	6.0	6.0	6.0	6.0	6.0	6.0
比利时	10.0	10.0	10.0	10.0	10.0	10.0	10.0
冰岛	10.0	10.0	10.0	10.0	10.0	10.0	10.0
波兰	8.0	8.0	7.5	7.0	7.0	7.0	7.0
玻利维亚	5.0	5.0	5.0	5.0	5.0	5.0	5.0
博茨瓦纳	6.0	6.0	6.0	6.0	6.0	6.0	6.0
布基纳法索	2.0	2.0	2.0	2.0	2.0	2.0	2.0
丹麦	10.0	10.0	10.0	10.0	10.0	10.0	10.0
德国	10.0	10.0	10.0	10.0	10.0	10.0	10.0
多哥	4.0	4.0	4.0	4.0	4.0	4.0	4.0
俄罗斯	6.0	6.0	6.0	6.0	6.0	6.0	6.0
厄瓜多尔	5.0	5.0	5.0	5.0	5.0	5.0	5.0
法国	10.0	10.0	10.0	10.0	10.0	10.0	10.0
菲律宾	4.5	5.0	5.0	5.0	5.0	5.0	5.0
芬兰	10.0	10.0	10.0	10.0	10.0	10.0	10.0
哥伦比亚	5.0	5.0	5.0	5.0	5.0	5.0	5.0
哥斯达黎加	7.0	7.0	7.0	7.0	7.0	7.0	7.0
哈萨克斯坦	6.0	6.0	6.0	6.0	6.0	6.0	6.0
韩国	10.0	10.0	10.0	10.0	10.0	10.0	10.0
荷兰	10.0	10.0	10.0	10.0	10.0	10.0	10.0

续表

国家	年份						
	2017	2018	2019	2020	2021	2022	2023
洪都拉斯	3.0	3.0	3.0	3.0	3.0	3.0	3.0
吉尔吉斯斯坦	4.0	4.0	4.0	4.0	4.5	5.0	5.0
几内亚	2.0	2.0	2.0	2.0	2.0	2.0	2.0
加拿大	10.0	10.0	10.0	10.0	10.0	10.0	10.0
加纳	5.5	5.0	5.0	5.0	5.0	5.0	5.0
柬埔寨	3.0	3.0	3.0	3.0	3.0	3.0	3.0
捷克	9.0	9.0	9.0	9.0	9.0	9.0	9.0
喀麦隆	4.0	4.0	4.0	4.0	4.0	4.0	4.0
卡塔尔	9.0	9.0	8.5	8.0	8.0	8.0	8.0
科威特	6.0	6.0	6.0	6.0	6.0	6.0	6.0
克罗地亚	8.0	8.0	7.5	7.0	7.0	7.0	7.0
肯尼亚	5.0	5.0	5.0	5.0	5.0	5.0	5.0
拉脱维亚	8.0	8.0	8.0	8.0	8.0	8.0	8.0
老挝	3.0	3.0	3.0	3.0	3.0	3.0	3.0
黎巴嫩	5.5	5.0	5.0	5.0	5.0	5.0	5.0
立陶宛	9.0	9.0	8.5	8.0	8.0	8.0	8.0
卢森堡	5.0	5.0	5.0	5.0	5.0	5.0	5.0
罗马尼亚	7.0	7.0	6.5	6.0	6.0	6.0	6.0
马达加斯加	3.0	3.0	3.0	3.0	3.0	3.0	3.0
马耳他	6.0	6.0	6.0	6.0	6.0	6.0	6.0
马来西亚	7.0	7.0	7.0	7.0	7.0	7.0	7.0
马里	3.0	3.0	3.0	3.0	3.0	3.0	3.0
美国	10.0	10.0	10.0	10.0	10.0	10.0	10.0
蒙古国	5.0	5.0	5.0	5.0	5.0	5.0	5.0
孟加拉国	4.0	4.0	4.0	4.0	4.0	4.0	4.0
秘鲁	5.0	5.0	5.0	5.0	5.0	5.0	5.0
缅甸	2.5	3.0	3.0	3.0	3.0	3.0	3.0

续表

国家	年份						
	2017	2018	2019	2020	2021	2022	2023
摩尔多瓦	5.0	5.0	5.0	5.0	5.0	5.0	5.0
摩洛哥	5.0	5.0	5.0	5.0	5.0	5.0	5.0
莫桑比克	3.0	3.0	3.0	3.0	3.0	3.0	3.0
墨西哥	5.0	5.0	5.0	5.0	5.0	5.0	5.0
纳米比亚	4.5	4.0	4.0	4.0	4.0	4.0	4.0
南非	5.0	5.0	5.0	5.0	5.0	5.0	5.0
尼加拉瓜	4.5	4.0	4.0	4.0	4.0	4.0	4.0
尼日尔	1.5	1.0	1.0	1.0	1.0	1.0	1.0
尼日利亚	3.0	3.0	3.0	3.0	3.0	3.0	3.0
挪威	10.0	10.0	10.0	10.0	10.0	10.0	10.0
葡萄牙	9.0	9.0	9.0	9.0	9.0	9.0	9.0
日本	10.0	10.0	10.0	10.0	10.0	10.0	10.0
瑞典	10.0	10.0	10.0	10.0	10.0	10.0	10.0
瑞士	10.0	10.0	10.0	10.0	10.0	10.0	10.0
萨尔瓦多	5.0	5.0	5.0	5.0	5.0	5.0	5.0
塞尔维亚	7.0	7.0	7.0	7.0	7.0	7.0	7.0
塞内加尔	3.0	3.0	3.0	3.0	3.0	3.0	3.0
塞浦路斯	6.0	6.0	6.0	6.0	6.0	6.0	6.0
沙特阿拉伯	5.0	5.0	5.5	6.0	5.5	5.0	5.0
斯里兰卡	5.5	6.0	6.0	6.0	5.5	5.0	5.0
斯洛伐克	9.0	9.0	9.0	9.0	9.0	9.0	9.0
斯洛文尼亚	8.0	8.0	8.5	9.0	8.5	8.0	8.0
苏丹	2.0	2.0	2.0	2.0	1.5	1.0	1.0
塔吉克斯坦	3.0	3.0	3.0	3.0	3.5	4.0	4.0
泰国	6.0	6.0	6.0	6.0	5.5	5.0	5.0
坦桑尼亚	3.0	3.0	3.5	4.0	4.0	4.0	4.0
突尼斯	6.0	6.0	6.0	6.0	6.0	6.0	6.0

续表

国家	年份						
	2017	2018	2019	2020	2021	2022	2023
土耳其	6.5	6.0	5.5	5.0	5.0	5.0	5.0
土库曼斯坦	4.0	4.0	3.5	3.0	3.0	3.0	3.0
危地马拉	4.0	4.0	4.0	4.0	4.0	4.0	4.0
委内瑞拉	5.0	4.0	3.5	3.0	3.0	3.0	3.0
乌干达	5.0	5.0	5.0	5.0	4.5	4.0	4.0
乌克兰	6.0	6.0	6.0	6.0	6.0	6.0	6.0
乌拉圭	7.0	7.0	7.0	7.0	7.0	7.0	7.0
乌兹别克斯坦	5.0	5.0	5.0	5.0	5.0	5.0	5.0
西班牙	9.0	9.0	9.0	9.0	9.0	9.0	9.0
希腊	9.0	9.0	9.0	9.0	9.0	9.0	9.0
新加坡	10.0	10.0	10.0	10.0	10.0	10.0	10.0
新西兰	10.0	10.0	10.0	10.0	10.0	10.0	10.0
匈牙利	6.5	6.0	5.5	5.0	5.5	6.0	6.0
牙买加	5.0	5.0	5.0	5.0	5.0	5.0	5.0
亚美尼亚	5.0	5.0	5.0	5.0	5.0	5.0	5.0
伊拉克	3.0	3.0	3.0	3.0	3.0	3.0	3.0
伊朗	4.0	4.0	4.0	4.0	4.0	4.0	4.0
以色列	9.0	9.0	9.0	9.0	8.5	8.0	8.0
意大利	10.0	10.0	10.0	10.0	10.0	10.0	10.0
印度	6.0	6.0	6.0	6.0	5.5	5.0	5.0
印度尼西亚	5.0	5.0	5.0	5.0	5.0	5.0	5.0
英国	10.0	10.0	10.0	10.0	10.0	10.0	10.0
约旦	6.0	6.0	6.0	6.0	5.5	5.0	5.0
越南	6.0	6.0	6.0	6.0	6.0	6.0	6.0
赞比亚	4.0	4.0	4.0	4.0	4.0	4.0	4.0
智利	6.0	6.0	6.0	6.0	6.0	6.0	6.0

数据来源：BTI。

表28　　社会安全（每十万人谋杀死亡人数）

国家	2015	2016	2017	2018	2019	2020	2021
阿尔巴尼亚	2.220	2.742	2.014	2.294	2.262	2.128	2.312
阿尔及利亚	1.381	1.344	1.274	1.355	1.215	1.505	1.573
阿根廷	6.558	6.011	5.259	5.368	5.156	5.367	4.623
阿联酋	0.673	0.673	0.684	0.695	0.695	0.700	0.470
阿曼	0.382	0.364	0.374	0.283	0.500	0.308	0.243
阿塞拜疆	2.139	1.694	1.807	1.940	1.642	2.236	1.910
埃及	1.381	1.344	1.274	1.355	1.215	1.505	1.573
埃塞俄比亚	19.787	20.210	25.434	21.741	20.810	18.960	19.305
爱尔兰	0.664	0.721	0.817	0.807	0.654	0.667	0.441
爱沙尼亚	3.423	2.508	2.201	2.118	1.959	3.159	1.957
安哥拉	5.250	5.250	5.250	5.250	5.250	5.250	5.250
奥地利	0.509	0.618	0.796	0.973	0.867	0.730	0.729
澳大利亚	0.991	0.938	0.846	0.885	0.887	0.861	0.745
巴布亚新几内亚	19.787	20.210	25.434	21.741	20.810	18.960	19.305
巴基斯坦	4.496	3.988	3.806	3.750	3.651	3.737	3.979
巴拉圭	9.987	10.676	8.512	7.713	8.484	7.267	7.831
巴林	0.220	0.284	0.412	0.336	0.268	—	0.068
巴拿马	11.903	10.059	9.228	9.627	11.341	11.643	12.640
巴西	28.356	29.589	30.593	26.636	20.810	22.384	22.384
白俄罗斯	3.361	3.162	2.472	2.331	2.326	2.326	2.326
保加利亚	1.724	1.090	1.434	1.293	1.177	0.989	1.278
比利时	0.610	0.549	0.767	0.579	0.628	0.614	0.651
冰岛	0.906	0.298	0.873	0.850	0.277	1.364	0.540
波兰	0.773	0.675	0.745	0.709	0.657	0.692	0.713
玻利维亚	4.896	5.700	6.532	4.945	4.220	3.494	3.494
博茨瓦纳	12.518	12.518	12.518	12.518	9.144	8.711	8.850
布基纳法索	0.896	0.896	0.896	0.896	0.896	0.896	0.896

续表

国家	2015	2016	2017	2018	2019	2020	2021
丹麦	1.092	0.981	1.238	1.006	1.139	0.944	0.803
德国	0.831	1.170	0.984	0.951	0.749	0.938	0.833
多哥	12.518	12.518	12.518	12.518	9.144	8.711	8.850
俄罗斯	11.506	10.932	9.139	8.214	7.686	7.346	6.799
厄瓜多尔	6.483	5.833	5.809	5.842	6.844	7.801	14.024
法国	1.586	1.217	1.107	1.083	1.169	1.073	1.137
菲律宾	10.636	10.636	7.746	5.205	4.316	4.316	4.316
芬兰	1.496	1.347	1.216	1.559	1.467	1.646	1.646
哥伦比亚	27.129	26.040	25.434	26.231	25.753	24.243	27.484
哥斯达黎加	11.378	11.688	12.075	11.605	11.073	11.126	11.409
哈萨克斯坦	4.782	4.889	4.996	4.996	3.193	3.193	3.193
韩国	0.735	0.694	0.584	0.598	0.573	0.594	0.521
荷兰	0.610	0.549	0.767	0.579	0.628	0.614	0.651
洪都拉斯	55.388	54.435	40.138	37.875	40.949	35.695	38.245
吉尔吉斯斯坦	0.817	0.817	0.817	0.817	0.817	0.817	0.817
几内亚	12.518	12.518	12.518	12.518	9.144	8.711	8.850
加拿大	1.710	1.706	1.819	1.787	1.836	2.003	2.065
加纳	1.818	1.858	2.015	1.620	1.811	1.725	1.837
柬埔寨	1.603	1.446	1.185	0.997	0.945	0.762	0.724
捷克	0.836	0.617	0.627	0.774	0.921	0.731	0.447
喀麦隆	3.741	3.319	4.116	4.116	4.537	4.537	4.537
卡塔尔	0.248	0.462	0.443	0.361	0.392	0.435	0.335
科威特	3.610	3.755	4.027	2.890	3.148	2.260	2.260
克罗地亚	0.870	1.042	1.097	0.577	0.799	0.976	0.813
肯尼亚	4.826	4.934	5.038	3.141	3.093	3.576	5.275
拉脱维亚	3.364	3.496	4.144	4.340	3.392	3.690	3.042
老挝	1.603	1.446	1.185	0.997	0.945	0.762	0.724

续表

国家	年份						
	2015	2016	2017	2018	2019	2020	2021
黎巴嫩	3.610	3.755	4.027	2.890	3.148	2.260	2.260
立陶宛	5.803	5.215	3.443	3.199	3.299	3.581	2.584
卢森堡	0.878	0.857	0.335	0.493	0.645	0.476	0.626
罗马尼亚	1.703	1.546	1.294	1.275	1.250	1.445	1.262
马达加斯加	12.518	12.518	12.518	12.518	9.144	8.711	8.850
马耳他	0.876	1.069	1.668	1.627	0.993	1.358	0.380
马来西亚	1.603	1.446	1.185	0.997	0.945	0.762	0.724
马里	12.518	12.518	12.518	12.518	9.144	8.711	8.850
美国	4.893	5.322	5.244	4.930	4.986	6.421	6.807
蒙古国	7.218	6.074	6.169	6.195	6.342	6.223	6.153
孟加拉国	2.557	2.247	2.194	2.340	2.340	2.340	2.340
秘鲁	7.316	7.821	7.869	7.614	7.266	5.714	5.714
缅甸	2.529	2.580	2.662	2.757	2.864	2.941	28.438
摩尔多瓦	5.767	6.201	4.433	5.284	3.891	3.015	3.015
摩洛哥	1.243	1.692	2.142	1.420	1.727	1.248	1.931
莫桑比克	12.518	12.518	12.518	12.518	9.144	8.711	8.850
墨西哥	17.280	20.210	26.115	29.581	29.309	29.185	28.176
纳米比亚	19.787	19.787	19.787	19.787	13.038	12.173	12.450
南非	33.418	33.703	35.903	36.662	36.712	33.965	41.866
尼加拉瓜	8.319	7.090	6.651	10.377	7.728	9.367	11.006
尼日尔	12.518	12.518	12.518	12.518	9.144	8.711	8.850
尼日利亚	33.604	33.604	33.604	21.741	21.741	21.741	21.741
挪威	0.462	0.516	0.531	0.471	0.524	0.576	0.537
葡萄牙	0.965	0.639	0.737	0.787	0.709	0.787	0.797
日本	0.285	0.285	0.242	0.265	0.254	0.254	0.229
瑞典	1.137	1.065	1.123	1.063	1.081	1.196	1.080
瑞士	0.688	0.537	0.532	0.587	0.536	0.544	0.483

续表

国家	年份						
	2015	2016	2017	2018	2019	2020	2021
萨尔瓦多	106.820	84.409	63.224	53.311	38.183	21.310	18.165
塞尔维亚	1.330	1.548	1.152	1.412	1.189	1.142	1.055
塞内加尔	0.978	0.978	0.978	0.978	0.978	0.978	0.978
塞浦路斯	1.263	1.085	0.579	1.231	1.221	1.212	1.286
沙特阿拉伯	0.640	0.640	0.640	0.640	0.795	0.795	0.795
斯里兰卡	2.282	2.474	2.260	2.382	3.427	3.427	3.427
斯洛伐克	0.885	1.105	1.471	1.230	1.393	1.155	1.010
斯洛文尼亚	0.961	0.478	0.905	0.427	0.663	0.519	0.425
苏丹	12.518	12.518	12.518	12.518	9.144	8.711	8.850
塔吉克斯坦	0.912	0.912	0.912	0.912	0.912	0.912	0.912
泰国	1.603	1.446	1.185	0.997	0.945	0.762	0.724
坦桑尼亚	7.129	6.321	5.593	4.706	4.541	3.705	3.705
突尼斯	4.739	4.739	4.739	4.739	4.739	4.621	4.621
土耳其	2.806	3.337	3.095	2.610	2.420	2.505	2.520
土库曼斯坦	1.635	2.407	1.850	1.461	1.201	1.339	1.405
危地马拉	33.429	32.783	32.783	28.896	25.645	18.960	19.990
委内瑞拉	51.275	56.624	47.982	44.484	40.985	29.427	19.305
乌干达	11.938	11.567	11.800	10.832	10.985	10.044	8.531
乌克兰	6.301	6.160	6.160	4.504	4.117	3.867	3.843
乌拉圭	8.611	7.821	8.270	12.285	11.492	9.857	8.902
乌兹别克斯坦	1.635	2.407	1.850	1.461	1.201	1.339	1.405
西班牙	0.650	0.633	0.659	0.618	0.702	0.629	0.611
希腊	0.861	0.781	0.804	0.931	0.738	0.742	0.852
新加坡	0.248	0.315	0.191	0.155	0.205	0.169	0.101
新西兰	1.046	1.071	0.737	1.550	2.601	2.601	2.601
匈牙利	2.245	2.058	1.634	0.880	0.655	0.820	0.772
牙买加	43.264	48.311	58.646	45.842	47.623	47.262	52.127

续表

国家	年份						
	2015	2016	2017	2018	2019	2020	2021
亚美尼亚	2.605	3.036	2.454	1.763	2.588	1.853	2.186
伊拉克	9.410	9.410	9.410	9.410	9.410	9.410	9.410
伊朗	2.421	2.421	2.421	2.421	2.421	2.421	2.421
以色列	1.374	1.275	1.480	1.372	1.533	1.427	1.944
意大利	0.779	0.672	0.627	0.600	0.531	0.479	0.511
印度	3.354	3.161	3.029	2.994	2.927	2.911	2.936
印度尼西亚	1.603	1.446	1.185	0.997	0.945	0.762	0.724
英国	1.000	1.202	1.225	1.136	1.150	1.004	1.004
约旦	1.590	1.315	1.302	0.899	1.140	0.988	1.023
越南	1.603	1.446	1.185	0.997	0.945	0.762	0.724
赞比亚	5.250	5.250	5.250	5.250	5.250	5.250	5.250
智利	2.345	3.428	4.241	4.411	3.944	4.798	3.632

数据来源：UNODC。

表29　　　　　　　　　　　其他投资风险

国家	年份						
	2017	2018	2019	2020	2021	2022	2023
阿尔巴尼亚	8.00	7.83	7.88	7.58	7.54	8.50	8.50
阿尔及利亚	6.75	6.50	6.63	6.38	6.50	8.00	8.00
阿根廷	8.00	7.38	7.50	6.42	6.54	7.00	7.50
阿联酋	10.00	10.00	10.46	9.88	10.00	10.00	10.00
阿曼	9.25	8.08	8.33	8.67	9.00	9.50	9.50
阿塞拜疆	6.42	6.96	7.63	7.46	8.00	8.50	8.50
埃及	7.79	8.00	8.08	8.54	8.88	6.50	7.00
埃塞俄比亚	7.00	7.00	7.88	7.63	6.83	7.00	7.00
爱尔兰	12.00	12.00	12.00	11.75	12.00	11.00	11.00
爱沙尼亚	9.50	9.50	9.50	9.42	9.50	8.50	7.50

续表

国家	年份						
	2017	2018	2019	2020	2021	2022	2023
安哥拉	6.13	7.29	8.38	7.92	8.13	8.50	7.50
奥地利	9.50	9.50	9.50	9.79	10.50	10.00	10.00
澳大利亚	12.00	11.75	11.50	11.25	12.00	12.00	12.00
巴布亚新几内亚	6.67	6.63	7.13	7.00	7.00	7.00	7.00
巴基斯坦	8.00	8.00	7.13	7.54	7.63	7.00	6.50
巴拉圭	8.50	8.71	9.33	8.54	8.50	8.50	8.50
巴林	8.17	7.67	7.83	7.54	7.71	8.50	9.00
巴拿马	9.00	8.79	8.92	8.58	8.21	8.50	8.50
巴西	7.50	7.50	8.42	8.75	9.00	9.00	8.50
白俄罗斯	6.83	7.50	7.88	7.58	7.50	6.00	6.00
保加利亚	10.50	10.50	10.25	8.92	9.50	8.00	8.50
比利时	9.00	9.21	9.50	9.71	10.00	9.00	9.00
冰岛	10.17	10.00	10.00	9.88	10.00	10.00	10.00
波兰	9.42	9.50	10.38	10.63	10.50	9.00	9.00
玻利维亚	6.42	6.50	6.50	6.50	6.50	6.50	6.00
博茨瓦纳	10.33	9.50	8.96	9.00	9.04	9.00	8.50
布基纳法索	7.00	7.38	7.71	7.21	7.00	6.50	6.50
丹麦	8.63	9.00	8.46	9.33	10.50	11.00	11.00
德国	11.00	11.00	11.00	11.33	12.00	11.50	11.50
多哥	7.50	7.50	7.50	7.71	8.17	8.50	8.50
俄罗斯	8.00	8.00	8.38	7.88	8.00	6.50	6.00
厄瓜多尔	6.33	6.04	8.00	6.96	7.46	8.00	7.50
法国	8.83	9.00	10.63	11.42	11.50	11.00	11.00
菲律宾	9.63	8.79	9.25	9.29	9.50	9.50	9.00
芬兰	10.50	10.50	10.50	10.83	11.50	10.50	10.50
哥伦比亚	8.00	8.00	8.46	8.75	8.67	8.00	8.00
哥斯达黎加	7.79	7.92	9.00	8.50	8.38	8.50	8.50

续表

国家	年份						
	2017	2018	2019	2020	2021	2022	2023
哈萨克斯坦	7.33	8.00	8.46	8.50	8.50	7.50	8.50
韩国	10.00	10.00	10.00	10.00	10.00	10.00	10.00
荷兰	11.00	11.00	11.00	10.54	10.50	10.50	10.50
洪都拉斯	7.50	7.71	7.96	7.63	8.00	8.00	8.00
吉尔吉斯斯坦	0	0	0	0	8.63	9.00	8.50
几内亚	7.04	7.50	7.50	7.50	7.17	6.50	6.50
加拿大	12.00	12.00	12.00	11.92	12.00	12.00	12.00
加纳	7.71	8.00	7.92	7.67	7.83	6.50	7.00
柬埔寨	8.00	8.00	8.00	8.00	6.79	6.50	6.50
捷克	9.29	10.50	10.50	10.83	11.50	10.50	10.50
喀麦隆	7.50	7.00	7.00	7.33	7.50	7.50	8.00
卡塔尔	9.21	8.92	9.71	9.79	10.00	10.00	10.00
科威特	9.00	9.33	9.75	9.75	9.17	9.50	9.50
克罗地亚	7.00	8.00	9.38	9.38	10.00	10.00	10.00
肯尼亚	8.17	8.38	8.50	7.29	7.33	7.50	7.50
拉脱维亚	10.00	9.29	10.13	10.33	10.42	10.50	10.00
老挝	8.00	8.08	8.50	8.96	8.79	8.00	8.00
黎巴嫩	8.50	8.08	7.42	6.58	6.33	6.00	5.50
立陶宛	9.00	9.00	9.58	9.88	10.50	10.50	10.50
卢森堡	11.00	11.00	11.00	11.04	11.50	11.50	11.50
罗马尼亚	8.00	7.71	8.25	8.50	8.96	9.00	9.00
马达加斯加	7.50	7.50	7.92	7.17	7.00	7.00	7.50
马耳他	10.50	10.50	9.25	9.00	9.50	8.00	8.00
马来西亚	8.00	8.08	8.50	8.33	8.04	8.50	9.00
马里	7.21	7.50	7.50	7.50	7.50	7.00	7.00
美国	12.00	12.00	12.00	12.00	12.00	12.00	12.00
蒙古国	7.33	7.75	8.50	7.54	6.63	6.50	7.50

续表

国家	\multicolumn{7}{c}{年份}
	2017	2018	2019	2020	2021	2022	2023
孟加拉国	7.13	7.04	7.17	7.29	7.46	7.00	7.00
秘鲁	8.25	8.00	8.42	8.46	7.58	7.50	7.50
缅甸	8.00	8.00	8.00	8.00	6.79	6.50	6.50
摩尔多瓦	6.58	7.46	7.58	7.83	8.21	8.00	8.00
摩洛哥	7.75	7.46	7.54	7.29	7.63	7.00	7.50
莫桑比克	6.00	6.25	6.00	6.08	6.29	7.00	7.00
墨西哥	7.21	7.38	7.50	7.50	7.50	7.50	7.00
纳米比亚	7.50	7.50	7.50	7.50	7.50	8.00	7.50
南非	7.96	8.13	8.50	7.96	7.83	8.00	8.00
尼加拉瓜	6.58	7.13	6.67	7.38	7.00	6.50	7.00
尼日尔	7.50	7.50	7.50	7.08	7.00	7.00	7.50
尼日利亚	6.00	7.25	7.42	6.58	6.63	5.50	7.00
挪威	11.58	12.00	12.00	11.29	11.50	11.50	11.50
葡萄牙	9.29	9.50	10.08	10.13	10.00	10.00	10.00
日本	11.04	11.00	11.00	11.00	11.00	11.00	11.00
瑞典	12.00	12.00	12.00	11.79	12.00	12.00	12.00
瑞士	11.50	11.50	11.50	10.67	10.50	10.50	10.50
萨尔瓦多	6.63	7.54	7.54	7.58	7.08	6.00	7.00
塞尔维亚	6.50	7.13	8.00	8.29	8.50	8.50	8.50
塞内加尔	8.50	8.50	8.42	7.50	7.50	7.00	7.00
塞浦路斯	9.92	8.67	9.88	9.54	8.75	8.00	8.00
沙特阿拉伯	8.00	8.00	8.00	9.21	10.00	10.50	10.50
斯里兰卡	7.00	7.00	7.04	7.21	6.21	6.50	6.50
斯洛伐克	9.00	9.00	10.04	10.25	10.50	10.00	10.00
斯洛文尼亚	7.00	7.00	8.67	8.75	8.96	8.50	8.50
苏丹	6.50	6.50	6.08	6.04	6.58	6.50	6.50
塔吉克斯坦	0	0	0	0	8.63	9.00	8.50

续表

国家	年份						
	2017	2018	2019	2020	2021	2022	2023
泰国	7.96	7.88	8.83	8.88	9.00	8.50	8.50
坦桑尼亚	7.67	7.00	7.13	7.00	7.00	7.50	7.00
突尼斯	6.58	6.63	6.79	7.50	7.08	7.50	6.00
土耳其	6.33	6.38	7.50	7.17	6.92	6.50	6.50
土库曼斯坦	0	0	0	0	8.63	9.00	8.50
危地马拉	9.00	9.00	9.00	8.83	9.00	9.00	9.00
委内瑞拉	4.50	4.50	4.50	4.58	5.42	6.50	6.50
乌干达	8.42	8.00	8.00	7.46	7.42	7.00	6.50
乌克兰	8.00	7.63	8.08	8.42	8.50	7.00	7.00
乌拉圭	10.00	10.00	9.92	9.71	10.00	10.00	10.00
乌兹别克斯坦	—	—	—	—	8.63	9.00	8.50
西班牙	10.00	10.00	10.75	9.08	9.00	9.50	9.50
希腊	8.96	10.00	10.50	10.63	10.25	10.00	10.00
新加坡	11.00	11.00	11.75	11.83	12.00	12.00	12.00
新西兰	12.00	12.00	12.00	11.83	12.00	12.00	12.00
匈牙利	9.67	10.29	10.46	10.42	10.50	9.50	9.00
牙买加	9.00	8.83	8.29	7.79	8.63	9.00	9.00
亚美尼亚	7.50	7.96	8.50	7.92	8.00	6.50	6.50
伊拉克	7.50	7.63	8.00	7.33	7.38	8.00	6.50
伊朗	7.79	7.50	7.00	7.00	6.83	6.50	6.50
以色列	10.00	10.00	10.46	9.88	10.00	10.00	10.00
意大利	9.50	10.13	11.29	9.21	9.50	9.00	9.50
印度	8.38	8.04	8.67	8.63	9.00	9.00	8.50
印度尼西亚	9.00	8.29	8.88	8.79	9.00	8.00	8.50
英国	11.50	11.50	11.17	10.88	11.00	11.00	11.00
约旦	8.00	7.63	7.50	8.13	8.00	7.50	7.50
越南	8.00	8.08	8.50	8.96	8.79	8.00	8.00

续表

国家	年份						
	2017	2018	2019	2020	2021	2022	2023
赞比亚	7.00	6.63	6.00	6.00	6.75	6.50	7.50
智利	10.08	10.25	10.42	8.04	8.46	9.00	8.50

数据来源：ICRG。

表30　　执政时间（剩余任期年限）

国家	年份						
	2017	2018	2019	2020	2021	2022	2023
阿尔巴尼亚	0	3	2	1	0	3	2
阿尔及利亚	2	1	0	4	3	2	1
阿根廷	2	1	0	3	2	1	0
阿联酋	N/A	N/A	N/A	N/A	N/A	N/A	N/A
阿曼	N/A	N/A	N/A	N/A	N/A	N/A	N/A
阿塞拜疆	1	0	4	3	2	3	1
埃及	2	1	0	4	3	2	0
埃塞俄比亚	3	2	4	3	2	4	3
爱尔兰	4	3	2	1	0	3	2
爱沙尼亚	4	3	2	1	0	4	0
安哥拉	0	4	3	2	1	0	4
奥地利	0	3	2	1	0	1	0
澳大利亚	2	1	2	1	0	2	2
巴布亚新几内亚	—	—	—	—	—	0	4
巴基斯坦	1	0	4	3	2	0	0
巴拉圭	1	0	4	3	2	1	0
巴林	N/A	N/A	N/A	N/A	N/A	N/A	N/A
巴拿马	2	1	0	4	3	2	1
巴西	1	0	3	2	1	0	3
白俄罗斯	3	2	1	4	3	2	1

续表

国家	年份						
	2017	2018	2019	2020	2021	2022	2023
保加利亚	1	0	3	2	1	1	0
比利时	—	—	—	—	—	1	0
冰岛	0	3	2	1	0	3	2
波兰	3	2	1	0	4	3	2
玻利维亚	2	1	0	N/A	4	3	2
博茨瓦纳	2	1	0	4	3	2	1
布基纳法索	3	2	1	0	4	2	1
丹麦	2	1	0	3	2	1	0
德国	0	3	2	1	0	3	2
多哥	3	2	1	0	4	3	2
俄罗斯	1	0	5	4	3	2	1
厄瓜多尔	0	3	2	1	0	3	0
法国	0	4	3	2	1	0	4
菲律宾	5	4	3	2	1	0	4
芬兰	2	1	0	3	2	1	0
哥伦比亚	1	0	3	2	1	0	3
哥斯达黎加	1	0	3	2	1	0	3
哈萨克斯坦	2	1	0	3	2	0	6
韩国	0	4	3	2	1	0	4
荷兰	0	3	2	1	0	3	2
洪都拉斯	0	3	2	1	0	3	2
吉尔吉斯斯坦	0	5	4	3	2	5	4
几内亚	0	4	3	2	1	4	3
加拿大	2	1	0	3	2	3	2
加纳	3	2	1	0	3	2	1
柬埔寨	1	0	4	3	2	1	0
捷克	1	3	2	1	0	3	2

续表

国家	年份						
	2017	2018	2019	2020	2021	2022	2023
喀麦隆	1	0	6	5	4	3	2
卡塔尔	N/A	N/A	N/A	N/A	N/A	N/A	N/A
科威特	N/A	N/A	N/A	N/A	N/A	N/A	N/A
克罗地亚	3	2	1	0	4	3	2
肯尼亚	1	4	3	2	1	0	4
拉脱维亚	3	2	1	3	2	0	3
老挝	4	3	2	1	0	4	3
黎巴嫩	5	4	3	2	1	0	5
立陶宛	2	1	0	4	3	2	1
卢森堡	1	0	4	3	2	1	0
罗马尼亚	2	1	0	4	3	2	1
马达加斯加	1	0	4	3	2	1	0
马耳他	1	4	3	2	1	0	4
马来西亚	1	0	4	3	2	0	4
马里	1	0	4	3	2	2	1
美国	3	2	1	0	3	2	1
蒙古国	0	3	2	1	0	3	2
孟加拉国	1	0	4	3	2	1	0
秘鲁	4	3	2	1	0	N/A	1
缅甸	4	3	2	1	N/A	N/A	0
摩尔多瓦	3	2	1	0	3	2	1
摩洛哥	N/A	N/A	N/A	N/A	N/A	N/A	N/A
莫桑比克	2	1	0	4	3	2	1
墨西哥	1	0	5	4	3	2	1
纳米比亚	2	1	0	4	3	3	2
南非	2	1	0	4	3	2	1
尼加拉瓜	4	3	2	1	0	4	3

续表

国家	年份						
	2017	2018	2019	2020	2021	2022	2023
尼日尔	4	3	2	1	0	4	0
尼日利亚	2	1	0	3	2	1	0
挪威	0	3	2	1	0	3	2
葡萄牙	3	2	1	0	3	0	1
日本	3	2	1	0	3	3	2
瑞典	1	0	3	2	1	0	3
瑞士	2	1	0	3	2	1	0
萨尔瓦多	—	—	—	—	—	2	1
塞尔维亚	—	—	—	—	—	0	4
塞内加尔	2	1	0	4	3	2	1
塞浦路斯	1	0	4	3	2	1	0
沙特阿拉伯	N/A	N/A	N/A	N/A	N/A	N/A	N/A
斯里兰卡	3	2	1	4	3	0	1
斯洛伐克	—	—	—	—	—	1	0
斯洛文尼亚	1	0	3	2	1	0	3
苏丹	N/A	N/A	N/A	N/A	N/A	N/A	0
塔吉克斯坦	3	2	1	0	6	5	4
泰国	N/A	N/A	N/A	1	0	1	0
坦桑尼亚	3	2	1	0	4	3	2
突尼斯	2	1	0	4	3	2	1
土耳其	2	1	4	3	2	1	0
土库曼斯坦	0	4	3	2	1	0	4
危地马拉	2	1	0	3	2	1	0
委内瑞拉	1	0	5	4	3	2	1
乌干达	4	3	2	1	0	4	3
乌克兰	2	1	0	4	3	2	1
乌拉圭	2	1	0	4	3	2	1

续表

国家	年份						
	2017	2018	2019	2020	2021	2022	2023
乌兹别克斯坦	4	3	2	1	0	4	0
西班牙	3	2	1	0	3	2	0
希腊	2	1	0	3	2	1	0
新加坡	4	3	2	1	0	3	2
新西兰	0	2	1	0	2	1	0
匈牙利	1	0	3	2	1	0	3
牙买加	—	—	—	—	—	3	2
亚美尼亚	1	0	4	3	2	4	3
伊拉克	1	0	3	2	1	3	2
伊朗	0	3	2	1	0	3	2
以色列	2	1	3	2	1	0	3
意大利	4	3	4	3	2	0	4
印度	2	1	0	4	3	2	1
印度尼西亚	2	1	0	4	3	2	1
英国	4	3	2	4	3	2	1
约旦	N/A	N/A	N/A	N/A	N/A	N/A	N/A
越南	4	3	2	1	0	4	3
赞比亚	4	3	2	1	4	3	2
智利	0	3	2	1	0	3	2

数据来源：DPI。

注：N/A 表示该国为君主制国家，或国内选举因故无法举行。

表 31　　　　　　　　　　政府稳定性

国家	年份						
	2017	2018	2019	2020	2021	2022	2023
阿尔巴尼亚	7.21	7.50	6.00	6.00	7.00	7.00	7.50
阿尔及利亚	6.67	7.00	6.50	6.50	6.50	8.00	8.00
阿根廷	7.33	7.50	6.00	6.00	5.00	5.50	6.00
阿联酋	10.00	10.00	10.00	10.00	10.00	10.00	10.00

续表

国家	年份						
	2017	2018	2019	2020	2021	2022	2023
阿曼	9.50	9.50	8.50	8.50	8.50	8.50	8.50
阿塞拜疆	7.50	7.50	7.50	7.50	9.50	9.50	9.50
埃及	8.08	8.50	8.50	8.50	8.50	8.00	8.00
埃塞俄比亚	7.50	7.50	7.00	7.00	7.00	7.00	7.50
爱尔兰	6.13	6.50	6.50	6.50	6.50	5.50	5.00
爱沙尼亚	8.00	8.50	6.00	6.00	6.50	7.00	8.00
安哥拉	6.83	7.00	8.00	8.00	7.00	6.00	6.00
奥地利	6.71	8.00	6.50	6.50	5.50	5.00	5.50
澳大利亚	6.00	5.50	7.00	7.00	7.00	9.00	8.00
巴布亚新几内亚	—	—	—	—	—	7.00	7.00
巴基斯坦	6.29	6.00	6.00	6.00	6.50	5.50	5.50
巴拉圭	6.58	6.50	5.50	5.50	5.50	6.00	6.00
巴林	7.42	7.00	7.50	7.50	8.00	8.00	8.00
巴拿马	6.75	6.50	7.50	7.50	7.50	7.00	7.00
巴西	6.50	6.50	7.00	7.00	4.50	6.00	7.00
白俄罗斯	6.58	7.00	7.00	7.00	6.50	6.50	6.50
保加利亚	6.33	7.00	6.50	6.50	6.00	6.00	7.00
比利时	—	—	—	—	—	6.50	6.50
冰岛	6.54	6.00	6.00	6.00	7.50	7.50	7.00
波兰	7.17	7.00	7.00	7.00	6.50	6.00	5.50
玻利维亚	6.17	6.00	6.00	6.00	6.50	6.50	6.00
博茨瓦纳	7.21	7.00	6.00	6.00	7.50	7.50	8.00
布基纳法索	6.79	7.00	7.50	7.50	6.00	5.50	5.50
丹麦	6.21	6.50	7.00	7.00	7.00	6.00	6.50
德国	7.00	5.50	6.50	6.50	7.50	6.50	6.00
多哥	7.75	7.00	7.50	7.50	8.00	8.00	8.00
俄罗斯	8.50	8.50	7.00	7.00	7.50	7.50	6.50

续表

国家	年份						
	2017	2018	2019	2020	2021	2022	2023
厄瓜多尔	6.71	7.00	7.00	7.00	6.50	5.50	5.00
法国	7.08	8.50	7.00	7.00	6.50	7.00	6.00
菲律宾	6.96	6.50	8.00	8.00	8.50	9.00	8.50
芬兰	6.25	6.50	7.00	7.00	6.50	6.50	6.50
哥伦比亚	7.04	6.50	6.50	6.50	4.50	7.50	6.00
哥斯达黎加	6.04	5.50	6.50	6.50	6.00	8.00	8.00
哈萨克斯坦	8.00	8.00	7.50	7.50	10.00	10.50	11.50
韩国	7.13	8.50	7.50	7.50	7.00	5.50	6.50
荷兰	6.75	7.50	6.50	6.50	7.00	6.50	5.00
洪都拉斯	6.92	6.50	6.00	6.00	6.00	6.50	6.50
吉尔吉斯斯坦	7.75	8.00	8.00	8.00	8.00	9.00	8.50
几内亚	7.54	7.00	6.00	6.00	7.50	6.00	6.00
加拿大	7.71	7.50	6.00	6.00	6.00	5.50	6.00
加纳	6.88	7.00	7.00	7.00	7.00	6.00	5.50
柬埔寨	6.75	6.50	7.50	7.50	7.50	6.00	6.00
捷克	7.21	8.00	6.50	6.50	6.00	7.00	7.00
喀麦隆	6.92	6.50	6.00	6.00	7.00	6.50	6.50
卡塔尔	9.92	9.50	9.50	9.50	8.50	8.50	8.50
科威特	6.04	6.00	6.50	6.50	6.00	6.00	7.00
克罗地亚	6.71	6.50	6.00	6.00	6.50	6.50	6.50
肯尼亚	7.58	7.50	8.00	8.00	8.00	6.50	6.00
拉脱维亚	7.17	6.50	7.00	7.00	7.00	6.50	7.00
老挝	7.75	8.00	8.00	8.00	8.00	7.50	8.00
黎巴嫩	6.46	6.00	7.00	7.00	5.00	6.00	5.50
立陶宛	6.75	6.50	7.00	7.00	7.00	5.50	5.50
卢森堡	6.29	6.00	7.50	7.50	6.50	6.50	6.00
罗马尼亚	6.42	6.00	6.00	6.00	7.00	6.50	6.50

续表

国家	年份						
	2017	2018	2019	2020	2021	2022	2023
马达加斯加	8.17	7.50	7.50	7.50	7.00	6.50	6.50
马耳他	7.21	7.50	8.00	8.00	8.00	7.50	6.00
马来西亚	6.46	6.50	7.00	7.00	6.50	6.50	7.00
马里	6.71	6.50	6.00	6.00	6.00	6.00	6.00
美国	7.46	8.00	7.00	7.00	7.50	6.50	7.00
蒙古国	7.21	6.50	6.50	6.50	6.50	7.00	6.00
孟加拉国	8.21	8.00	8.50	8.50	7.00	6.50	7.00
秘鲁	6.42	6.00	7.00	7.00	6.00	5.00	6.00
缅甸	6.75	6.50	7.50	7.50	7.00	6.00	6.00
摩尔多瓦	7.13	7.00	6.50	6.50	7.50	6.00	5.50
摩洛哥	7.21	6.50	6.00	6.00	6.50	6.50	6.50
莫桑比克	7.29	7.50	7.00	7.00	6.50	6.50	6.50
墨西哥	6.21	6.00	8.00	8.00	8.00	9.00	8.00
纳米比亚	8.33	8.50	7.00	7.00	6.50	6.50	6.50
南非	6.21	7.50	7.00	7.00	7.50	7.00	6.50
尼加拉瓜	9.00	9.00	7.00	7.00	7.00	7.00	7.00
尼日尔	7.33	6.50	6.50	6.50	6.50	6.00	6.50
尼日利亚	6.67	7.00	7.50	7.50	7.00	7.00	6.50
挪威	7.29	8.00	6.50	6.50	7.00	6.50	6.50
葡萄牙	7.79	7.50	7.00	7.00	7.00	7.50	6.50
日本	9.13	10.00	7.50	7.50	5.00	7.50	7.50
瑞典	6.58	6.50	6.50	6.50	6.50	7.00	6.50
瑞士	9.00	9.00	8.50	8.50	8.50	9.00	9.00
萨尔瓦多	—	—	—	—	—	7.50	8.00
塞尔维亚	—	—	—	—	—	9.00	7.00
塞内加尔	6.96	8.00	7.00	7.00	7.00	7.00	6.50
塞浦路斯	7.00	7.00	7.50	7.50	7.00	6.50	7.50

续表

国家	年份						
	2017	2018	2019	2020	2021	2022	2023
沙特阿拉伯	7.75	7.50	8.00	8.00	9.50	10.00	10.00
斯里兰卡	6.04	7.00	6.50	6.50	7.50	6.00	6.00
斯洛伐克	—	—	—	—	—	5.50	5.50
斯洛文尼亚	6.17	6.00	6.00	6.00	5.50	6.00	7.00
苏丹	6.00	6.00	6.00	6.00	6.50	5.50	5.00
塔吉克斯坦	7.75	8.00	8.00	8.00	8.00	9.00	8.50
泰国	7.46	8.00	7.46	7.46	6.00	6.00	6.50
坦桑尼亚	6.83	6.50	7.50	7.50	7.50	7.50	7.50
突尼斯	7.38	7.00	6.50	6.50	6.50	6.00	6.50
土耳其	8.00	8.00	6.50	6.50	7.00	6.50	7.00
土库曼斯坦	7.75	8.00	8.00	8.00	8.00	9.00	8.50
危地马拉	6.67	6.50	7.50	7.50	5.00	6.00	6.00
委内瑞拉	7.00	7.00	7.00	7.00	7.50	8.00	7.50
乌干达	7.46	7.46	7.46	7.46	7.00	6.50	7.50
乌克兰	7.33	6.50	8.00	8.00	7.00	9.00	8.50
乌拉圭	6.13	6.50	6.00	6.00	8.00	8.00	8.00
乌兹别克斯坦	7.75	8.00	8.00	8.00	8.00	9.00	8.50
西班牙	6.33	6.00	7.00	7.00	6.00	6.00	5.50
希腊	5.92	6.50	7.50	7.50	7.50	6.00	7.00
新加坡	9.50	9.50	9.50	9.50	9.00	8.50	9.00
新西兰	6.46	6.50	6.46	6.46	8.50	5.50	5.00
匈牙利	8.46	9.00	8.50	8.50	8.00	10.00	9.00
牙买加	—	—	—	—	—	7.00	7.00
亚美尼亚	7.33	7.50	9.50	9.50	7.00	6.50	6.00
伊拉克	6.00	6.00	6.00	6.00	7.00	6.50	6.50
伊朗	7.67	7.50	7.00	7.00	7.00	6.00	6.00
以色列	6.83	6.00	6.50	6.50	6.50	5.00	5.00

续表

国家	年份						
	2017	2018	2019	2020	2021	2022	2023
意大利	6.46	6.00	6.50	6.50	9.00	7.00	8.50
印度	6.88	7.50	7.50	7.50	8.00	8.50	7.50
印度尼西亚	8.38	8.50	8.00	8.00	7.00	7.50	8.00
英国	6.83	6.00	5.00	5.00	7.00	6.00	6.00
约旦	7.50	7.50	7.50	7.50	7.00	6.50	7.00
越南	7.75	8.00	8.00	8.00	7.50	7.50	8.00
赞比亚	7.25	6.50	6.00	6.00	7.50	7.00	7.00
智利	5.63	7.00	5.00	5.00	5.50	6.00	6.00

数据来源：ICRG。

表32　　　　　　　　　　　　军事干预政治

国家	年份						
	2017	2018	2019	2020	2021	2022	2023
阿尔巴尼亚	5.00	5.00	5.00	5.00	5.00	5.00	5.00
阿尔及利亚	2.50	2.50	2.00	2.00	2.00	2.00	2.00
阿根廷	4.50	4.50	4.50	4.50	4.50	4.50	4.50
阿联酋	5.00	5.00	5.00	5.00	5.00	5.00	5.00
阿曼	5.00	5.00	5.00	5.00	5.00	5.00	5.00
阿塞拜疆	3.00	3.00	3.00	3.00	3.00	3.00	3.00
埃及	1.00	1.00	1.00	1.00	1.00	1.00	1.00
埃塞俄比亚	1.00	1.00	2.00	2.00	2.00	2.00	2.00
爱尔兰	6.00	6.00	6.00	6.00	6.00	6.00	6.00
爱沙尼亚	5.00	5.00	5.00	5.00	5.00	5.00	5.00
安哥拉	2.00	2.00	2.00	2.00	2.50	2.50	2.50
奥地利	6.00	6.00	6.00	6.00	6.00	6.00	6.00
澳大利亚	6.00	6.00	6.00	6.00	6.00	6.00	6.00
巴布亚新几内亚	—	—	—	—	—	4.50	4.50

续表

国家	年份						
	2017	2018	2019	2020	2021	2022	2023
巴基斯坦	1.50	1.50	1.50	1.50	1.50	1.50	1.50
巴拉圭	1.50	1.50	1.50	1.50	1.50	1.50	1.50
巴林	3.00	3.00	3.00	3.00	3.00	3.00	3.00
巴拿马	5.00	5.00	5.00	5.00	5.00	5.00	5.00
巴西	4.00	4.00	4.00	4.00	3.50	3.50	3.50
白俄罗斯	3.00	3.00	3.00	3.00	3.00	3.00	3.00
保加利亚	5.00	5.00	5.00	5.00	5.00	5.00	5.00
比利时	—	—	—	—	—	6.00	6.00
冰岛	6.00	6.00	6.00	6.00	6.00	6.00	6.00
波兰	6.00	6.00	6.00	6.00	6.00	6.00	6.00
玻利维亚	3.00	3.00	3.00	3.00	2.50	2.50	2.50
博茨瓦纳	5.00	5.00	5.00	5.00	5.00	5.00	5.00
布基纳法索	2.00	2.00	2.00	2.00	2.00	2.00	2.00
丹麦	6.00	6.00	6.00	6.00	6.00	6.00	6.00
德国	6.00	6.00	6.00	6.00	6.00	6.00	6.00
多哥	2.50	2.50	2.50	2.50	2.50	2.50	2.50
俄罗斯	4.00	4.00	4.00	4.00	4.00	3.50	3.00
厄瓜多尔	1.50	1.50	1.50	1.50	1.50	1.50	1.50
法国	5.00	5.00	5.00	5.00	5.00	5.00	5.00
菲律宾	2.17	2.00	2.00	2.00	2.50	2.50	2.50
芬兰	6.00	6.00	6.00	6.00	6.00	6.00	6.00
哥伦比亚	2.50	2.50	2.50	2.50	2.50	2.50	2.50
哥斯达黎加	6.00	6.00	6.00	6.00	6.00	6.00	6.00
哈萨克斯坦	5.00	5.00	5.00	5.00	5.00	4.50	4.50
韩国	4.00	4.00	4.00	4.00	4.00	4.00	4.00
荷兰	6.00	6.00	6.00	6.00	6.00	6.00	6.00
洪都拉斯	2.50	2.50	2.50	2.50	2.50	2.50	2.50

续表

国家	年份						
	2017	2018	2019	2020	2021	2022	2023
吉尔吉斯斯坦	2.50	2.50	2.50	2.50	2.50	4.00	4.00
几内亚	0.50	0.50	0.50	0.50	0.50	0.50	0.50
加拿大	6.00	6.00	6.00	6.00	6.00	6.00	6.00
加纳	3.00	3.00	3.00	3.00	3.00	3.00	3.00
柬埔寨	1.58	1.50	1.50	1.50	1.50	1.50	1.50
捷克	6.00	6.00	6.00	6.00	6.00	6.00	6.00
喀麦隆	3.00	3.00	2.50	2.50	2.50	2.50	2.50
卡塔尔	4.00	4.00	4.00	4.00	4.00	4.00	4.00
科威特	5.00	5.00	5.00	5.00	5.00	5.00	5.00
克罗地亚	5.00	5.00	5.00	5.00	5.00	5.00	5.00
肯尼亚	3.88	3.50	3.50	3.50	3.50	3.50	3.50
拉脱维亚	5.00	5.00	5.00	5.00	5.00	5.00	5.00
老挝	3.00	3.00	3.00	3.00	3.00	3.00	3.00
黎巴嫩	2.00	2.00	2.00	2.00	2.00	2.00	2.00
立陶宛	5.00	5.00	5.00	5.00	5.00	5.00	5.00
卢森堡	6.00	6.00	6.00	6.00	6.00	6.00	6.00
罗马尼亚	5.00	5.00	5.00	5.00	5.00	5.00	5.00
马达加斯加	1.00	1.00	1.00	1.00	1.00	1.00	1.00
马耳他	6.00	6.00	6.00	6.00	6.00	6.00	6.00
马来西亚	5.00	5.00	5.00	5.00	4.50	4.50	4.50
马里	2.50	2.50	2.50	2.50	2.00	2.00	2.00
美国	4.00	4.00	4.00	4.00	4.00	4.00	4.00
蒙古国	5.00	5.00	5.00	5.00	5.00	5.00	5.00
孟加拉国	2.50	2.50	2.50	2.50	2.50	2.50	2.50
秘鲁	4.50	4.50	4.50	4.50	3.50	3.50	3.50
缅甸	1.58	1.50	1.50	1.50	1.50	1.50	1.50
摩尔多瓦	4.00	4.00	4.00	4.00	4.00	3.50	3.00

续表

国家	年份						
	2017	2018	2019	2020	2021	2022	2023
摩洛哥	4.00	4.00	4.00	4.00	4.00	4.00	4.00
莫桑比克	4.00	4.00	4.50	4.50	4.50	4.50	4.50
墨西哥	3.00	3.00	3.00	3.00	3.00	2.50	2.50
纳米比亚	6.00	6.00	6.00	6.00	6.00	6.00	6.00
南非	5.00	5.00	5.00	5.00	5.00	5.00	5.00
尼加拉瓜	2.50	2.50	2.50	2.50	2.00	2.00	2.00
尼日尔	2.00	2.00	2.00	2.00	2.00	2.00	2.00
尼日利亚	2.00	2.00	2.00	2.00	2.00	2.00	2.00
挪威	6.00	6.00	6.00	6.00	6.00	6.00	6.00
葡萄牙	6.00	6.00	6.00	6.00	6.00	6.00	6.00
日本	5.00	5.00	5.00	5.00	5.00	5.00	5.00
瑞典	5.50	5.50	5.50	5.50	5.50	5.50	5.50
瑞士	6.00	6.00	6.00	6.00	6.00	6.00	6.00
萨尔瓦多	—	—	—	—	—	2.50	2.50
塞尔维亚	—	—	—	—	—	4.00	4.00
塞内加尔	2.50	2.50	2.50	2.50	2.50	2.50	2.50
塞浦路斯	5.00	5.00	5.00	5.00	5.00	5.00	5.00
沙特阿拉伯	5.00	5.00	5.00	5.00	5.00	5.00	5.00
斯里兰卡	3.00	3.00	3.00	3.00	3.00	3.00	3.00
斯洛伐克	—	—	—	—	—	6.00	6.00
斯洛文尼亚	5.50	5.50	5.50	5.50	5.50	5.50	5.50
苏丹	0	0	0	0	1.00	0.50	0.50
塔吉克斯坦	2.50	2.50	2.50	2.50	2.50	4.00	4.00
泰国	2.00	2.00	2.00	2.00	2.00	2.00	2.50
坦桑尼亚	4.00	4.00	3.50	3.50	3.50	3.50	3.50
突尼斯	4.00	4.00	3.50	3.50	3.50	3.00	3.00
土耳其	2.00	2.00	2.00	2.00	2.00	2.00	2.00

续表

国家	年份						
	2017	2018	2019	2020	2021	2022	2023
土库曼斯坦	5.00	5.00	5.00	5.00	5.00	4.00	4.00
危地马拉	4.00	4.00	4.00	4.00	4.00	3.50	3.50
委内瑞拉	1.00	1.00	1.00	1.00	1.00	1.00	1.00
乌干达	2.00	2.00	2.00	2.00	2.00	2.00	2.00
乌克兰	5.00	5.00	5.00	5.00	5.00	4.00	4.00
乌拉圭	3.50	3.50	3.50	3.50	3.50	3.50	3.50
乌兹别克斯坦	2.50	2.50	2.50	2.50	2.50	4.00	4.00
西班牙	5.00	5.00	5.00	5.00	5.00	5.00	5.00
希腊	5.00	5.00	5.00	5.00	5.00	5.00	5.00
新加坡	5.00	5.00	5.00	5.00	5.00	5.00	5.00
新西兰	6.00	6.00	6.00	6.00	6.00	6.00	6.00
匈牙利	6.00	6.00	6.00	6.00	6.00	6.00	6.00
牙买加	—	—	—	—	—	5.00	5.00
亚美尼亚	3.50	3.50	3.50	3.50	3.00	3.00	3.00
伊拉克	0	0	0.50	0.50	1.50	1.50	1.50
伊朗	4.50	4.50	4.00	4.00	4.00	4.00	4.00
以色列	2.50	2.50	2.50	2.50	2.50	2.50	2.50
意大利	6.00	6.00	6.00	6.00	6.00	6.00	6.00
印度	4.00	4.00	4.00	4.00	4.00	4.00	4.00
印度尼西亚	2.50	2.50	2.50	2.50	2.00	2.00	2.00
英国	6.00	6.00	6.00	6.00	6.00	6.00	6.00
约旦	4.25	4.00	4.00	4.00	3.50	3.50	3.50
越南	3.00	3.00	3.00	3.00	3.00	3.00	3.00
赞比亚	5.00	5.00	5.00	5.00	5.00	5.00	5.00
智利	4.50	4.50	4.50	4.50	4.50	4.50	4.50

数据来源：ICRG。

表 33　　腐败

国家	年份							
	2016	2017	2018	2019	2020	2021	2022	2023
阿尔巴尼亚	2.50	2.50	2.50	2.50	2.50	2.00	2.00	2.00
阿尔及利亚	2.00	2.00	2.00	2.00	2.00	1.50	1.50	1.50
阿根廷	2.00	2.00	2.00	2.50	2.50	2.00	2.00	2.00
阿联酋	4.00	4.00	4.00	4.00	4.00	4.00	4.00	3.50
阿曼	3.00	3.00	3.00	3.00	3.00	3.00	3.00	2.50
阿塞拜疆	1.50	1.50	1.50	1.50	1.50	1.50	1.50	1.50
埃及	2.00	2.00	2.00	2.00	2.00	2.00	2.00	1.50
埃塞俄比亚	2.00	2.00	2.00	2.00	2.00	2.00	2.00	2.00
爱尔兰	4.50	4.50	4.50	4.50	4.50	4.50	4.50	4.50
爱沙尼亚	4.00	4.00	4.00	4.00	4.00	4.00	4.00	4.00
安哥拉	1.00	1.00	1.00	2.00	2.00	2.00	2.00	2.50
奥地利	4.50	4.50	4.50	4.50	4.50	4.50	4.50	4.00
澳大利亚	4.50	4.50	4.50	4.50	4.50	4.50	4.50	4.50
巴布亚新几内亚	—	—	—	—	—	—	2.00	2.00
巴基斯坦	2.00	2.00	2.00	2.00	2.00	2.00	2.00	2.00
巴拉圭	2.00	2.00	2.00	2.00	2.00	2.00	2.00	1.50
巴林	2.50	2.50	2.50	2.50	2.50	3.00	3.00	3.00
巴拿马	2.00	2.00	2.00	2.00	2.00	2.00	2.00	2.00
巴西	2.00	2.00	2.00	2.00	2.00	2.00	2.00	2.00
白俄罗斯	2.00	2.00	2.00	2.00	2.00	1.50	1.50	1.50
保加利亚	2.75	3.00	3.00	3.00	3.00	2.50	3.00	3.00
比利时	—	—	—	—	—	—	4.50	4.00
冰岛	5.00	5.00	5.00	5.00	5.00	4.50	4.50	4.50
波兰	3.50	3.33	3.50	3.00	3.00	2.50	2.50	2.50
玻利维亚	2.00	2.00	2.00	2.00	2.00	1.50	1.50	2.00
博茨瓦纳	4.00	3.67	3.50	3.00	3.00	3.50	3.50	4.00
布基纳法索	2.50	2.50	2.50	2.50	2.50	2.50	2.50	2.50
丹麦	5.50	5.42	5.50	5.50	5.50	6.00	6.00	6.00

续表

国家	年份							
	2016	2017	2018	2019	2020	2021	2022	2023
德国	5.00	5.00	5.00	5.00	5.00	5.00	5.00	4.50
多哥	2.00	2.00	2.00	2.00	2.00	2.00	2.00	2.00
俄罗斯	1.50	1.50	1.50	1.50	1.50	1.50	1.50	1.50
厄瓜多尔	2.00	2.00	2.00	2.50	2.50	2.50	2.00	2.00
法国	4.50	4.17	4.00	4.00	4.00	4.00	4.00	4.50
菲律宾	2.50	2.50	2.50	2.50	2.50	2.50	2.50	2.50
芬兰	5.50	5.50	5.50	5.50	5.50	5.50	5.50	5.50
哥伦比亚	2.50	2.50	2.50	2.50	2.50	2.00	2.00	2.00
哥斯达黎加	3.00	3.17	3.00	2.50	2.50	2.50	2.50	2.50
哈萨克斯坦	1.50	1.50	1.50	3.00	3.00	4.00	4.00	4.00
韩国	3.00	3.00	3.00	3.50	3.50	4.00	3.50	4.00
荷兰	5.00	5.00	5.00	5.00	5.00	5.00	5.00	5.00
洪都拉斯	2.50	2.17	2.00	2.50	2.50	1.50	1.50	1.50
吉尔吉斯斯坦	1.00	1.00	1.00	1.00	1.00	1.00	2.50	3.00
几内亚	1.50	1.50	1.50	1.50	1.50	1.50	1.50	1.50
加拿大	5.00	5.00	5.00	5.00	5.00	4.50	4.50	4.50
加纳	3.00	2.67	2.50	3.00	3.00	3.00	3.00	3.00
柬埔寨	1.63	2.00	2.00	2.00	2.00	2.00	1.50	1.50
捷克	3.00	3.00	3.00	2.50	2.50	3.00	3.00	3.00
喀麦隆	2.00	1.67	1.50	1.50	1.50	1.50	1.50	1.50
卡塔尔	4.00	3.67	3.50	3.50	3.50	3.50	3.50	3.00
科威特	3.00	2.67	2.50	2.50	2.50	2.50	2.50	2.50
克罗地亚	3.00	3.00	3.00	3.00	3.00	3.00	3.00	3.50
肯尼亚	1.63	1.67	1.50	2.50	2.50	2.50	2.50	2.50
拉脱维亚	3.00	3.33	3.50	2.50	2.50	2.50	2.50	3.00
老挝	2.50	2.17	2.00	2.50	2.50	2.50	2.50	2.00
黎巴嫩	2.00	1.67	1.50	1.50	1.50	1.50	2.00	1.50
立陶宛	3.50	3.42	3.00	3.00	3.00	3.00	3.00	3.00

续表

国家	年份							
	2016	2017	2018	2019	2020	2021	2022	2023
卢森堡	5.00	5.00	5.00	5.00	5.00	5.00	5.00	5.00
罗马尼亚	2.50	2.50	2.50	2.50	2.50	2.50	2.50	2.50
马达加斯加	2.00	1.67	1.50	1.50	1.50	1.50	1.50	1.50
马耳他	3.50	3.50	3.50	3.00	3.00	2.50	2.50	2.50
马来西亚	2.50	2.50	2.50	2.50	2.50	2.50	3.00	3.00
马里	2.00	2.00	2.00	2.00	2.00	2.00	2.00	2.00
美国	4.50	4.50	4.50	4.50	4.50	4.00	4.00	4.00
蒙古国	2.00	2.00	2.00	2.50	2.50	2.00	2.00	2.00
孟加拉国	3.00	2.67	2.50	2.50	2.50	2.50	2.50	2.00
秘鲁	2.42	2.58	2.50	2.50	2.50	2.50	2.00	2.00
缅甸	1.63	2.00	2.00	2.00	2.00	1.50	1.50	1.50
摩尔多瓦	2.00	2.00	2.00	2.00	2.00	2.00	2.50	2.50
摩洛哥	2.58	3.00	3.00	3.00	3.00	3.00	3.00	2.50
莫桑比克	2.00	2.00	2.00	2.00	2.00	2.00	2.00	2.50
墨西哥	1.50	1.50	1.50	1.50	1.50	1.50	1.50	1.50
纳米比亚	3.00	3.00	3.00	3.00	3.00	3.00	3.00	3.00
南非	2.50	2.50	2.50	3.00	3.00	2.50	2.00	2.00
尼加拉瓜	1.50	1.50	1.50	1.50	1.50	1.00	1.00	1.00
尼日尔	1.50	1.50	1.50	1.50	1.50	1.50	1.50	1.50
尼日利亚	1.50	1.50	1.50	1.50	1.50	1.50	1.50	2.00
挪威	5.50	5.50	5.50	5.00	5.00	5.00	5.00	5.00
葡萄牙	4.00	4.00	4.00	4.00	4.00	4.00	4.00	3.50
日本	4.50	4.50	4.50	4.00	4.00	4.00	4.00	4.00
瑞典	5.50	5.50	5.50	5.50	5.50	5.50	5.50	5.50
瑞士	5.00	5.00	5.00	5.00	5.00	5.00	5.00	5.00
萨尔瓦多	—	—	—	—	—	—	2.00	2.00
塞尔维亚	—	—	—	—	—	—	2.00	2.00
塞内加尔	2.00	2.00	2.00	2.00	2.00	2.00	2.00	2.00

续表

国家	年份							
	2016	2017	2018	2019	2020	2021	2022	2023
塞浦路斯	4.00	3.67	3.50	3.50	3.50	3.00	3.00	2.50
沙特阿拉伯	3.00	3.04	3.50	3.50	3.50	3.50	3.50	3.50
斯里兰卡	2.50	2.17	2.00	2.00	2.00	2.00	2.00	2.00
斯洛伐克	—	—	—	—	—	—	2.50	2.50
斯洛文尼亚	3.50	3.50	3.50	3.50	3.50	3.00	3.50	3.00
苏丹	0.50	0.50	0.50	0.50	0.50	0.50	0.50	0.50
塔吉克斯坦	1.00	1.00	1.00	1.00	1.00	1.00	2.50	3.00
泰国	2.00	2.00	2.00	2.00	2.00	2.00	2.00	2.00
坦桑尼亚	2.00	2.00	2.00	2.00	2.00	2.00	2.00	2.00
突尼斯	2.50	2.50	2.50	2.50	2.50	2.50	2.50	2.50
土耳其	2.50	2.50	2.50	2.50	2.50	2.50	2.00	2.00
土库曼斯坦	1.00	1.00	1.00	1.00	1.00	1.00	2.50	3.00
危地马拉	2.00	2.00	2.00	2.00	2.00	1.50	1.50	1.50
委内瑞拉	1.00	1.00	1.00	1.00	1.00	1.00	1.00	0.50
乌干达	1.50	1.50	1.50	1.50	1.50	1.50	1.50	1.50
乌克兰	1.67	2.00	2.00	2.50	2.50	2.50	2.50	2.00
乌拉圭	4.50	4.50	4.50	4.50	4.50	4.50	4.50	4.50
乌兹别克斯坦	1.00	1.00	1.00	1.00	1.00	1.00	2.50	3.00
西班牙	3.50	3.50	3.50	3.50	3.50	3.50	3.50	3.00
希腊	2.50	2.50	2.50	2.50	2.50	2.50	2.50	2.50
新加坡	4.50	4.83	5.00	5.00	5.00	5.00	5.00	5.00
新西兰	5.50	5.50	5.50	5.50	5.50	5.50	5.50	5.50
匈牙利	3.00	3.00	3.00	3.00	3.00	2.50	2.50	2.50
牙买加	—	—	—	—	—	—	2.50	2.50
亚美尼亚	2.00	2.00	2.00	2.00	2.00	2.00	2.00	2.00
伊拉克	1.00	1.00	1.00	1.50	1.50	2.00	2.00	2.00
伊朗	1.50	1.50	1.50	1.50	1.50	1.50	1.50	1.00
以色列	3.50	3.50	3.50	3.50	3.50	3.00	3.00	3.00

续表

国家	年份							
	2016	2017	2018	2019	2020	2021	2022	2023
意大利	2.50	2.83	3.00	3.00	3.00	3.00	3.00	3.00
印度	2.50	2.50	2.50	2.50	2.50	2.50	2.50	2.50
印度尼西亚	3.00	3.00	3.00	3.00	3.00	2.50	2.00	2.00
英国	5.00	5.00	5.00	5.00	5.00	5.00	4.50	4.00
约旦	3.00	3.00	3.00	3.00	3.00	2.50	2.50	2.50
越南	2.50	2.17	2.00	2.50	2.50	2.50	2.50	2.00
赞比亚	2.50	2.17	2.00	2.50	2.50	2.00	2.00	2.00
智利	4.50	4.17	4.00	4.00	4.00	3.50	3.50	3.50

数据来源：ICRG。

表34　　民主问责

国家	年份						
	2017	2018	2019	2020	2021	2022	2023
阿尔巴尼亚	5.00	5.00	5.00	5.00	4.00	4.00	4.00
阿尔及利亚	3.50	3.50	3.00	3.00	3.50	3.00	3.00
阿根廷	4.00	4.00	4.00	4.00	4.00	4.00	4.00
阿联酋	2.50	2.50	2.50	2.50	2.50	2.50	2.50
阿曼	2.00	2.00	2.00	2.00	2.50	2.50	2.50
阿塞拜疆	1.50	1.50	1.50	1.50	1.50	1.50	1.50
埃及	2.17	3.00	2.50	2.50	2.00	2.00	2.00
埃塞俄比亚	2.50	2.50	3.00	3.00	3.00	3.00	3.00
爱尔兰	6.00	6.00	6.00	6.00	6.00	6.00	6.00
爱沙尼亚	5.50	5.50	5.50	5.50	5.50	5.50	5.50
安哥拉	2.50	2.50	2.50	2.50	3.00	2.50	2.50
奥地利	6.00	6.00	6.00	6.00	6.00	6.00	6.00
澳大利亚	6.00	6.00	6.00	6.00	6.00	6.00	6.00
巴布亚新几内亚	—	—	—	—	—	4.00	4.00
巴基斯坦	4.50	4.50	4.00	4.00	3.50	3.50	3.50

续表

国家	年份						
	2017	2018	2019	2020	2021	2022	2023
巴拉圭	2.00	2.00	2.00	2.00	2.00	2.00	2.00
巴林	3.50	3.50	3.00	3.00	3.00	3.00	3.00
巴拿马	6.00	6.00	6.00	6.00	6.00	6.00	6.00
巴西	5.00	5.00	5.00	5.00	5.00	5.00	5.00
白俄罗斯	1.00	1.00	1.00	1.00	1.00	1.00	1.00
保加利亚	5.50	5.50	5.50	5.50	5.50	5.50	5.50
比利时	—	—	—	—	—	6.00	6.00
冰岛	6.00	6.00	6.00	6.00	6.00	6.00	6.00
波兰	5.54	5.50	5.00	5.00	4.50	4.50	4.50
玻利维亚	3.50	3.50	3.50	3.50	3.00	3.00	3.00
博茨瓦纳	3.50	3.50	4.00	4.00	4.00	4.00	4.00
布基纳法索	5.00	5.00	5.00	5.00	5.00	4.50	4.00
丹麦	6.00	6.00	6.00	6.00	6.00	6.00	6.00
德国	6.00	6.00	6.00	6.00	6.00	6.00	6.00
多哥	2.17	2.50	2.50	2.50	2.50	3.00	3.00
俄罗斯	2.00	2.00	2.50	2.50	2.00	2.00	2.00
厄瓜多尔	3.00	3.00	3.50	3.50	4.50	4.50	4.00
法国	6.00	6.00	6.00	6.00	6.00	6.00	6.00
菲律宾	5.00	5.00	5.00	5.00	4.50	5.00	5.00
芬兰	6.00	6.00	6.00	6.00	6.00	6.00	6.00
哥伦比亚	4.50	4.50	4.50	4.50	4.50	4.50	4.50
哥斯达黎加	5.50	5.50	5.50	5.50	5.50	5.50	5.50
哈萨克斯坦	1.50	1.50	2.50	2.50	3.00	4.00	4.00
韩国	5.50	5.50	5.50	5.50	5.50	5.50	5.50
荷兰	6.00	6.00	6.00	6.00	6.00	6.00	6.00
洪都拉斯	4.50	4.50	4.50	4.50	4.00	4.50	4.50
吉尔吉斯斯坦	2.50	2.50	2.50	2.50	2.50	4.00	4.00

续表

国家	年份						
	2017	2018	2019	2020	2021	2022	2023
几内亚	2.50	3.50	3.50	3.50	3.00	2.50	2.50
加拿大	6.00	6.00	6.00	6.00	6.00	6.00	6.00
加纳	5.00	5.00	5.00	5.00	5.00	4.50	4.50
柬埔寨	3.46	3.00	3.00	3.00	3.00	2.50	2.00
捷克	5.04	5.00	5.00	5.00	5.00	5.00	5.00
喀麦隆	2.00	2.00	2.00	2.00	2.00	2.00	2.00
卡塔尔	2.00	2.00	2.00	2.00	2.00	2.00	2.00
科威特	3.00	3.00	3.00	3.00	3.00	3.00	3.00
克罗地亚	5.50	5.50	5.50	5.50	5.50	5.50	5.50
肯尼亚	5.00	5.00	5.00	5.00	5.00	5.00	5.00
拉脱维亚	5.00	5.00	5.00	5.00	5.00	5.00	5.00
老挝	1.50	1.50	1.50	1.50	1.50	1.50	1.50
黎巴嫩	4.50	4.50	4.50	4.50	4.00	4.50	4.50
立陶宛	5.50	5.50	5.50	5.50	5.50	5.50	5.50
卢森堡	6.00	6.00	6.00	6.00	6.00	6.00	6.00
罗马尼亚	6.00	6.00	6.00	6.00	6.00	6.00	6.00
马达加斯加	4.00	4.00	4.00	4.00	4.00	4.00	4.00
马耳他	6.00	6.00	6.00	6.00	6.00	6.00	6.00
马来西亚	4.00	4.00	4.00	4.00	3.50	4.00	4.00
马里	3.00	3.00	3.00	3.00	2.50	2.50	2.50
美国	6.00	6.00	6.00	6.00	5.50	5.00	5.00
蒙古国	4.00	4.00	4.00	4.00	4.00	4.00	4.50
孟加拉国	3.75	4.00	4.00	4.00	4.00	4.00	3.50
秘鲁	5.00	5.00	5.00	5.00	5.00	4.50	4.00
缅甸	3.46	3.00	3.00	3.00	3.00	2.50	2.00
摩尔多瓦	4.00	4.00	4.00	4.00	4.50	4.50	4.50
摩洛哥	4.50	4.50	4.50	4.50	4.50	5.00	4.50

续表

国家	年份						
	2017	2018	2019	2020	2021	2022	2023
莫桑比克	4.00	4.00	4.00	4.00	4.00	4.00	4.00
墨西哥	4.00	4.00	4.00	4.00	4.00	4.00	3.50
纳米比亚	4.00	4.00	4.00	4.00	4.00	4.00	4.00
南非	5.00	5.00	5.00	5.00	5.00	5.00	5.00
尼加拉瓜	2.50	2.50	2.50	2.50	2.00	2.00	2.00
尼日尔	3.00	3.00	3.00	3.00	4.50	4.50	4.50
尼日利亚	4.50	4.50	4.50	4.50	4.50	4.50	4.50
挪威	6.00	6.00	6.00	6.00	6.00	6.00	6.00
葡萄牙	5.50	5.50	5.50	5.50	6.00	6.00	6.00
日本	5.00	5.00	5.00	5.00	5.00	5.00	5.00
瑞典	6.00	6.00	6.00	6.00	6.00	6.00	6.00
瑞士	6.00	6.00	6.00	6.00	6.00	6.00	6.00
萨尔瓦多	—	—	—	—	—	4.00	4.00
塞尔维亚	—	—	—	—	—	4.50	4.50
塞内加尔	4.00	4.00	4.50	4.50	4.50	4.50	4.50
塞浦路斯	6.00	6.00	6.00	6.00	6.00	6.00	6.00
沙特阿拉伯	2.00	2.00	2.00	2.00	2.50	2.50	2.50
斯里兰卡	4.00	4.00	4.00	4.00	4.00	4.00	4.00
斯洛伐克	—	—	—	—	—	6.00	6.00
斯洛文尼亚	5.00	5.00	5.00	5.00	4.50	5.00	5.00
苏丹	2.00	2.00	2.50	2.50	3.00	2.50	3.00
塔吉克斯坦	2.50	2.50	2.50	2.50	2.50	4.00	4.00
泰国	2.50	2.50	2.50	2.50	2.50	2.50	4.00
坦桑尼亚	4.00	4.00	3.00	3.00	3.00	3.00	3.00
突尼斯	4.50	4.50	4.50	4.50	4.00	4.00	3.00
土耳其	3.13	3.00	3.00	3.00	3.00	3.00	3.00
土库曼斯坦	1.50	1.50	2.50	2.50	2.50	4.00	4.00

续表

国家	年份						
	2017	2018	2019	2020	2021	2022	2023
危地马拉	3.50	3.50	4.00	4.00	4.00	4.00	4.00
委内瑞拉	3.00	3.00	3.00	3.00	2.00	2.00	2.00
乌干达	2.50	2.50	2.50	2.50	2.50	2.50	2.50
乌克兰	5.00	5.00	5.00	5.00	5.00	5.00	5.00
乌拉圭	5.00	5.00	5.00	5.00	5.00	5.00	5.00
乌兹别克斯坦	2.50	2.50	2.50	2.50	2.50	4.00	4.00
西班牙	6.00	6.00	6.00	6.00	6.00	6.00	6.00
希腊	6.00	6.00	6.00	6.00	6.00	6.00	6.00
新加坡	2.00	2.00	2.00	2.00	2.00	2.00	2.00
新西兰	6.00	6.00	6.00	6.00	6.00	6.00	6.00
匈牙利	5.50	5.50	5.00	5.00	5.00	4.50	4.50
牙买加	—	—	—	—	—	4.50	4.50
亚美尼亚	2.50	2.50	4.00	4.00	4.50	4.50	4.50
伊拉克	4.00	4.00	4.00	4.00	4.00	4.50	4.50
伊朗	3.00	3.00	3.00	3.00	3.00	3.00	3.00
以色列	6.00	6.00	6.00	6.00	6.00	6.00	6.00
意大利	5.50	5.50	5.50	5.50	5.50	5.50	5.50
印度	6.00	6.00	6.00	6.00	6.00	6.00	6.00
印度尼西亚	4.00	4.00	4.50	4.50	4.50	4.50	4.00
英国	6.00	6.00	6.00	6.00	6.00	6.00	6.00
约旦	3.00	3.00	3.00	3.00	3.00	3.00	3.00
越南	1.50	1.50	1.50	1.50	1.50	1.50	1.50
赞比亚	4.00	4.00	4.00	4.00	4.50	4.50	4.50
智利	5.00	5.00	5.00	5.00	5.50	5.50	5.50

数据来源：ICRG。

表35　　　　　　　　　　　　　政府有效性

国家	2017	2018	2019	2020	2021	2022	2023
阿尔巴尼亚	0.08	0.11	-0.06	-0.14	-0.14	0	0
阿尔及利亚	-0.59	-0.44	-0.52	-0.53	-0.53	-0.62	-0.54
阿根廷	0.15	0.03	-0.09	-0.22	-0.22	-0.36	-0.10
阿联酋	1.42	1.43	1.38	1.33	1.33	1.40	1.39
阿曼	0.19	0.19	0.26	0.14	0.14	-0.12	0.13
阿塞拜疆	-0.17	-0.10	-0.14	-0.17	-0.17	0.25	-0.07
埃及	-0.62	-0.58	-0.42	-0.55	-0.55	-0.43	-0.52
埃塞俄比亚	-0.70	-0.61	-0.63	-0.55	-0.55	-0.61	-0.62
爱尔兰	1.29	1.42	1.29	1.48	1.48	1.50	1.40
爱沙尼亚	1.11	1.19	1.17	1.34	1.34	1.38	1.24
安哥拉	-1.03	-1.05	-1.12	-1.18	-1.18	-1.06	-1.09
奥地利	1.46	1.45	1.53	1.66	1.66	1.57	1.53
澳大利亚	1.54	1.60	1.57	1.62	1.62	1.51	1.57
巴布亚新几内亚	—	—	—	—	—	-0.89	-0.78
巴基斯坦	-0.60	-0.63	-0.68	-0.55	-0.55	-0.40	-0.57
巴拉圭	-0.82	-0.52	-0.53	-0.47	-0.47	-0.62	-0.59
巴林	0.19	0.18	0.30	0.43	0.43	0.72	0.36
巴拿马	0.02	-0.02	0.06	0.07	0.07	0.16	0.06
巴西	-0.29	-0.45	-0.19	-0.45	-0.45	-0.46	-0.37
白俄罗斯	-0.34	-0.30	-0.18	-0.73	-0.73	-0.77	-0.46
保加利亚	0.26	0.27	0.26	-0.07	-0.07	-0.14	0.12
比利时	—	—	—	—	—	1.13	1.18
冰岛	1.45	1.47	1.52	1.52	1.52	1.64	1.52
波兰	0.64	0.66	0.53	0.38	0.38	0.29	0.50
玻利维亚	-0.38	-0.32	-0.70	-0.56	-0.56	-0.73	-0.54
博茨瓦纳	0.44	0.33	0.43	0.26	0.26	0.35	0.36
布基纳法索	-0.58	-0.58	-0.76	-0.67	-0.67	-0.73	-0.66

续表

国家	年份						
	2017	2018	2019	2020	2021	2022	2023
丹麦	1.80	1.87	1.91	1.89	1.89	2.00	1.89
德国	1.72	1.62	1.53	1.36	1.36	1.33	1.51
多哥	-1.12	-1.06	-0.92	-0.69	-0.69	-0.65	-0.89
俄罗斯	-0.08	-0.06	0.15	0.03	0.03	-0.18	-0.03
厄瓜多尔	-0.32	-0.26	-0.40	-0.44	-0.44	-0.21	-0.33
法国	1.35	1.48	1.37	1.25	1.25	1.27	1.34
菲律宾	-0.05	0.05	0.05	0.06	0.06	0.07	0.04
芬兰	1.94	1.98	2.01	1.95	1.95	1.96	1.97
哥伦比亚	-0.07	-0.09	0.07	0.04	0.04	-0.01	-0.01
哥斯达黎加	0.25	0.38	0.42	0.36	0.36	0.26	0.33
哈萨克斯坦	0.01	0.02	0.12	0.16	0.16	0.06	0.07
韩国	1.07	1.18	1.38	1.42	1.42	1.41	1.29
荷兰	1.85	1.85	1.80	1.85	1.85	1.77	1.83
洪都拉斯	-0.51	-0.62	-0.61	-0.60	-0.60	-0.78	-0.62
吉尔吉斯斯坦	-1.11	-1.10	-0.68	-0.54	-0.54	-0.73	-0.83
几内亚	-1.04	-0.97	-0.78	-0.89	-0.89	-0.92	-0.92
加拿大	1.85	1.72	1.73	1.64	1.64	1.60	1.71
加纳	-0.11	-0.21	-0.21	-0.15	-0.15	-0.15	-0.17
柬埔寨	-0.66	-0.57	-0.58	-0.42	-0.42	-0.42	-0.53
捷克	1.01	0.92	0.96	0.96	0.96	1.11	0.99
喀麦隆	-0.81	-0.80	-0.81	-0.88	-0.88	-0.88	-0.84
卡塔尔	0.74	0.63	0.70	0.91	0.91	1.11	0.82
科威特	-0.18	-0.09	0.02	-0.16	-0.16	-0.04	-0.09
克罗地亚	0.57	0.46	0.46	0.44	0.44	0.59	0.50
肯尼亚	-0.32	-0.41	-0.38	-0.35	-0.35	-0.33	-0.36
拉脱维亚	0.90	1.04	1.10	0.88	0.88	0.87	0.96
老挝	0.01	0	-0.79	-0.77	-0.77	-0.62	-0.43

续表

国家	年份						
	2017	2018	2019	2020	2021	2022	2023
黎巴嫩	-0.51	-0.64	-0.83	-1.17	-1.17	-1.29	-0.89
立陶宛	0.97	1.07	1.04	1.06	1.06	1.06	1.04
卢森堡	1.68	1.78	1.73	1.84	1.84	1.72	1.75
罗马尼亚	-0.17	-0.25	-0.16	-0.22	-0.22	-0.13	-0.19
马达加斯加	-1.14	-1.15	-1.14	-1.00	-1.00	-1.00	-1.09
马耳他	1.00	0.97	0.86	1.04	1.04	0.89	0.95
马来西亚	0.83	1.08	1.00	1.04	1.04	0.99	0.99
马里	-0.94	-1.00	-1.06	-1.15	-1.15	-1.22	-1.08
美国	1.55	1.58	1.49	1.32	1.32	1.34	1.46
蒙古国	-0.26	-0.23	-0.20	-0.34	-0.34	-0.47	-0.30
孟加拉国	-0.73	-0.75	-0.74	-0.79	-0.79	-0.63	-0.73
秘鲁	-0.13	-0.25	-0.07	-0.24	-0.24	-0.26	-0.19
缅甸	-1.05	-1.07	-1.15	-1.00	-1.00	-1.41	-1.14
摩尔多瓦	-0.53	-0.47	-0.38	-0.46	-0.46	-0.40	-0.45
摩洛哥	-0.19	-0.21	-0.12	-0.03	-0.03	-0.07	-0.12
莫桑比克	-0.89	-0.87	-0.82	-0.72	-0.72	-0.77	-0.82
墨西哥	-0.03	-0.15	-0.16	-0.16	-0.16	-0.31	-0.16
纳米比亚	0.20	0.11	0.10	0.05	0.05	0.06	0.10
南非	0.29	0.34	0.37	0.30	0.30	-0.02	0.26
尼加拉瓜	-0.63	-0.80	-0.77	-0.71	-0.71	-0.85	-0.75
尼日尔	-0.70	-0.77	-0.80	-0.62	-0.62	-0.61	-0.70
尼日利亚	-1.01	-1.02	-1.09	-1.03	-1.03	-1.00	-1.03
挪威	1.98	1.89	1.86	1.94	1.94	1.84	1.90
葡萄牙	1.33	1.21	1.17	1.02	1.02	0.99	1.14
日本	1.62	1.68	1.59	1.60	1.60	1.40	1.58
瑞典	1.84	1.83	1.71	1.72	1.72	1.65	1.75
瑞士	2.06	2.04	1.95	2.02	2.02	2.03	2.02

续表

国家	年份						
	2017	2018	2019	2020	2021	2022	2023
萨尔瓦多	—	—	—	—	—	-0.31	-0.38
塞尔维亚	—	—	—	—	—	0.05	0.05
塞内加尔	-0.32	-0.27	-0.06	0.01	0.01	0.06	-0.11
塞浦路斯	0.92	0.92	0.99	0.88	0.88	0.74	0.89
沙特阿拉伯	0.26	0.32	0.31	0.15	0.15	0.50	0.31
斯里兰卡	-0.15	-0.24	-0.11	-0.07	-0.07	-0.08	-0.13
斯洛伐克	—	—	—	—	—	0.53	0.59
斯洛文尼亚	1.17	1.13	1.08	1.17	1.17	1.18	1.14
苏丹	-1.43	-1.62	-1.62	-1.49	-1.49	-1.64	-1.56
塔吉克斯坦	-1.11	-1.10	-1.05	-0.71	-0.71	-0.59	-0.91
泰国	0.38	0.35	0.36	0.30	0.30	0.25	0.33
坦桑尼亚	-0.63	-0.76	-0.88	-0.77	-0.77	-0.63	-0.73
突尼斯	-0.08	-0.11	-0.10	-0.20	-0.20	-0.17	-0.13
土耳其	0.08	0.01	0.05	-0.04	-0.04	-0.09	0
土库曼斯坦	-1.21	-1.04	-1.16	-1.16	-1.16	-0.93	-1.10
危地马拉	-0.64	-0.68	-0.68	-0.69	-0.69	-0.75	-0.69
委内瑞拉	-1.40	-1.58	-1.66	-1.78	-1.78	-1.85	-1.65
乌干达	-0.58	-0.61	-0.59	-0.58	-0.58	-0.57	-0.58
乌克兰	-0.46	-0.42	-0.30	-0.36	-0.36	-0.41	-0.39
乌拉圭	0.43	0.56	0.69	0.78	0.78	0.84	0.66
乌兹别克斯坦	-0.56	-0.55	-0.51	-0.51	-0.51	-0.20	-0.46
西班牙	1.03	1.00	1.00	0.89	0.89	0.95	0.98
希腊	0.31	0.34	0.35	0.44	0.44	0.44	0.38
新加坡	2.22	2.23	2.22	2.34	2.34	2.29	2.26
新西兰	1.77	1.67	1.67	1.59	1.59	1.35	1.61
匈牙利	0.52	0.49	0.50	0.58	0.58	0.63	0.54
牙买加	—	—	—	—	—	0.41	0.57

续表

国家	年份						
	2017	2018	2019	2020	2021	2022	2023
亚美尼亚	-0.10	-0.02	-0.07	-0.12	-0.12	-0.25	-0.11
伊拉克	-1.26	-1.32	-1.34	-1.33	-1.33	-1.29	-1.31
伊朗	-0.20	-0.43	-0.55	-0.99	-0.99	-0.86	-0.61
以色列	1.39	1.21	1.33	1.10	1.10	1.29	1.26
意大利	0.50	0.41	0.48	0.40	0.40	0.36	0.43
印度	0.09	0.28	0.17	0.39	0.39	0.28	0.24
印度尼西亚	0.04	0.18	0.18	0.37	0.37	0.38	0.23
英国	1.41	1.34	1.48	1.38	1.38	1.28	1.38
约旦	0.11	0.11	0.10	0.11	0.11	0.23	0.13
越南	0.01	0	0.04	0.20	0.20	0.28	0.10
赞比亚	-0.63	-0.56	-0.68	-0.77	-0.77	-0.82	-0.69
智利	0.84	1.08	1.06	0.99	0.99	0.63	0.92

数据来源：WGI。

表36　　　　　　　　　　　　　法制

国家	年份						
	2016	2017	2018	2019	2020	2021	2023
阿尔巴尼亚	-0.33	-0.40	-0.39	-0.41	-0.36	-0.26	-0.17
阿尔及利亚	-0.86	-0.86	-0.78	-0.82	-0.78	-0.82	-0.83
阿根廷	-0.39	-0.25	-0.24	-0.43	-0.47	-0.46	-0.48
阿联酋	0.85	0.80	0.81	0.84	0.92	0.83	0.84
阿曼	0.41	0.43	0.46	0.55	0.62	0.41	0.50
阿塞拜疆	-0.52	-0.56	-0.60	-0.58	-0.69	-0.58	-0.62
埃及	-0.52	-0.54	-0.41	-0.42	-0.36	-0.24	-0.26
埃塞俄比亚	-0.49	-0.45	-0.43	-0.47	-0.40	-0.61	-0.62
爱尔兰	1.52	1.43	1.46	1.38	1.50	1.53	1.53
爱沙尼亚	1.23	1.28	1.24	1.28	1.38	1.43	1.43

续表

国家	年份						
	2016	2017	2018	2019	2020	2021	2023
安哥拉	-1.09	-1.10	-1.05	-1.05	-0.96	-0.95	-1.02
奥地利	1.81	1.81	1.88	1.90	1.81	1.79	1.71
澳大利亚	1.76	1.68	1.72	1.73	1.65	1.67	1.51
巴布亚新几内亚	—	—	—	—	—	-0.74	-0.62
巴基斯坦	-0.80	-0.72	-0.67	-0.67	-0.69	-0.64	-0.67
巴拉圭	-0.73	-0.65	-0.54	-0.56	-0.42	-0.56	-0.59
巴林	0.46	0.45	0.41	0.49	0.49	0.47	0.44
巴拿马	0.05	0.04	-0.06	-0.12	-0.21	-0.25	-0.36
巴西	-0.16	-0.28	-0.28	-0.18	-0.18	-0.28	-0.26
白俄罗斯	-0.72	-0.82	-0.83	-0.79	-1.00	-1.10	-1.22
保加利亚	-0.06	-0.04	-0.03	-0.01	-0.09	-0.04	-0.11
比利时	—	—	—	—	—	1.33	1.35
冰岛	1.52	1.61	1.72	1.77	1.80	1.75	1.70
波兰	0.64	0.47	0.43	0.43	0.54	0.44	0.43
玻利维亚	-1.20	-1.21	-1.15	-1.12	-1.15	-1.16	-1.30
博茨瓦纳	0.53	0.52	0.47	0.50	0.44	0.48	0.47
布基纳法索	-0.44	-0.40	-0.45	-0.43	-0.42	-0.44	-0.61
丹麦	1.91	1.86	1.83	1.88	1.86	1.94	1.90
德国	1.62	1.61	1.63	1.62	1.56	1.61	1.53
多哥	-0.63	-0.72	-0.59	-0.59	-0.66	-0.56	-0.56
俄罗斯	-0.79	-0.79	-0.82	-0.72	-0.76	-0.87	-1.20
厄瓜多尔	-0.76	-0.70	-0.63	-0.58	-0.55	-0.34	-0.62
法国	1.41	1.44	1.44	1.41	1.33	1.29	1.18
菲律宾	-0.35	-0.41	-0.48	-0.48	-0.55	-0.64	-0.52
芬兰	2.02	2.03	2.05	2.06	2.08	2.06	1.96
哥伦比亚	-0.28	-0.36	-0.41	-0.42	-0.49	-0.45	-0.43
哥斯达黎加	0.47	0.45	0.48	0.54	0.57	0.45	0.44

续表

| 国家 | 年份 |||||||
	2016	2017	2018	2019	2020	2021	2023
哈萨克斯坦	-0.44	-0.41	-0.43	-0.43	-0.40	-0.49	-0.47
韩国	-1.67	-1.72	-1.63	1.19	1.18	1.13	1.16
荷兰	1.89	1.83	1.82	1.78	1.76	1.74	1.66
洪都拉斯	-1.12	-1.05	-1.02	-1.01	-0.96	-1.07	-1.02
吉尔吉斯斯坦	-1.15	-1.35	-1.28	-0.89	-0.93	-1.07	-1.15
几内亚	-1.22	-1.23	-1.21	-1.21	-1.26	-1.13	-1.10
加拿大	1.84	1.80	1.77	1.76	1.66	1.63	1.57
加纳	0.05	0.13	0.07	0.05	-0.04	-0.08	-0.08
柬埔寨	-1.06	-1.06	-1.11	-0.94	-0.95	-0.90	-0.87
捷克	1.04	1.12	1.05	1.05	1.06	1.13	1.10
喀麦隆	-1.04	-1.03	-1.08	-1.12	-1.15	-1.10	-1.05
卡塔尔	0.79	0.72	0.73	0.73	1.00	0.93	0.92
科威特	0.03	0.10	0.21	0.22	0.33	0.26	0.28
克罗地亚	0.41	0.33	0.32	0.40	0.29	0.30	0.37
肯尼亚	-0.44	-0.41	-0.41	-0.45	-0.56	-0.39	-0.32
拉脱维亚	0.96	0.93	0.96	1.01	0.96	0.98	0.92
老挝	0.08	0.07	0	-0.94	-0.85	-0.64	-0.81
黎巴嫩	-0.83	-0.82	-0.76	-0.86	-0.90	-1.07	-1.10
立陶宛	1.03	0.99	0.96	1.02	0.99	1.11	1.06
卢森堡	1.76	1.74	1.81	1.79	1.79	1.79	1.77
罗马尼亚	0.36	0.39	0.33	0.40	0.37	0.41	0.40
马达加斯加	-0.81	-0.86	-0.81	-1.01	-0.88	-0.87	-0.94
马耳他	1.00	1.14	1.05	0.95	0.92	0.86	0.79
马来西亚	0.50	0.41	0.62	0.59	0.66	0.56	0.56
马里	-0.78	-0.78	-0.80	-0.83	-0.92	-0.90	-1.00
美国	1.62	1.64	1.45	1.46	1.37	1.42	1.37
蒙古国	-0.22	-0.30	-0.27	-0.27	-0.26	-0.23	-0.19

续表

国家	年份						
	2016	2017	2018	2019	2020	2021	2023
孟加拉国	-0.66	-0.67	-0.64	-0.64	-0.57	-0.61	-0.60
秘鲁	-0.48	-0.50	-0.52	-0.49	-0.34	-0.52	-0.55
缅甸	-0.89	-0.95	-1.03	-1.06	-1.18	-1.46	-1.53
摩尔多瓦	-0.49	-0.41	-0.41	-0.37	-0.41	-0.33	-0.29
摩洛哥	-0.16	-0.16	-0.14	-0.14	-0.09	-0.25	-0.20
莫桑比克	-1.05	-0.99	-1.04	-1.02	-1.02	-1.04	-1.02
墨西哥	-0.56	-0.57	-0.67	-0.66	-0.67	-0.80	-0.87
纳米比亚	0.36	0.24	0.24	0.31	0.30	0.36	0.40
南非	0.12	-0.04	-0.10	-0.08	-0.12	0.13	0.02
尼加拉瓜	-0.64	-0.64	-1.04	-1.18	-1.22	-1.36	-1.31
尼日尔	-0.66	-0.68	-0.58	-0.53	-0.55	-0.40	-0.48
尼日利亚	-1.02	-0.87	-0.88	-0.90	-0.81	-0.86	-0.91
挪威	2.04	2.02	1.97	1.99	1.98	1.95	1.76
葡萄牙	1.10	1.13	1.14	1.14	1.18	1.13	1.11
日本	1.42	1.57	1.53	1.54	1.53	1.58	1.56
瑞典	2.02	1.94	1.90	1.83	1.81	1.73	1.69
瑞士	1.95	1.93	1.93	1.91	1.83	1.81	1.75
萨尔瓦多	—	—	—	—	—	-0.85	-0.74
塞尔维亚	—	—	—	—	—	-0.09	-0.11
塞内加尔	-0.11	-0.14	-0.21	-0.19	-0.28	-0.36	-0.26
塞浦路斯	0.72	0.88	0.75	0.76	0.58	0.64	0.57
沙特阿拉伯	0.34	0.10	0.14	0.17	0.24	0.23	0.29
斯里兰卡	0.11	0.06	0.03	-0.01	-0.05	0.04	-0.06
斯洛伐克	—	—	—	—	—	0.71	0.62
斯洛文尼亚	1.08	1.02	1.06	1.12	1.07	1.03	0.97
苏丹	-1.26	-1.11	-1.12	-1.14	-1.07	-1.21	-1.26
塔吉克斯坦	-1.15	-1.35	-1.28	-1.23	-1.22	-1.19	-1.26

续表

国家	年份						
	2016	2017	2018	2019	2020	2021	2023
泰国	0	0.04	0.02	0.10	0.12	0.11	0.07
坦桑尼亚	-0.38	-0.45	-0.55	-0.58	-0.60	-0.52	-0.44
突尼斯	0	0.06	0.04	0.06	0.14	0.10	-0.09
土耳其	-0.21	-0.25	-0.32	-0.28	-0.36	-0.42	-0.46
土库曼斯坦	-1.49	-1.49	-1.45	-1.42	-1.41	-1.44	-1.49
危地马拉	-1.02	-1.06	-1.05	-1.05	-1.05	-1.09	-1.13
委内瑞拉	-2.24	-2.26	-2.34	-2.32	-2.35	-2.30	-2.20
乌干达	-0.25	-0.30	-0.29	-0.31	-0.33	-0.35	-0.38
乌克兰	-0.77	-0.71	-0.72	-0.70	-0.67	-0.66	-0.92
乌拉圭	0.63	0.59	0.60	0.62	0.68	0.73	0.77
乌兹别克斯坦	-1.11	-1.11	-1.07	-1.05	-1.06	-0.89	-0.85
西班牙	0.98	1.01	0.97	1.03	0.90	0.88	0.80
希腊	0.11	0.08	0.15	0.18	0.32	0.35	0.33
新加坡	1.83	1.82	1.84	1.88	1.88	1.86	1.78
新西兰	1.95	1.92	1.88	1.89	1.88	1.82	1.73
匈牙利	0.42	0.53	0.56	0.53	0.51	0.53	0.42
牙买加	—	—	—	—	—	-0.17	-0.07
亚美尼亚	-0.12	-0.16	-0.15	-0.13	-0.08	-0.10	-0.17
伊拉克	-1.63	-1.64	-1.76	-1.72	-1.75	-1.73	-1.75
伊朗	-0.68	-0.68	-0.69	-0.75	-0.87	-0.95	-1.02
以色列	1.07	1.02	0.99	1.05	1.00	0.94	0.95
意大利	0.33	0.32	0.25	0.30	0.24	0.27	0.30
印度	-0.03	0	0.03	-0.03	-0.02	-0.08	0.11
印度尼西亚	-0.34	-0.35	-0.31	-0.34	-0.34	-0.22	-0.19
英国	1.69	1.68	1.64	1.61	1.50	1.43	1.42
约旦	0.30	0.26	0.23	0.14	0.21	0.21	0.22
越南	0.08	0.07	0	-0.02	-0.13	-0.15	-0.16

续表

国家	年份						
	2016	2017	2018	2019	2020	2021	2023
赞比亚	-0.30	-0.33	-0.34	-0.46	-0.62	-0.59	-0.52
智利	1.13	1.01	1.12	1.07	1.07	0.91	0.69

数据来源：WGI。

表37　　　　　　　　　　　　　外部冲突

国家	年份							
	2016	2017	2018	2019	2020	2021	2022	2023
阿尔巴尼亚	11.00	11.00	11.00	10.50	10.50	10.00	10.00	10.00
阿尔及利亚	9.50	9.50	9.50	9.00	9.00	9.00	8.50	7.50
阿根廷	9.50	9.50	9.50	10.00	10.00	10.00	10.00	10.00
阿联酋	9.00	9.00	9.00	9.00	9.00	9.50	8.50	8.50
阿曼	10.00	10.00	10.00	10.00	10.00	10.00	10.00	10.00
阿塞拜疆	7.29	6.63	6.50	7.50	7.50	8.00	8.00	7.00
埃及	8.58	9.38	9.50	9.50	9.50	8.00	8.00	8.00
埃塞俄比亚	7.00	7.00	7.00	9.50	9.50	8.00	7.50	8.50
爱尔兰	11.50	11.50	11.50	11.50	11.50	11.50	11.50	11.50
爱沙尼亚	10.50	10.50	10.50	11.00	11.00	11.00	8.00	8.00
安哥拉	10.50	10.50	10.50	10.50	10.50	10.50	10.50	10.50
奥地利	11.50	11.50	11.50	11.50	11.50	11.50	11.50	11.00
澳大利亚	11.00	11.00	11.00	11.00	11.00	10.50	10.50	10.50
巴布亚新几内亚	—	—	—	—	—	—	10.00	10.00
巴基斯坦	9.00	9.00	8.50	8.50	8.50	8.00	8.00	8.00
巴拉圭	10.50	10.50	10.50	10.50	10.50	10.50	10.50	10.00
巴林	10.00	9.96	9.50	10.00	10.00	10.00	10.00	10.00
巴拿马	11.00	11.00	11.00	11.00	11.00	11.00	11.00	11.00
巴西	10.50	10.50	10.50	10.50	10.50	10.50	10.50	10.50
白俄罗斯	9.92	10.00	10.00	10.00	10.00	8.00	5.50	5.50
保加利亚	9.00	9.00	9.00	9.00	9.00	10.00	8.50	8.50

续表

国家	2016	2017	2018	2019	2020	2021	2022	2023
比利时	—	—	—	—	—	—	11.50	11.50
冰岛	10.00	10.00	10.00	10.00	10.00	10.50	10.50	10.50
波兰	10.50	10.29	10.50	10.00	10.00	10.00	7.50	7.50
玻利维亚	9.50	9.50	9.50	9.50	9.50	9.50	9.50	9.50
博茨瓦纳	11.00	11.00	11.00	11.00	11.00	11.00	11.00	11.00
布基纳法索	8.71	9.00	9.00	9.00	9.00	9.00	8.50	8.50
丹麦	8.50	8.50	8.50	10.50	10.50	10.50	10.50	10.50
德国	10.50	10.50	10.50	10.50	10.50	10.00	10.00	10.00
多哥	9.50	9.50	9.50	9.50	9.50	9.50	9.50	9.50
俄罗斯	6.50	6.50	7.00	7.00	7.00	7.00	5.50	6.00
厄瓜多尔	9.50	9.50	9.50	9.50	9.50	9.50	9.50	9.50
法国	10.00	10.00	10.00	10.00	10.00	10.00	10.00	10.00
菲律宾	10.00	10.00	10.00	10.50	10.50	10.00	10.00	10.00
芬兰	11.50	11.50	11.50	11.50	11.50	11.50	9.00	9.00
哥伦比亚	9.50	9.50	9.50	9.00	9.00	9.00	9.00	9.00
哥斯达黎加	9.50	9.50	9.50	9.50	9.50	9.50	9.50	9.50
哈萨克斯坦	11.00	11.00	11.00	11.00	11.00	10.00	9.00	9.00
韩国	8.50	8.50	8.50	8.50	8.50	8.50	8.00	8.50
荷兰	12.00	12.00	12.00	12.00	12.00	12.00	12.00	12.00
洪都拉斯	10.50	10.50	10.50	10.50	10.50	10.50	10.00	10.50
吉尔吉斯斯坦	11.00	11.00	11.00	11.00	11.00	11.00	9.00	9.00
几内亚	8.00	8.00	8.00	8.00	8.00	9.00	8.50	8.50
加拿大	11.00	11.00	11.00	11.00	11.00	11.00	11.00	12.00
加纳	11.00	11.00	11.00	10.50	10.50	10.50	10.50	10.50
柬埔寨	10.38	9.50	9.50	9.50	9.50	9.50	7.50	7.50
捷克	10.50	10.50	10.50	10.50	10.50	10.50	10.50	10.50
喀麦隆	9.00	9.00	9.00	9.00	9.00	9.50	9.50	9.50
卡塔尔	8.50	7.71	7.00	7.00	7.00	7.50	9.00	9.00

续表

国家	2016	2017	2018	2019	2020	2021	2022	2023
科威特	9.50	9.50	9.50	9.50	9.50	10.00	10.00	10.00
克罗地亚	10.00	10.00	10.00	10.00	10.00	10.00	10.00	10.00
肯尼亚	9.50	9.50	9.50	9.50	9.50	9.50	9.50	9.50
拉脱维亚	10.50	10.50	10.50	11.00	11.00	11.00	9.00	8.50
老挝	10.38	9.50	9.50	9.50	9.50	9.50	9.50	9.50
黎巴嫩	7.00	7.00	7.00	7.00	7.00	7.50	8.50	8.00
立陶宛	10.50	10.50	10.50	10.50	10.50	10.50	8.00	8.00
卢森堡	10.50	10.50	10.50	11.00	11.00	11.00	11.00	11.00
罗马尼亚	11.00	11.00	11.00	11.00	11.00	11.00	8.50	8.50
马达加斯加	10.88	11.00	11.00	11.00	11.00	11.00	11.00	11.00
马耳他	12.00	12.00	12.00	12.00	12.00	12.00	12.00	12.00
马来西亚	10.50	10.50	10.50	10.00	10.00	10.00	10.00	10.00
马里	9.00	8.83	8.50	8.00	8.00	8.00	8.50	8.50
美国	10.00	10.00	10.00	10.00	10.00	10.50	10.00	10.00
蒙古国	11.50	11.50	11.00	11.50	11.50	11.50	11.50	11.50
孟加拉国	8.50	8.50	8.50	9.00	9.00	9.00	8.50	8.50
秘鲁	10.00	10.00	10.00	10.00	10.00	10.00	10.00	9.50
缅甸	9.00	9.00	9.00	8.50	8.50	8.00	7.50	7.50
摩尔多瓦	9.50	9.50	9.50	9.50	9.50	10.00	8.00	8.00
摩洛哥	9.50	9.50	9.50	9.50	9.50	9.00	7.50	7.50
莫桑比克	9.88	9.50	9.50	9.50	9.50	9.00	9.00	9.00
墨西哥	10.50	10.50	10.50	11.00	11.00	11.00	11.00	11.00
纳米比亚	11.50	11.50	11.50	11.50	11.50	11.50	11.50	11.50
南非	10.50	10.50	10.50	10.50	10.50	10.50	10.50	10.50
尼加拉瓜	9.00	8.88	8.50	8.50	8.50	9.00	9.00	9.00
尼日尔	9.50	9.50	9.50	9.50	9.50	9.50	9.50	9.50
尼日利亚	9.00	9.00	9.00	9.50	9.50	9.50	9.50	9.50
挪威	11.00	11.00	11.00	11.00	11.00	11.00	8.50	8.50

续表

国家	年份							
	2016	2017	2018	2019	2020	2021	2022	2023
葡萄牙	9.50	9.50	9.50	9.50	9.50	9.50	10.00	10.00
日本	9.50	9.50	9.50	9.50	9.50	9.50	9.50	9.50
瑞典	11.00	11.00	11.00	11.50	11.50	11.50	9.00	8.50
瑞士	10.50	10.50	10.50	10.50	10.50	10.50	11.00	11.00
萨尔瓦多	—	—	—	—	—	—	9.50	9.00
塞尔维亚	—	—	—	—	—	—	8.50	8.50
塞内加尔	9.50	9.50	9.50	10.00	10.00	10.00	9.50	9.50
塞浦路斯	9.00	9.00	9.00	9.00	9.00	9.00	9.00	9.00
沙特阿拉伯	8.00	8.00	8.00	8.00	8.00	8.50	8.50	8.50
斯里兰卡	11.00	11.00	11.00	10.50	10.50	11.00	11.00	11.00
斯洛伐克	—	—	—	—	—	—	8.50	8.50
斯洛文尼亚	11.00	10.83	10.50	10.00	10.00	10.00	10.50	10.50
苏丹	6.50	7.08	7.50	7.50	7.50	7.00	7.50	7.50
塔吉克斯坦	11.00	11.00	11.00	11.00	11.00	11.00	9.00	9.00
泰国	9.00	9.00	9.00	9.00	9.00	10.00	10.00	10.00
坦桑尼亚	9.50	9.50	9.50	9.50	9.50	9.50	9.50	10.00
突尼斯	9.50	9.50	9.50	9.50	9.50	10.00	10.00	10.00
土耳其	7.50	7.50	7.50	8.00	8.00	7.50	7.50	7.00
土库曼斯坦	11.00	11.00	11.00	11.00	11.00	11.00	9.00	9.00
危地马拉	9.50	9.50	9.50	10.00	10.00	10.00	9.50	9.50
委内瑞拉	7.50	8.50	8.50	8.50	8.50	8.00	8.00	8.50
乌干达	8.00	8.00	8.00	8.50	8.50	8.50	8.50	8.50
乌克兰	7.00	7.00	7.00	7.50	7.50	8.00	5.50	5.50
乌拉圭	9.50	9.50	9.50	9.50	9.50	9.50	9.50	9.50
乌兹别克斯坦	11.00	11.00	11.00	11.00	11.00	11.00	9.00	9.00
西班牙	10.00	10.00	10.00	10.50	10.50	10.50	10.00	10.50
希腊	10.50	10.50	10.50	10.50	10.50	10.00	9.50	10.00
新加坡	10.50	10.50	10.50	10.50	10.50	10.50	10.50	10.50

续表

国家	年份							
	2016	2017	2018	2019	2020	2021	2022	2023
新西兰	10.50	10.00	10.00	10.00	10.00	10.00	10.00	10.00
匈牙利	10.00	10.00	10.00	10.50	10.50	10.00	10.00	10.00
牙买加	—	—	—	—	—	—	11.50	11.50
亚美尼亚	6.79	6.50	6.50	7.50	7.50	7.50	7.50	7.00
伊拉克	8.00	8.00	8.00	10.00	10.00	9.50	9.50	9.00
伊朗	8.46	8.04	8.00	6.50	6.50	6.50	6.50	6.50
以色列	7.58	8.00	8.00	8.00	8.00	7.00	7.50	7.50
意大利	11.00	11.00	11.00	11.00	11.00	11.00	10.50	11.00
印度	9.00	9.00	9.00	8.00	8.00	8.50	8.50	8.50
印度尼西亚	9.50	9.33	9.00	9.00	9.00	10.00	10.00	10.00
英国	9.50	9.50	9.50	9.50	9.50	9.50	9.50	9.50
约旦	9.50	9.50	9.50	9.50	9.50	9.00	9.00	9.00
越南	10.38	9.50	9.50	9.50	9.50	9.50	9.50	9.50
赞比亚	10.50	10.50	10.50	10.50	10.50	10.50	10.50	10.50
智利	9.00	9.00	9.00	9.00	9.00	10.00	10.00	10.00

数据来源：ICRG。

表38　　　　　　　　　　　　贸易依存度

国家	年份						
	2017	2018	2019	2020	2021	2022	2023
阿尔巴尼亚	0.061	0.054	0.060	0.060	0.081	0.067	0.104
阿尔及利亚	0.070	0.070	0.070	0.070	0.116	0.102	0.071
阿根廷	0.075	0.063	0.098	0.098	0.143	0.126	0.129
阿联酋	0.062	0.061	0.061	0.061	0.091	0.094	0.097
阿曼	0.202	0.246	0.246	0.246	0.356	0.425	0.405
阿塞拜疆	0.024	0.019	0.036	0.036	0.054	0.035	0.039
埃及	0.071	0.081	0.100	0.100	0.168	0.157	0.155
埃塞俄比亚	0.115	0.104	0.104	0.104	0.157	0.133	0.128

续表

国家	年份						
	2017	2018	2019	2020	2021	2022	2023
爱尔兰	0.012	0.015	0.018	0.018	0.065	0.074	0.044
爱沙尼亚	0.030	0.027	0.027	0.027	0.034	0.031	0.039
安哥拉	0.312	0.364	0.441	0.441	0.542	0.031	0.405
奥地利	0.018	0.019	0.022	0.022	0.029	0.033	0.039
澳大利亚	0.201	0.209	0.263	0.263	0.371	0.379	0.308
巴布亚新几内亚	—	—	—	—	—	0.301	0.331
巴基斯坦	0.203	0.183	0.207	0.207	0.258	0.276	0.270
巴拉圭	0.057	0.058	0.055	0.055	0.066	0.076	0.072
巴林	0.019	0.021	0.021	0.021	0.047	0.049	0.039
巴拿马	0.112	0.109	0.151	0.151	0.382	0.336	0.269
巴西	0.161	0.183	0.223	0.223	0.320	0.317	0.269
白俄罗斯	0.019	0.020	0.032	0.032	0.049	0.047	0.067
保加利亚	0.026	0.030	0.032	0.032	0.044	0.047	0.041
比利时	—	—	—	—	—	0.037	0.052
冰岛	0.010	0.017	0.012	0.012	0.020	0.031	0.039
波兰	0.036	0.037	0.044	0.044	0.059	0.062	0.061
玻利维亚	0.048	0.049	0.053	0.053	0.069	0.080	0.076
博茨瓦纳	0.018	0.019	0.019	0.019	0.030	0.031	0.039
布基纳法索	0.023	0.031	0.031	0.031	0.047	0.066	0.060
丹麦	0.030	0.030	0.032	0.032	0.065	0.072	0.056
德国	0.050	0.050	0.054	0.054	0.075	0.077	0.072
多哥	0.499	0.502	0.502	0.502	0.827	0.500	0.405
俄罗斯	0.102	0.113	0.131	0.131	0.189	0.184	0.219
厄瓜多尔	0.085	0.104	0.140	0.140	0.198	0.209	0.206
法国	0.030	0.032	0.037	0.037	0.062	0.065	0.055
菲律宾	0.242	0.244	0.274	0.274	0.396	0.412	0.405
芬兰	0.033	0.033	0.036	0.036	0.053	0.054	0.053

续表

国家	年份						
	2017	2018	2019	2020	2021	2022	2023
哥伦比亚	0.095	0.108	0.133	0.133	0.183	0.197	0.172
哥斯达黎加	0.055	0.055	0.055	0.055	0.081	0.085	0.120
哈萨克斯坦	0.156	0.145	0.191	0.191	0.257	0.248	0.230
韩国	0.218	0.222	0.221	0.221	0.291	0.288	0.264
荷兰	0	0	0.061	0.061	0.072	0.073	0.094
洪都拉斯	0.044	0.049	0.051	0.051	0.054	0.064	0.080
吉尔吉斯斯坦	0.323	0.324	0.324	0.324	0.509	0.500	0.405
几内亚	0.312	0.424	0.424	0.424	0.485	0.341	0.405
加拿大	0.045	0.051	0.058	0.058	0.080	0.081	0.081
加纳	0.147	0.144	0.144	0.144	0.317	0.337	0.315
柬埔寨	0.163	0.176	0.203	0.203	0.263	0.299	0.286
捷克	0.035	0.042	0.049	0.049	0.052	0.048	0.063
喀麦隆	0.133	0.168	0.168	0.168	0.318	0.427	0.301
卡塔尔	0.052	0.064	0.070	0.070	0.141	0.149	0.161
科威特	0.100	0.120	0.120	0.120	0.210	0.233	0.244
克罗地亚	0.024	0.024	0.025	0.025	0.039	0.040	0.039
肯尼亚	0.170	0.170	0.170	0.170	0.259	0.265	0.315
拉脱维亚	0.034	0.031	0.031	0.031	0.036	0.031	0.039
老挝	0.263	0.284	0.284	0.284	0.312	0.311	0.402
黎巴嫩	0.038	0.037	0.037	0.037	0.063	0.084	0.149
立陶宛	0.024	0.024	0.026	0.026	0.035	0.031	0.039
卢森堡	0.002	0.002	0.008	0.008	0.035	0.042	0.039
罗马尼亚	0.029	0.030	0.033	0.033	0.048	0.050	0.049
马达加斯加	0.139	0.128	0.128	0.128	0.218	0.227	0.255
马耳他	0.053	0.035	0.039	0.039	0.222	0.282	0.227
马来西亚	0.216	0.222	0.222	0.222	0.310	0.330	0.387
马里	0.042	0.040	0.040	0.040	0.072	0.063	0.066

续表

国家	年份						
	2017	2018	2019	2020	2021	2022	2023
美国	0.099	0.099	0.097	0.097	0.153	0.161	0.141
蒙古国	0.424	0.445	0.458	0.458	0.524	0.500	0.405
孟加拉国	0.164	0.167	0.168	0.168	0.184	0.202	0.207
秘鲁	0.178	0.193	0.193	0.193	0.301	0.340	0.307
缅甸	0.385	0.407	0.407	0.407	0.545	0.500	0.405
摩尔多瓦	0.015	0.014	0.016	0.016	0.026	0.031	0.039
摩洛哥	0.042	0.044	0.047	0.047	0.067	0.069	0.066
莫桑比克	0.131	0.147	0.147	0.147	0.256	0.285	0.211
墨西哥	0.051	0.057	0.062	0.062	0.075	0.085	0.080
纳米比亚	0.051	0.068	0.069	0.069	0.063	0.072	0.108
南非	0.174	0.184	0.204	0.204	0.212	0.228	0.242
尼加拉瓜	0.048	0.046	0.046	0.046	0.043	0.050	0.108
尼日尔	0.042	0.056	0.056	0.056	0.156	0.500	0.246
尼日利亚	0.121	0.099	0.099	0.099	0.212	0.260	0.193
挪威	0.018	0.018	0.025	0.025	0.066	0.059	0.039
葡萄牙	0.028	0.027	0.032	0.032	0.050	0.051	0.048
日本	0.168	0.167	0.174	0.174	0.249	0.243	0.220
瑞典	0.030	0.032	0.037	0.037	0.059	0.056	0.049
瑞士	0.032	0.041	0.038	0.038	0.037	0.063	0.069
萨尔瓦多	—	—	—	—	—	0.080	0.090
塞尔维亚	—	—	—	—	—	0.054	0.053
塞内加尔	0.169	0.149	0.149	0.149	0.245	0.255	0.305
塞浦路斯	0.010	0.013	0.018	0.018	0.079	0.064	0.076
沙特阿拉伯	0.111	0.119	0.159	0.159	0.215	0.203	0.197
斯里兰卡	0.094	0.093	0.093	0.093	0.159	0.178	0.133
斯洛伐克	—	—	—	—	—	0.058	0.058
斯洛文尼亚	0.006	0.007	0.046	0.046	0.046	0.052	0.081

续表

国家	\multicolumn{7}{c}{年份}
	2017	2018	2019	2020	2021	2022	2023
苏丹	0.162	0.169	0.169	0.169	0.240	0.192	0.201
塔吉克斯坦	0.323	0.324	0.365	0.365	0.233	0.292	0.405
泰国	0.139	0.136	0.153	0.153	0.225	0.243	0.239
坦桑尼亚	0.183	0.207	0.207	0.207	0.329	0.411	0.405
突尼斯	0.037	0.035	0.035	0.035	0.051	0.055	0.055
土耳其	0.044	0.043	0.044	0.044	0.062	0.069	0.064
土库曼斯坦	0.323	0.324	0.324	0.324	0.685	0.500	0.405
危地马拉	0.059	0.066	0.074	0.074	0.092	0.108	0.115
委内瑞拉	0.129	0.129	0.129	0.129	0.177	0.280	0.362
乌干达	0.062	0.049	0.050	0.050	0.067	0.082	0.083
乌克兰	0.060	0.070	0.085	0.085	0.144	0.136	0.079
乌拉圭	0.144	0.134	0.171	0.171	0.282	0.326	0.242
乌兹别克斯坦	0.140	0.160	0.166	0.166	0.200	0.213	0.214
西班牙	0.033	0.033	0.038	0.038	0.060	0.060	0.058
希腊	0.035	0.040	0.052	0.052	0.086	0.099	0.089
新加坡	0.066	0.061	0.076	0.076	0.129	0.109	0.111
新西兰	0.119	0.131	0.161	0.161	0.238	0.261	0.251
匈牙利	0.039	0.039	0.039	0.039	0.050	0.055	0.056
牙买加	—	—	—	—	—	0.110	0.122
亚美尼亚	0.041	0.044	0.061	0.061	0.143	0.169	0.104
伊拉克	0.194	0.201	0.206	0.206	0.351	0.245	0.405
伊朗	0.194	0.201	0.201	0.201	0.162	0.123	0.140
以色列	0.062	0.061	0.066	0.066	0.146	0.150	0.136
意大利	0.041	0.041	0.046	0.046	0.060	0.063	0.061
印度	0.077	0.078	0.080	0.080	0.135	0.130	0.114
印度尼西亚	0.153	0.165	0.197	0.197	0.257	0.292	0.284
英国	0.041	0.038	0.047	0.047	0.089	0.097	0.079

续表

国家	年份						
	2017	2018	2019	2020	2021	2022	2023
约旦	0.081	0.082	0.082	0.082	0.145	0.143	0.174
越南	0.263	0.284	0.284	0.284	0.353	0.345	0.323
赞比亚	0.199	0.249	0.262	0.262	0.319	0.284	0.341
智利	0.203	0.224	0.224	0.224	0.341	0.352	0.346

数据来源：根据 WDI、IMF 数据计算。

表 39　　投资依存度

国家	年份						
	2017	2018	2019	2020	2021	2022	2023
阿尔巴尼亚	0.001	0.001	0.001	0.001	0	0	0
阿尔及利亚	-0.114	0.075	0.051	0.051	0.017	0.226	0.147
阿根廷	0.015	0.010	0.016	0.016	0.075	0.037	0.003
阿联酋	0.064	0.106	0.025	0.025	0.041	0.012	0.017
阿曼	0.004	0.012	0.003	0.003	0.017	0.010	0.004
阿塞拜疆	0	0	0	0	0.013	0	-0.002
埃及	0.006	0.032	0.008	0.008	0.005	0	0.020
埃塞俄比亚	0.045	0.103	0.103	0.103	0.130	-0.021	-0.037
爱尔兰	-0.314	-0.004	0.001	0.001	-0.009	0.002	0.008
爱沙尼亚	0	0	0.002	0.002	0.001	0	0.034
安哥拉	-0.106	-0.047	-0.047	-0.047	-0.071	-0.023	0.048
奥地利	0.035	0.025	0.002	0.002	-0.013	0.013	-0.005
澳大利亚	0.104	0.036	0.030	0.030	0.053	0.053	0.017
巴布亚新几内亚	—	—	—	—	—	0.980	-0.099
巴基斯坦	0.006	-0.002	0.131	0.131	0.443	0.310	0.211
巴拉圭	0	0.002	0.002	0.002	0.001	0	-0.002
巴林	0.024	-0.001	-0.001	-0.001	0	0.033	0
巴拿马	0.001	0.003	0.007	0.007	0.188	0.227	0.083
巴西	0.007	0.007	0.005	0.005	-0.332	0.002	0.002

续表

国家	2017	2018	2019	2020	2021	2022	2023
白俄罗斯	0.118	0.058	0.041	0.041	-0.005	0.038	-0.024
保加利亚	0.002	0	0.003	0.003	0.001	0	-0.001
比利时	—	—	—	—	—	0.001	0.004
冰岛	0	0	0	0	-0.018	0.008	0
波兰	0	0.010	0.002	0.002	0.012	0.001	0.003
玻利维亚	-0.033	0.225	0.225	0.225	-0.031	0.038	-0.117
博茨瓦纳	-0.088	-0.020	-0.020	-0.020	0.472	2.638	0.056
布基纳法索	0	0	0	0	0.002	0	0.020
丹麦	0.202	0.042	0.001	0.001	0.018	0.005	0.009
德国	0.116	0.201	0.006	0.006	0.039	0.016	0.020
多哥	0.002	-0.063	-0.063	-0.063	0.006	-0.014	-0.030
俄罗斯	0	0.001	0.015	0.015	0.036	-0.010	-0.005
厄瓜多尔	-0.212	0.023	0.033	0.033	-0.002	0.096	0.020
法国	0.003	0.002	0.003	0.003	0.011	0.003	0.004
菲律宾	0.010	0.011	0.005	0.005	0.015	0.013	0.022
芬兰	-0.126	0.184	0.002	0.002	0.008	0.005	0.003
哥伦比亚	0	-0.001	0.001	0.001	0	0	0.004
哥斯达黎加	0.002	0.002	0.002	0.002	0.016	0	-0.001
哈萨克斯坦	0.125	0.010	0.044	0.044	-0.062	0.117	0.187
韩国	0.127	0.146	0.018	0.018	0.090	0.058	0.085
荷兰	0.033	0.033	0.006	0.006	-0.027	-0.014	0.030
洪都拉斯	0	0.452	0.452	0.452	-0.023	0.002	0
吉尔吉斯斯坦	4.139	0.466	0.466	0.466	-0.769	-0.894	-0.060
几内亚	0.486	0.283	0.283	0.283	-0.907	2.505	0.059
加拿大	0.010	0.040	0.005	0.005	0.006	0.007	0.002
加纳	0.016	0.056	0.048	0.048	-0.003	0.046	0.049
柬埔寨	0.004	0.005	0.186	0.186	0.265	0.140	0.183
捷克	0.005	0.008	0.001	0.001	0.006	-0.001	-0.001

续表

国家	年份						
	2017	2018	2019	2020	2021	2022	2023
喀麦隆	0	0	0	0	0.078	−0.019	−0.106
卡塔尔	−0.012	0.457	0.006	0.006	0.320	−0.125	−0.009
科威特	0.024	0.039	0.018	0.018	0.058	0.010	0.005
克罗地亚	0.015	0.024	0.003	0.003	0.100	0.003	0.002
肯尼亚	0.252	0.119	0.091	0.091	0.887	0.399	−0.729
拉脱维亚	0	0.009	0.001	0.001	0.005	0.001	0.002
老挝	0.001	0.001	0.823	0.823	1.503	1.196	0.480
黎巴嫩	0	0	0	0	0	0	0
立陶宛	0.036	0	0	0	0.002	0	−0.005
卢森堡	−0.298	−0.595	0.041	0.041	0.005	0.111	−0.006
罗马尼亚	0.007	0.001	0.004	0.004	0.008	0.001	0.001
马达加斯加	0.008	0.014	0.014	0.014	0.295	−0.023	−0.113
马耳他	0.001	0.002	0.001	0.001	0	−0.001	0.001
马来西亚	0.195	0.232	0.028	0.028	0.230	0.046	0.107
马里	0.008	−0.059	0.058	0.058	0.054	0.023	0.205
美国	0.016	0.054	0.005	0.005	0.033	0.009	0.012
蒙古国	−0.001	−0.129	0.148	0.148	0.005	0.013	0.014
孟加拉国	0.042	0.146	0.069	0.069	0.175	0.168	0.205
秘鲁	0.015	0.014	0.011	0.011	0.217	0.050	0.020
缅甸	0.099	−0.053	0.121	0.121	0.137	0.009	0.050
摩尔多瓦	0	0	0.001	0.001	0	0.001	0
摩洛哥	0.022	0.025	0.025	0.025	0.057	0.013	0.001
莫桑比克	0.015	0.068	0.068	0.068	0.017	−0.001	0.024
墨西哥	0.006	0.012	0.001	0.001	0.007	0.007	0.009
纳米比亚	0.014	−0.029	−0.029	−0.029	−0.070	0.039	0.010
南非	0.011	0.128	0.017	0.017	0.359	0.009	0.069
尼加拉瓜	0	0	0	0	−0.001	0	0
尼日尔	0.121	0.213	0.130	0.130	0.597	0.348	0.914

续表

国家	2017	2018	2019	2020	2021	2022	2023
尼日利亚	0	0	0.020	0.020	0.151	0.039	−0.471
挪威	−0.011	0.001	0.003	0.003	0.022	0.002	0.003
葡萄牙	0.002	0	0	0	0	0.002	0.003
日本	0.004	0.007	0.004	0.004	0.031	0.026	0.022
瑞典	0.148	0.110	0.012	0.012	0.037	0.014	0.021
瑞士	1.953	0.043	0.002	0.002	−0.057	0.295	0.015
萨尔瓦多	—	—	—	—	—	0	0.024
塞尔维亚	—	—	—	—	—	0.042	0.034
塞内加尔	0.060	0.293	0.032	0.032	0.129	0.005	−0.076
塞浦路斯	0.085	0.035	0.001	0.001	−0.010	−0.013	0.011
沙特阿拉伯	−0.233	0.140	0.007	0.007	0.038	0.014	−0.003
斯里兰卡	−0.018	0.005	0.005	0.005	0.219	0.271	−0.048
斯洛伐克	—	—	—	—	—	0	0
斯洛文尼亚	0.001	0.001	0.008	0.008	0.038	0.004	0.160
苏丹	0.239	0.050	0.050	0.050	0.004	0	−0.300
塔吉克斯坦	0.222	1.039	0.603	0.603	−1.493	1.802	2.248
泰国	0.180	0.075	0.019	0.019	0.188	0.053	0.075
坦桑尼亚	0.310	0.502	0.061	0.061	0.106	0.110	0.048
突尼斯	−0.001	0.004	0.004	0.004	−0.010	0.009	−0.007
土耳其	0.004	0.027	0.009	0.009	0.035	0.014	0.043
土库曼斯坦	0.022	−0.019	−0.019	−0.019	0.180	−0.012	0.010
危地马拉	0	0	0	0	0.004	0	0
委内瑞拉	0.127	0.126	0.065	0.065	−0.507	−12.056	−0.031
乌干达	0.069	0.006	0.047	0.047	0.119	0.002	0.069
乌克兰	0.010	0.011	0.003	0.003	−0.028	0	0.002
乌拉圭	−0.032	0.001	0.007	0.007	0.001	0.005	0.001
乌兹别克斯坦	−0.776	0.240	0.335	0.335	−0.021	0.178	0.149
西班牙	0.010	0.016	0.001	0.001	0.007	0.003	0.002

续表

国家	年份						
	2017	2018	2019	2020	2021	2022	2023
希腊	0.008	0.014	0.004	0.004	0.002	0.001	0
新加坡	0.151	0.148	0.021	0.021	0.111	0.123	0.099
新西兰	0.243	0.206	0.025	0.025	0.094	0.099	0.015
匈牙利	0.007	0.009	0.003	0.003	0	0.001	-0.008
牙买加	—	—	—	—	—	-0.024	0.014
亚美尼亚	0	0	0.002	0.002	0.017	-0.030	0.030
伊拉克	0.002	-0.003	0.480	0.480	-0.151	-0.072	-0.176
伊朗	-0.072	-0.160	0.050	0.050	0.237	0.161	0.012
以色列	0.009	0.019	0.014	0.014	0.010	-0.013	0.010
意大利	0.019	0.015	0.003	0.003	0.045	0.005	0.011
印度	0.001	0.001	0.006	0.006	0.003	0.005	-0.005
印度尼西亚	0.004	0.005	0.049	0.049	0.096	0.174	0.164
英国	0.026	0.054	0.004	0.004	-0.139	0.025	0.022
约旦	0.004	0.027	0.008	0.008	-0.158	-0.026	0.045
越南	0.001	0.001	0.041	0.041	0.116	0.139	0.083
赞比亚	0.241	0.019	0.135	0.135	0.583	-0.439	-0.609
智利	0.003	0.004	0.003	0.003	0.001	0.004	0.008

数据来源：根据 UNCTAD、Wind 数据计算。

表40　　　　　　　　　　是否签订 BIT

国家	年份						
	2017	2018	2019	2020	2021	2022	2023
阿尔巴尼亚	1	1	1	1	1	1	1
阿尔及利亚	1	1	1	1	1	1	1
阿根廷	1	1	1	1	1	1	1
阿联酋	1	1	1	1	1	1	1
阿曼	1	1	1	1	1	1	1
阿塞拜疆	1	1	1	1	1	1	1

续表

国家	年份						
	2017	2018	2019	2020	2021	2022	2023
埃及	1	1	1	1	1	1	1
埃塞俄比亚	1	1	1	1	1	1	1
爱尔兰	0	0	0	0	0	0	0
爱沙尼亚	1	1	1	1	1	1	1
安哥拉	0	0	0	0	0	0	0
奥地利	1	1	1	1	1	1	1
澳大利亚	1	1	1	1	1	1	1
巴布亚新几内亚	—	—	—	—	—	1	1
巴基斯坦	1	1	1	1	1	1	1
巴拉圭	0	0	0	0	0	0	0
巴林	1	1	1	1	1	1	1
巴拿马	0	0	0	0	0	0	0
巴西	0	0	0	0	0	0	0
白俄罗斯	1	1	1	1	1	1	1
保加利亚	1	1	1	1	1	1	1
比利时	—	—	—	—	—	1	1
冰岛	1	1	1	1	1	1	1
波兰	1	1	1	1	1	1	1
玻利维亚	1	1	1	1	1	1	1
博茨瓦纳	0	0	0	0	0	0	0
布基纳法索	0	0	0	0	0	0	0
丹麦	1	1	1	1	1	1	1
德国	1	1	1	1	1	1	1
多哥	0	0	0	0	0	0	0
俄罗斯	1	1	1	1	1	1	1
厄瓜多尔	1	1	1	1	1	1	1
法国	1	1	1	1	1	1	1

续表

国家	年份						
	2017	2018	2019	2020	2021	2022	2023
菲律宾	1	1	1	1	1	1	1
芬兰	1	1	1	1	1	1	1
哥伦比亚	0	0	0	0	0	0	0
哥斯达黎加	0	0	0	0	0	0	0
哈萨克斯坦	1	1	1	1	1	1	1
韩国	1	1	1	1	1	1	1
荷兰	1	1	1	1	1	1	1
洪都拉斯	0	0	0	0	0	0	0
吉尔吉斯斯坦	1	1	1	1	1	1	1
几内亚	1	1	1	1	1	1	1
加拿大	1	1	1	1	1	1	1
加纳	1	1	1	1	1	1	1
柬埔寨	1	1	1	1	1	1	1
捷克	1	1	1	1	1	1	1
喀麦隆	0	0	0	0	0	0	0
卡塔尔	1	1	1	1	1	1	1
科威特	1	1	1	1	1	1	1
克罗地亚	1	1	1	1	1	1	1
肯尼亚	0	0	0	0	0	0	0
拉脱维亚	0	0	0	0	0	0	0
老挝	1	1	1	1	1	1	1
黎巴嫩	1	1	1	1	1	1	1
立陶宛	1	1	1	1	1	1	1
卢森堡	1	1	1	1	1	1	1
罗马尼亚	1	1	1	1	1	1	1
马达加斯加	1	1	1	1	1	1	1
马耳他	1	1	1	1	1	1	1

续表

国家	年份						
	2017	2018	2019	2020	2021	2022	2023
马来西亚	1	1	1	1	1	1	1
马里	1	1	1	1	1	1	1
美国	0	0	0	0	0	0	0
蒙古国	1	1	1	1	1	1	1
孟加拉国	1	1	1	1	1	1	1
秘鲁	1	1	1	1	1	1	1
缅甸	1	1	1	1	1	1	1
摩尔多瓦	1	1	1	1	1	1	1
摩洛哥	1	1	1	1	1	1	1
莫桑比克	0	0	0	0	0	0	0
墨西哥	0	0	0	0	0	0	0
纳米比亚	0	0	0	0	0	0	0
南非	1	1	1	1	1	1	1
尼加拉瓜	0	0	0	0	0	0	0
尼日尔	0	0	0	0	0	0	0
尼日利亚	1	1	1	1	1	1	1
挪威	1	1	1	1	1	1	1
葡萄牙	1	1	1	1	1	1	1
日本	1	1	1	1	1	1	1
瑞典	1	1	1	1	1	1	1
瑞士	1	1	1	1	1	1	1
萨尔瓦多	—	—	—	—	—	0	0
塞尔维亚	—	—	—	—	—	1	1
塞内加尔	0	0	0	0	0	0	0
塞浦路斯	1	1	1	1	1	1	1
沙特阿拉伯	1	1	1	1	1	1	1
斯里兰卡	1	1	1	1	1	1	1

续表

国家	年份						
	2017	2018	2019	2020	2021	2022	2023
斯洛伐克	—	—	—	—	—	1	1
斯洛文尼亚	1	1	1	1	1	1	1
苏丹	1	1	1	1	1	1	1
塔吉克斯坦	1	1	1	1	1	1	1
泰国	1	1	1	1	1	1	1
坦桑尼亚	1	1	1	1	1	1	1
突尼斯	1	1	1	1	1	1	1
土耳其	1	1	1	1	1	1	1
土库曼斯坦	1	1	1	1	1	1	1
危地马拉	0	0	0	0	0	0	0
委内瑞拉	0	0	0	0	0	0	0
乌干达	0	0	0	0	0	0	0
乌克兰	1	1	1	1	1	1	1
乌拉圭	1	1	1	1	1	1	1
乌兹别克斯坦	1	1	1	1	1	1	1
西班牙	1	1	1	1	1	1	1
希腊	1	1	1	1	1	1	1
新加坡	1	1	1	1	1	1	1
新西兰	1	1	1	1	1	1	1
匈牙利	1	1	1	1	1	1	1
牙买加	—	—	—	—	—	1	1
亚美尼亚	1	1	1	1	1	1	1
伊拉克	0	0	0	0	0	0	0
伊朗	1	1	1	1	1	1	1
以色列	1	1	1	1	1	1	1
意大利	1	1	1	1	1	1	1
印度	1	1	1	1	1	1	1

续表

国家	年份						
	2017	2018	2019	2020	2021	2022	2023
印度尼西亚	1	1	1	1	1	1	1
英国	1	1	1	1	1	1	1
约旦	0	0	0	0	0	0	0
越南	1	1	1	1	1	1	1
赞比亚	0	0	0	0	0	0	0
智利	1	1	1	1	1	1	1

数据来源：中华人民共和国商务部，UNCTAD。

注：0表示未签订，1表示已签订。

表41　　签证情况

国家	年份						
	2017	2018	2019	2020	2021	2022	2023
阿尔巴尼亚	0	0	0	0.7	0.7	0.4	1.0
阿尔及利亚	0	0	0	0	0	0.4	0.4
阿根廷	0.3	0.3	0.3	0.3	0.3	0.4	0.4
阿联酋	0.5	0.5	1.0	1.0	1.0	1.0	1.0
阿曼	0	0	0	0	0.7	0.4	0.4
阿塞拜疆	0	0	0.5	0.5	0.5	0.8	0.8
埃及	0.5	0.5	0.5	0.5	0.5	0.4	0.4
埃塞俄比亚	0.5	0.5	0.5	0.5	0.5	0.4	0.4
爱尔兰	0	0	0	0	0	0.4	0.4
爱沙尼亚	0	0	0	0	0	0.2	0.2
安哥拉	0	0	0	0	0	0.4	0.4
奥地利	0	0	0	0	0	0.2	0.2
澳大利亚	0.3	0.3	0.3	0.3	0.3	0	0
巴布亚新几内亚	—	—	—	—	—	0.6	0.6
巴基斯坦	0	1.0	1.0	1.0	1.0	0.6	0.6

续表

国家	年份						
	2017	2018	2019	2020	2021	2022	2023
巴拉圭	0	0	0	0	0	0	0
巴林	0	0	0.5	0.5	0.5	0.6	0.6
巴拿马	0	0	0	0	0	0.6	0.6
巴西	0	0	0	0	0	0.4	0.4
白俄罗斯	0.8	0.8	0.8	0.8	0.8	0.8	0.8
保加利亚	0	0	0	0	0	0.4	0.4
比利时	—	—	—	—	—	0.2	0.2
冰岛	0	0	0	0	0	0.2	0.2
波兰	0	0	0	0	0	0.4	0.4
玻利维亚	0	0	0.5	0.5	0.5	0.6	0.6
博茨瓦纳	0	0	0	0	0	0.6	0.6
布基纳法索	0	0	0	0	0	0.6	0.6
丹麦	0	0	0	0	0	0.2	0.2
德国	0	0	0	0	0	0.2	0.2
多哥	0	0	0	0.5	0.5	0.6	0.6
俄罗斯	0.8	0.8	0.8	0.8	0.8	0.8	0.8
厄瓜多尔	0	0	0	1.0	1.0	1.0	1.0
法国	0	0	0	0	0	0.2	0.2
菲律宾	0	0	0	0	0	0.2	0.2
芬兰	0	0	0	0	0	0.2	0.2
哥伦比亚	0	0	0	0	0	0.2	0.2
哥斯达黎加	0	0	0	0	0	0.2	0.2
哈萨克斯坦	0	0	0	0	0	0.2	1.0
韩国	0.5	0.5	0.5	0.5	0.5	0.2	0.2
荷兰	0	0	0	0	0	0.2	0.2
洪都拉斯	0	0	0	0	0	0	0
吉尔吉斯斯坦	0	0	0	0	0	0.4	0.4

续表

国家	年份						
	2017	2018	2019	2020	2021	2022	2023
几内亚	0	0	0	0	0	0.6	0.6
加拿大	0	0	0	0	0	0	0
加纳	0	0	0	0	0	0.4	0.4
柬埔寨	0.5	0.5	0.5	0.5	0.5	0.4	0.4
捷克	0	0	0	0	0	0.2	0.2
喀麦隆	0	0	0	0	0	0.4	0.4
卡塔尔	0	1.0	1.0	1.0	1.0	1.0	1.0
科威特	0	0	0	0	0	0.6	0.6
克罗地亚	0	0	0	0	0	0.4	0.4
肯尼亚	0.3	0.3	0.3	0.3	0.3	0.4	0.4
拉脱维亚	0	0	0	0	0	0.2	0.2
老挝	0.5	0.5	0.5	0.5	0.5	0.6	0.6
黎巴嫩	0.5	0.5	0.5	0.5	0.5	0	0
立陶宛	0	0	0	0	0	0.4	0.4
卢森堡	0	0	0	0	0	0.2	0.2
罗马尼亚	0	0	0	0	0	0.4	0.4
马达加斯加	0.5	0.5	0.5	0.5	0.5	0	0
马耳他	0	0	0	0	0	0.4	0.4
马来西亚	0.3	0.3	0.3	0.5	0.5	0.4	0.4
马里	0	0	0	0	0	0.6	0.6
美国	0.3	0.3	0	0	0	0	0
蒙古国	0	0	0	0	0	0.6	0.6
孟加拉国	0.5	0.5	0.5	0.5	0.5	0.6	0.6
秘鲁	0	0	0	0	0	0.4	0.4
缅甸	0.5	0.5	0.5	0.5	0.5	0.4	0.4
摩尔多瓦	0	0	0	0	0	0.6	0.6
摩洛哥	0.7	0.7	0.7	0.7	0.7	0.6	0.6

续表

国家	年份						
	2017	2018	2019	2020	2021	2022	2023
莫桑比克	0	0	0	0	0	0.4	0.4
墨西哥	0	0	0	0	0	0.4	0.4
纳米比亚	0	0	0	0	0	0	0
南非	0	0	0	0	0	0.4	0.4
尼加拉瓜	0	0	0	0	0	0.6	0.6
尼日尔	0	0	0	0	0	0.6	0.6
尼日利亚	0	0.5	0.5	0.5	0.5	0.6	0.6
挪威	0	0	0	0	0	0.2	0.2
葡萄牙	0	0	0	0	0	0.2	0.2
日本	0	0	0	0	0	0	0
瑞典	0	0	0	0	0	0.2	0.2
瑞士	0	0	0	0	0	0.2	0.2
萨尔瓦多	—	—	—	—	—	0.6	0.6
塞尔维亚	—	—	—	—	—	1.0	1.0
塞内加尔	0	0	0	0	0	0.6	0.6
塞浦路斯	0	0	0	0	0	0.4	0.4
沙特阿拉伯	0	0	0	0	0	0	0
斯里兰卡	0.3	0.5	0.5	0.5	0.5	0.6	0.6
斯洛伐克	—	—	—	—	—	0.4	0.4
斯洛文尼亚	0	0	0	0	0	0.4	0.4
苏丹	0	0	0	0	0	0.4	0.4
塔吉克斯坦	0	0.3	0.3	0.3	0.3	0.6	0.6
泰国	0.5	0.5	0.5	0.5	0.5	0.4	0.4
坦桑尼亚	0	0.5	0.5	0.5	0.5	0.4	0.4
突尼斯	0.7	0.7	0.7	0.7	0.7	0.4	0.4
土耳其	0.3	0.3	0.3	0.3	0.3	0.6	0.6
土库曼斯坦	0.5	0.5	0.5	0.5	0.5	0.6	0.6

续表

国家	2017	2018	2019	2020	2021	2022	2023
危地马拉	0	0	0	0	0	0	0
委内瑞拉	0.7	0.7	0.7	0.7	0.7	0.6	0.6
乌干达	0	0	0.5	0.5	0.5	0	0
乌克兰	0.5	0.5	0.5	0.5	0.5	0.4	0.4
乌拉圭	0	0	0	0	0	0.4	0.4
乌兹别克斯坦	0	0	0	0.7	0.7	0.2	0.2
西班牙	0	0	0	0	0	0.2	0.2
希腊	0	0	0	0	0	0.2	0.2
新加坡	0.3	0.3	0.3	0.3	0.3	0.6	0.6
新西兰	0	0	0	0	0	0	0
匈牙利	0	0	0	0	0	0.4	0.4
牙买加	—	—	—	—	—	0.4	0.4
亚美尼亚	0.3	0.3	1.0	1.0	1.0	1.0	1.0
伊拉克	0	0	0	0	0	0.2	0.2
伊朗	0.5	0.5	0.5	0.5	0.5	0.4	0.4
以色列	0	0	0	0	0	0.4	0.4
意大利	0	0	0	0	0	0.2	0.2
印度	0	0	0	0	0	0	0
印度尼西亚	1.0	1.0	1.0	1.0	1.0	0.4	0.4
英国	0	0	0	0	0	0.4	0.4
约旦	0.5	0.5	0.5	0.5	0.5	0.4	0.4
越南	0.5	0.5	0	0.5	0.5	0.6	0.6
赞比亚	0	0	0	0	0	0	0
智利	0	0	0	0	0	0.4	0.4

数据来源：中华人民共和国商务部、中国领事服务网。

表42　　　　　　　　　　　投资受阻程度

国家	2017	2018	2019	2020	2021	2022	2023
阿尔巴尼亚	0.80	0.80	0.80	0.80	0.80	0.80	0.80
阿尔及利亚	0.80	0.80	0.80	0.80	0.80	0.80	0.80
阿根廷	0.50	0.50	0.50	0.50	0.50	0.50	0.50
阿联酋	0.70	0.70	0.70	0.70	0.70	0.70	0.70
阿曼	0.80	0.80	0.80	0.80	0.80	0.80	0.80
阿塞拜疆	0.80	0.80	0.80	0.80	0.80	0.80	0.80
埃及	0.70	0.70	0.70	0.70	0.70	0.70	0.70
埃塞俄比亚	0.80	0.80	0.80	0.80	0.80	0.80	0.80
爱尔兰	0.80	0.80	0.80	0.80	0.80	0.80	0.80
爱沙尼亚	0.80	0.80	0.80	0.80	0.80	0.80	0.80
安哥拉	0.80	0.80	0.80	0.80	0.80	0.80	0.80
奥地利	0.80	0.80	0.80	0.80	0.80	0.80	0.80
澳大利亚	0.40	0.40	0.30	0.20	0.15	0.30	0.30
巴布亚新几内亚	—	—	—	—	—	0.70	0.70
巴基斯坦	0.80	0.80	0.80	0.80	0.70	0.80	0.80
巴拉圭	0.80	0.80	0.80	0.80	0.80	0.80	0.80
巴林	0.80	0.80	0.80	0.80	0.80	0.80	0.80
巴拿马	0.80	0.80	0.80	0.80	0.80	0.80	0.80
巴西	0.70	0.70	0.70	0.70	0.70	0.70	0.70
白俄罗斯	0.70	0.70	0.70	0.70	0.70	0.70	0.70
保加利亚	0.70	0.70	0.70	0.70	0.70	0.70	0.70
比利时	—	—	—	0	—	0.60	0.60
冰岛	0.80	0.80	0.80	0.80	0.80	0.80	0.80
波兰	0.70	0.70	0.70	0.70	0.70	0.70	0.70
玻利维亚	0.80	0.80	0.80	0.80	0.80	0.80	0.80
博茨瓦纳	0.80	0.80	0.80	0.80	0.80	0.80	0.80
布基纳法索	0.70	0.70	0.70	0.70	0.70	0.70	0.70

续表

国家	年份						
	2017	2018	2019	2020	2021	2022	2023
丹麦	0.80	0.80	0.80	0.80	0.80	0.80	0.80
德国	0.70	0.70	0.60	0.60	0.50	0.50	0.50
多哥	0.70	0.70	0.70	0.70	0.70	0.70	0.70
俄罗斯	0.80	0.80	0.80	0.80	0.80	0.80	0.80
厄瓜多尔	0.80	0.80	0.80	0.80	0.80	0.80	0.80
法国	0.70	0.70	0.60	0.60	0.60	0.60	0.60
菲律宾	0.60	0.60	0.60	0.60	0.60	0.60	0.60
芬兰	0.80	0.80	0.80	0.80	0.80	0.80	0.80
哥伦比亚	0.80	0.80	0.80	0.80	0.80	0.80	0.80
哥斯达黎加	0.80	0.80	0.80	0.80	0.80	0.80	0.80
哈萨克斯坦	0.80	0.80	0.80	0.80	0.80	0.80	0.80
韩国	0.80	0.80	0.80	0.80	0.80	0.60	0.60
荷兰	0.80	0.80	0.80	0.80	0.80	0.80	0.80
洪都拉斯	0.80	0.80	0.80	0.80	0.80	0.80	0.80
吉尔吉斯斯坦	0.60	0.60	0.60	0.60	0.60	0.60	0.60
几内亚	0.70	0.70	0.70	0.70	0.70	0.70	0.70
加拿大	0.50	0.50	0.40	0.40	0.30	0.30	0.30
加纳	0.80	0.80	0.80	0.80	0.80	0.60	0.60
柬埔寨	0.60	0.60	0.60	0.60	0.60	0.60	0.60
捷克	0.80	0.80	0.80	0.80	0.80	0.80	0.80
喀麦隆	0.80	0.80	0.80	0.80	0.80	0.80	0.80
卡塔尔	0.80	0.80	0.80	0.80	0.80	0.80	0.80
科威特	0.80	0.80	0.80	0.80	0.80	0.80	0.80
克罗地亚	0.80	0.80	0.80	0.80	0.80	0.80	0.80
肯尼亚	0.80	0.80	0.80	0.80	0.80	0.80	0.80
拉脱维亚	0.80	0.80	0.80	0.80	0.80	0.80	0.80
老挝	0.70	0.70	0.70	0.70	0.70	0.70	0.70

续表

国家	年份						
	2017	2018	2019	2020	2021	2022	2023
黎巴嫩	0.80	0.80	0.80	0.80	0.80	0.80	0.80
立陶宛	0.80	0.80	0.80	0.80	0.80	0.80	0.80
卢森堡	0.80	0.80	0.80	0.80	0.80	0.80	0.80
罗马尼亚	0.70	0.70	0.70	0.70	0.70	0.70	0.70
马达加斯加	0.80	0.80	0.80	0.80	0.80	0.80	0.80
马耳他	0.80	0.80	0.80	0.80	0.80	0.80	0.80
马来西亚	0.70	0.70	0.70	0.70	0.70	0.70	0.70
马里	0.80	0.80	0.80	0.80	0.80	0.80	0.80
美国	0.50	0.50	0.20	0.20	0.20	0.20	0.20
蒙古国	0.40	0.40	0.40	0.40	0.40	0.40	0.40
孟加拉国	0.80	0.80	0.80	0.80	0.80	0.80	0.80
秘鲁	0.80	0.80	0.80	0.80	0.80	0.80	0.80
缅甸	0.60	0.60	0.60	0.60	0.60	0.60	0.60
摩尔多瓦	0.80	0.80	0.80	0.80	0.80	0.80	0.80
摩洛哥	0.80	0.80	0.80	0.80	0.80	0.80	0.80
莫桑比克	0.80	0.80	0.80	0.80	0.80	0.80	0.80
墨西哥	0.30	0.30	0.30	0.30	0.30	0.30	0.30
纳米比亚	0.80	0.80	0.80	0.80	0.70	0.80	0.80
南非	0.70	0.70	0.70	0.70	0.70	0.70	0.70
尼加拉瓜	0.80	0.80	0.80	0.80	0.80	0.80	0.80
尼日尔	0.80	0.80	0.80	0.80	0.80	0.80	0.80
尼日利亚	0.70	0.70	0.70	0.70	0.70	0.70	0.70
挪威	0.80	0.80	0.80	0.80	0.80	0.80	0.80
葡萄牙	0.80	0.80	0.80	0.70	0.80	0.80	0.80
日本	0.70	0.70	0.60	0.60	0.60	0.60	0.60
瑞典	0.80	0.80	0.80	0.80	0.80	0.80	0.80
瑞士	0.80	0.80	0.80	0.80	0.80	0.80	0.80

续表

国家	年份						
	2017	2018	2019	2020	2021	2022	2023
萨尔瓦多	—	—	—	—	—	0.60	0.60
塞尔维亚	—	—	—	—	—	0.80	0.80
塞内加尔	0.70	0.70	0.70	0.70	0.70	0.70	0.70
塞浦路斯	0.80	0.80	0.80	0.80	0.80	0.80	0.80
沙特阿拉伯	0.70	0.70	0.70	0.70	0.70	0.70	0.70
斯里兰卡	0.60	0.60	0.50	0.50	0.50	0.50	0.50
斯洛伐克	—	—	—	—	—	0.70	0.70
斯洛文尼亚	0.80	0.80	0.80	0.80	0.80	0.80	0.80
苏丹	0.70	0.70	0.70	0.70	0.70	0.70	0.70
塔吉克斯坦	0.60	0.60	0.60	0.60	0.60	0.60	0.60
泰国	0.70	0.70	0.70	0.70	0.70	0.70	0.70
坦桑尼亚	0.80	0.80	0.80	0.80	0.80	0.80	0.80
突尼斯	0.80	0.80	0.80	0.80	0.80	0.80	0.80
土耳其	0.80	0.80	0.80	0.80	0.80	0.80	0.80
土库曼斯坦	0.60	0.60	0.60	0.60	0.60	0.60	0.60
危地马拉	0.80	0.80	0.80	0.80	0.80	0.80	0.80
委内瑞拉	0.90	0.90	0.90	0.80	0.80	0.80	0.80
乌干达	0.80	0.80	0.80	0.80	0.80	0.80	0.80
乌克兰	0.60	0.60	0.60	0.60	0.60	0.60	0.60
乌拉圭	0.80	0.80	0.80	0.80	0.80	0.80	0.80
乌兹别克斯坦	0.60	0.60	0.60	0.60	0.60	0.60	0.60
西班牙	0.80	0.80	0.80	0.80	0.80	0.80	0.80
希腊	0.80	0.80	0.80	0.80	0.80	0.80	0.80
新加坡	0.80	0.80	0.80	0.80	0.70	0.80	0.80
新西兰	0.70	0.70	0.60	0.60	0.60	0.60	0.60
匈牙利	0.70	0.70	0.70	0.70	0.70	0.70	0.70
牙买加	—	—	—	—	—	0.70	0.70

续表

国家	年份						
	2017	2018	2019	2020	2021	2022	2023
亚美尼亚	0.80	0.80	0.80	0.80	0.80	0.80	0.80
伊拉克	0.60	0.60	0.60	0.60	0.60	0.60	0.60
伊朗	0.80	0.80	0.80	0.80	0.80	0.80	0.80
以色列	0.80	0.80	0.80	0.80	0.80	0.80	0.80
意大利	0.80	0.80	0.70	0.70	0.70	0.70	0.70
印度	0.60	0.60	0.60	0.60	0.60	0.60	0.60
印度尼西亚	0.70	0.70	0.70	0.70	0.70	0.70	0.70
英国	0.60	0.60	0.60	0.60	0.60	0.60	0.60
约旦	0.80	0.80	0.80	0.80	0.80	0.80	0.80
越南	0.60	0.60	0.60	0.60	0.60	0.60	0.60
赞比亚	0.70	0.70	0.70	0.70	0.70	0.70	0.70
智利	0.80	0.80	0.80	0.80	0.80	0.80	0.80

数据来源：德尔菲法。

表43　　　　　　　　　　　　双边政治关系

国家	年份						
	2017	2018	2019	2020	2021	2022	2023
阿尔巴尼亚	0.640	0.640	0.640	0.620	0.620	0.500	0.529
阿尔及利亚	0.790	0.790	0.790	0.780	0.790	0.775	0.796
阿根廷	0.630	0.700	0.710	0.730	0.770	0.850	0.693
阿联酋	0.630	0.690	0.740	0.750	0.780	0.875	0.864
阿曼	0.770	0.770	0.770	0.760	0.760	0.750	0.700
阿塞拜疆	0.770	0.770	0.770	0.750	0.730	0.700	0.729
埃及	0.700	0.750	0.780	0.780	0.770	0.825	0.829
埃塞俄比亚	0.700	0.780	0.800	0.810	0.820	0.875	0.836
爱尔兰	0.680	0.680	0.680	0.700	0.700	0.650	0.607
爱沙尼亚	0.640	0.640	0.640	0.660	0.610	0.450	0.443
安哥拉	0.750	0.750	0.750	0.740	0.740	0.750	0.707

续表

国家	年份						
	2017	2018	2019	2020	2021	2022	2023
奥地利	0.680	0.680	0.680	0.700	0.710	0.625	0.607
澳大利亚	0.570	0.670	0.580	0.480	0.490	0.325	0.400
巴布亚新几内亚	—	—	—	—	—	0.725	0.814
巴基斯坦	0.900	0.890	0.910	0.900	0.900	1.000	0.971
巴拉圭	0.700	0.700	0.700	0.700	0.680	0.450	0.414
巴林	0.750	0.750	0.750	0.740	0.750	0.750	0.736
巴拿马	0.680	0.680	0.680	0.690	0.730	0.600	0.629
巴西	0.700	0.750	0.720	0.700	0.720	0.800	0.793
白俄罗斯	0.780	0.790	0.820	0.800	0.810	0.950	0.950
保加利亚	0.630	0.700	0.660	0.660	0.680	0.500	0.529
比利时	—	—	—	—	—	0.475	0.529
冰岛	0.670	0.670	0.670	0.670	0.690	0.475	0.529
波兰	0.700	0.720	0.680	0.680	0.670	0.400	0.486
玻利维亚	0.740	0.740	0.740	0.730	0.740	0.650	0.643
博茨瓦纳	0.720	0.720	0.720	0.720	0.730	0.550	0.593
布基纳法索	0.750	0.750	0.750	0.730	0.730	0.550	0.593
丹麦	0.690	0.690	0.690	0.660	0.670	0.475	0.471
德国	0.730	0.770	0.710	0.710	0.710	0.700	0.700
多哥	0.660	0.660	0.660	0.670	0.670	0.675	0.629
俄罗斯	0.930	0.840	0.870	0.860	0.870	0.950	0.943
厄瓜多尔	0.710	0.710	0.710	0.710	0.710	0.750	0.757
法国	0.700	0.730	0.700	0.710	0.720	0.600	0.750
菲律宾	0.370	0.690	0.800	0.760	0.760	0.575	0.507
芬兰	0.680	0.680	0.680	0.690	0.690	0.525	0.529
哥伦比亚	0.680	0.680	0.680	0.690	0.700	0.600	0.629
哥斯达黎加	0.700	0.700	0.700	0.700	0.700	0.575	0.600
哈萨克斯坦	0.780	0.810	0.840	0.820	0.810	0.950	0.850
韩国	0.620	0.630	0.760	0.750	0.760	0.575	0.629

续表

国家	年份						
	2017	2018	2019	2020	2021	2022	2023
荷兰	0.670	0.710	0.680	0.670	0.670	0.500	0.543
洪都拉斯	0.630	0.630	0.630	0.630	0.610	0.500	0.536
吉尔吉斯斯坦	0.670	0.730	0.780	0.750	0.720	0.800	0.807
几内亚	0.720	0.720	0.720	0.700	0.710	0.600	0.657
加拿大	0.630	0.710	0.560	0.520	0.540	0.275	0.271
加纳	0.700	0.700	0.700	0.700	0.710	0.650	0.664
柬埔寨	0.880	0.810	0.880	0.880	0.860	0.975	0.986
捷克	0.670	0.710	0.660	0.580	0.590	0.375	0.343
喀麦隆	0.680	0.680	0.680	0.680	0.670	0.625	0.550
卡塔尔	0.770	0.770	0.770	0.760	0.750	0.750	0.757
科威特	0.800	0.800	0.800	0.790	0.780	0.700	0.729
克罗地亚	0.660	0.660	0.660	0.680	0.680	0.600	0.629
肯尼亚	0.670	0.750	0.760	0.760	0.740	0.775	0.814
拉脱维亚	0.630	0.630	0.630	0.640	0.620	0.375	0.371
老挝	0.800	0.800	0.860	0.840	0.840	1.000	0.971
黎巴嫩	0.750	0.750	0.750	0.740	0.730	0.725	0.729
立陶宛	0.630	0.630	0.630	0.640	0.490	0.325	0.200
卢森堡	0.660	0.660	0.660	0.660	0.670	0.575	0.543
罗马尼亚	0.630	0.710	0.690	0.690	0.680	0.550	0.507
马达加斯加	0.730	0.730	0.730	0.720	0.720	0.750	0.729
马耳他	0.660	0.660	0.660	0.670	0.670	0.625	0.600
马来西亚	0.630	0.740	0.780	0.780	0.780	0.825	0.764
马里	0.760	0.760	0.760	0.740	0.740	0.675	0.664
美国	0.650	0.670	0.420	0.400	0.460	0.250	0.314
蒙古国	0.620	0.700	0.720	0.730	0.710	0.800	0.743
孟加拉国	0.730	0.740	0.780	0.780	0.780	0.850	0.800
秘鲁	0.730	0.730	0.730	0.740	0.750	0.775	0.786
缅甸	0.620	0.720	0.780	0.780	0.750	0.900	0.807

续表

国家	\multicolumn{7}{c}{年份}
	2017	2018	2019	2020	2021	2022	2023
摩尔多瓦	0.640	0.640	0.640	0.650	0.660	0.500	0.514
摩洛哥	0.760	0.760	0.760	0.750	0.730	0.675	0.664
莫桑比克	0.730	0.730	0.730	0.720	0.740	0.700	0.750
墨西哥	0.530	0.680	0.660	0.670	0.670	0.575	0.650
纳米比亚	0.720	0.720	0.720	0.710	0.700	0.600	0.629
南非	0.630	0.720	0.760	0.760	0.770	0.850	0.893
尼加拉瓜	0.750	0.750	0.750	0.740	0.750	0.625	0.664
尼日尔	0.750	0.750	0.750	0.740	0.750	0.650	0.693
尼日利亚	0.650	0.720	0.730	0.740	0.740	0.800	0.800
挪威	0.640	0.640	0.640	0.640	0.650	0.500	0.536
葡萄牙	0.710	0.710	0.710	0.700	0.700	0.625	0.600
日本	0.330	0.470	0.700	0.690	0.670	0.400	0.386
瑞典	0.670	0.670	0.670	0.640	0.650	0.375	0.343
瑞士	0.700	0.700	0.700	0.700	0.710	0.575	0.543
萨尔瓦多	—	—	—	—	—	0.625	0.686
塞尔维亚	—	—	—	—	—	0.975	0.879
塞内加尔	0.720	0.720	0.720	0.710	0.710	0.650	0.664
塞浦路斯	0.650	0.650	0.650	0.650	0.650	0.525	0.593
沙特阿拉伯	0.670	0.710	0.740	0.740	0.730	0.900	0.864
斯里兰卡	0.630	0.740	0.770	0.770	0.740	0.750	0.814
斯洛伐克	—	—	—	—	—	0.600	0.607
斯洛文尼亚	0.650	0.650	0.650	0.660	0.660	0.550	0.536
苏丹	0.680	0.680	0.680	0.690	0.700	0.700	0.700
塔吉克斯坦	0.670	0.750	0.760	0.750	0.730	0.775	0.829
泰国	0.730	0.790	0.810	0.790	0.790	0.900	0.886
坦桑尼亚	0.800	0.800	0.800	0.800	0.810	0.900	0.871
突尼斯	0.750	0.750	0.750	0.740	0.750	0.675	0.671
土耳其	0.630	0.680	0.670	0.630	0.640	0.675	0.671

续表

国家	年份							
	2017	2018	2019	2020	2021	2022	2023
土库曼斯坦	0.720	0.720	0.770	0.750	0.720	0.700	0.793
危地马拉	0.620	0.620	0.620	0.630	0.630	0.400	0.479
委内瑞拉	0.950	0.950	0.950	0.890	0.870	0.825	0.836
乌干达	0.700	0.700	0.700	0.700	0.710	0.675	0.636
乌克兰	0.700	0.700	0.670	0.670	0.690	0.425	0.400
乌拉圭	0.700	0.700	0.700	0.700	0.700	0.625	0.579
乌兹别克斯坦	0.680	0.750	0.790	0.790	0.770	0.725	0.857
西班牙	0.700	0.700	0.700	0.690	0.690	0.575	0.629
希腊	0.700	0.720	0.760	0.750	0.740	0.775	0.800
新加坡	0.700	0.660	0.790	0.780	0.770	0.825	0.793
新西兰	0.700	0.720	0.720	0.710	0.720	0.675	0.664
匈牙利	0.650	0.720	0.710	0.700	0.720	0.750	0.800
牙买加	—	—	—	—	—	0.650	0.636
亚美尼亚	0.680	0.680	0.680	0.670	0.650	0.625	0.607
伊拉克	0.620	0.700	0.700	0.700	0.690	0.725	0.671
伊朗	0.730	0.730	0.770	0.770	0.760	0.900	0.843
以色列	0.680	0.740	0.650	0.690	0.700	0.625	0.543
意大利	0.680	0.700	0.700	0.690	0.690	0.625	0.550
印度	0.670	0.580	0.750	0.470	0.500	0.425	0.500
印度尼西亚	0.680	0.730	0.780	0.760	0.750	0.875	0.850
英国	0.670	0.760	0.660	0.650	0.640	0.325	0.386
约旦	0.760	0.760	0.760	0.750	0.730	0.625	0.693
越南	0.630	0.680	0.760	0.720	0.690	0.775	0.786
赞比亚	0.600	0.750	0.770	0.750	0.760	0.675	0.700
智利	0.750	0.750	0.750	0.740	0.760	0.800	0.850

数据来源：德尔菲法。